WIR
KÖNNEN ÖKONOMIE
BESSER

GÜNTER FALTIN

DAVID GEGEN GOLIATH

MURMANN | HAUFE.

Klimaneutral
Druckprodukt
ClimatePartner.com/12752-1803-1001

Zum Ausgleich für die entstandene CO_2-Emission bei der Produktion dieses Buches unterstützen wir die **Erhaltung und Wiederaufforstung des Kibale-Nationalparks in Uganda.** Das Projekt trägt zum Klimaschutz bei, indem die Bäume bei der Fotosynthese Kohlenstoff aus der Luft binden, es **schützt die Biodiversität** des tropischen Waldes und **sichert 260 Arbeitsplätze.**

INHALT

Über dieses Buch 7
Einleitung: Eine Epoche geht zu Ende 10

In die falsche Richtung 13
Das Ende des Mangels 14
Die dunkle Seite des Marketings 20
Die große Fehlallokation 52
Ein Blick in die Wirtschaftsgeschichte 64
Gewinnmaximierung und ihre Logik 74
Die Früchte des Fortschritts werden uns vorenthalten 81

Vom engagierten Bürger zum Citizen Entrepreneur 83
Die Herausforderungen der Zukunft angehen 84
Was wir aus dem historischen Kampf um mehr Demokratie erkennen können 93
Der Citoyen als Entrepreneur 103
Diversity creates innovation 120
Die Chancen der Davids 131
Das kapitalistische System abschaffen? 142

Wissen heißt: macht! 157
Vom Wollen zum Tun 158
Die Freundschaftsökonomie 160
Der Marketing-Rucksack 186
New Entrepreneurs, New Companies 198
Für eine neue Marketingkultur 215
Entrepreneurship als Volkssport 222

Ausblick: Renaissance der Werte 225
Jenseits der Gier 226
Unsere Vorstellungskraft – der unbegrenzte Rohstoff 233
Konsum de-materialisieren 236
Ökonomie als Nebensache 242
Die Vision 247

Anmerkungen 248
Literaturverzeichnis 259
Dank 265
Über den Autor 269

Über dieses Buch

Jedes Kind versteht die Situation: Die Maschinen übernehmen die Arbeit. Erst die körperliche Arbeit, dann die repetitive geistige Arbeit. Ein Menschheitstraum geht in Erfüllung.

Doch, das Paradoxe ist: Wir spüren nichts davon. Wir erleben es anders. Mehr Verunsicherung, Sorge um den Arbeitsplatz, Zerstörung der Umwelt, Auflösung des Kitts der Gesellschaft.

Es reicht. Die Früchte des technischen Fortschritts werden uns vorenthalten. Wir ziehen die Rote Karte für eine Ökonomie, die uns in die falsche Richtung führt. Wir dürfen ihr nicht die Gestaltung der Zukunft überlassen. Wir können Ökonomie besser. Wir ersetzen eine »Ökonomie von oben« durch eine »Ökonomie der vielen«. Mit neuen Akteuren, anderen Werten, neuen Sichtweisen und intelligenteren Problemlösungen.

Mischen wir uns ein!

Gegenüber den internationalen Konzernen, den Goliaths, sind wir wie David: klein – aber nicht machtlos. Wir können unser Schicksal selbst in die Hand nehmen. Durch unser Handeln kann ein besseres Wirtschaften, ein besseres Leben möglich werden. Dieses Buch soll dabei helfen.

»Was wie eine Utopie klinge, sei in Wirklichkeit zum Greifen nahe. Die Entwicklung der Produktivkräfte führe ins Reich der Freiheit.« Das schrieb ich 2015 in *Wir sind das Kapital*; in indirekter Rede und verpackt in ein Zukunftsszenario, in dem eine Bewegung von Entrepreneuren die intelligentere, die bessere Ökonomie in Angriff nahm.

Diese Bewegung ist heute bereits erkennbar. Was damals noch im Konjunktiv stand, der Möglichkeitsform, ist inzwischen wirklich geworden: Die Einsicht hat an Boden gewonnen, dass die Politik und die großen Institutionen immer weniger in der Lage sind, die anstehenden Probleme zu lösen oder vorhandene Chancen zu erkennen. Es geht heute um Großes: die Umwelt, die Art, wie wir selbst leben und arbeiten wollen, unser Zusammenleben in der Gemeinschaft, unsere Gesellschaft.

Entscheidend in dieser Situation ist es, selbst einzugreifen und aktiv zu werden, um Veränderungen zu bewirken. Und das nicht nur in der Politik, sondern auch in der Ökonomie.

»Wie bei Gandhis historischem Marsch gegen die Salzsteuer sei der Zustrom zuletzt aus allen Lagern der Gesellschaft immer größer geworden«, schrieb ich 2015. Und genau das zeichnet sich jetzt ab. Nur ohne Gandhi. Wir können auch ein uns vertrauteres Beispiel nehmen: das Hambacher Fest 1832, den Höhepunkt der bürgerlichen Opposition zu Beginn des Vormärz. Damals boten Studenten den Fürsten Paroli und forderten Mitwirkung in der Politik. Heute geht es um die Ökonomie. Um den Widerstand gegen eine Wirtschaft, die sich nur noch über die Suggestion von Mangel erhält und dabei viel Schaden anrichtet: für die Menschen, die Umwelt, die Gesellschaft.

In *Wir sind das Kapital* habe ich versucht, mit dem Format »Bilder einer Ausstellung« zu arbeiten. Die Idee dieses Formats war, dem Leser zu überlassen, welche Bilder er ansprechend findet und welche Linien oder Folgerungen er aus den angebotenen Sichtweisen ziehen will. Ich wollte es vermeiden, selbst einen roten Faden zu legen – weil wir am Beginn einer neuen Epoche stehen und es naturgemäß schwer ist, in einer derart offenen, noch nebulösen Situation einigermaßen klare Aussagen zu machen. Das Resultat war, dass die Ausstellung viele Leser verwirrte. Zu viele Bilder. Zu wenig Orientierung. Der jetzt vorgelegte Relaunch von *Wir sind das Kapital* macht den Versuch, Linien aufzuzeigen, Position zu beziehen und Alternativen darzulegen. Dafür habe ich das Manuskript komplett revidiert, umfassend ergänzt und neu geschrieben.

Die alte Ökonomie produzierte – und brauchte – immerwährendes Wachstum. Das ging lange gut, sehr gut sogar: Wir sind im Schlaraffenland angekommen, ohne es recht zu merken. Die historische Aufgabe der Ökonomie, den Mangel zu beheben, ist in den entwickelten Ländern weitgehend erfüllt. Eine gigantische Leistung.

Wäre unsere Ökonomie ein Computerspiel, hieße es nun: neues Level erreicht! Und mit dem höheren Niveau ergibt sich eine völlig neue Situation.

Oft helfen einem die Instrumente, mit denen man die Aufgaben des einen Levels gelöst hat, auf dem nächsten nicht mehr weiter – manchmal verschwinden sie sogar ganz aus dem Inventar. Auf dem neuen Level kann es passieren, dass man die Instrumente, die man für die Lösung der neuen Aufgaben braucht, erst noch finden muss, ja dass deren Entdeckung schon einen wichtigen Schritt auf dem Weg zur Bewältigung dieses nächsten Levels darstellt.

Wir haben die Chance, den Weg zu einer intelligenteren, feinfühligen Ökonomie einzuschlagen, die das Potenzial zu einem Reich der Freiheit in sich trägt.

Die Mittel dazu sind bereits vorhanden.

Einleitung:
Eine Epoche geht zu Ende

Ich kann mich noch erinnern, dass das Märchen vom Schlaraffenland in meiner Kindheit wirklich als Märchen angesehen wurde. Wenn wir Hunger hatten, dachten wir daran. So viel essen können, wie man will, sogar so viel Kuchen oder Torte essen können, wie man will. Ein Märchen eben. Wir konnten uns nicht im Traum vorstellen, dass es noch in unserer Generation Wirklichkeit werden würde. Und doch ist es geschehen. Ja, mehr als das: Wir sind durch das Stadium eines erfüllten Menschheitstraums hindurchgegangen, ohne es richtig zu merken. Die Glocken haben nicht geläutet. Keine Feier wurde veranstaltet. Heute sind wir jenseits des Märchens. Aus dem Traum, so viel Kuchen essen zu können, wie man will, wird ein Albtraum – Übergewicht ist zur Volkskrankheit geworden.

Die Ökonomie hat ihre Aufgabe erfüllt. Sie hat uns von materieller Not befreit. Jedenfalls in den reichen Ländern.[1] Unser Wirtschaftssystem ist zu großer Form aufgelaufen.

Der amerikanische Soziologe und Zukunftsforscher Jeremy Rifkin sagt, wir stünden vor einer ganz neuen Realität, die zu erfassen uns noch schwerfalle. Wir hätten uns die Ökonomie der Knappheit derart einreden lassen, dass wir an die Möglichkeit einer Überflussökonomie nicht glauben wollen. Die großen richtungsweisenden Ökonomen der Geschichte haben immer vor dem Hintergrund von Mangel argumentiert. Die Knappheit der zur Verfügung stehenden Mittel prägte ihre Denkweise.

Die Zeit der Knappheit aber weiche, so Rifkin, der Zeit des Überflusses. Nach allen historischen Maßstäben der Versorgung mit lebensnotwendigen Gütern leben wir heute in einer luxuriösen Situation.[2] Der Wohlstand eines durchschnittlichen Angehörigen der oberen Mittelschicht übertreffe heute, so Rifkin, den von Kaisern und Königen nur 400 Jahre zuvor.[3]

Jetzt, wo wir diese Stufe der Überwindung des Mangels erreicht haben, sollten wir einen Moment innehalten. Zeit für eine Zäsur. Versuchen wir den Wendepunkt, an dem wir uns befinden, besser zu verstehen.

In einer Welt des Mangels an Lebensmitteln entwickelt das Märchen vom Schlaraffenland typischerweise eine Vorstellung, die von diesem Mangel her gedacht ist. Und es endet mit gebratenen Tauben, die den Menschen in den Mund fliegen. Wenn Wasser das zentrale Element des Mangels ist, etwa im Leben der Beduinen, träumt man vom Ende des Mangels als einer Welt ständig sprudelnder Brunnen. In einer Welt aber, in der Wasser tatsächlich nicht mehr knapp ist, spielt – anders als in der Vorstellung der Beduinen – Wasser gar keine zentrale Rolle mehr. Andere Bedürfnisse treten in den Vordergrund. In einer Region, in der Sonnenstunden knapp sind, träumen die Menschen von einem Leben in der Sonne. In Regionen hingegen, in denen es keinen Mangel an Sonnenschein gibt, träumen die Menschen von anderen Dingen.

Denken wir diesen Gedanken fort. In einer Welt, in der kein materieller Mangel mehr herrscht, spielen die materiellen Güter keine zentrale Rolle mehr. Anders ausgedrückt: Ökonomie wird zur Nebensache. Wir werden das Glück nicht länger in materiellen Gütern sehen. Nicht weil wir edlere Menschen werden oder ein höheres Bewusstsein erlangen, sondern schlicht weil die materiellen Güter nicht mehr knapp sind.

Diese Schlussfolgerung steht, wie wir alle wissen, in völligem Gegensatz zum Alltag, in dem wir leben. Ökonomie nimmt in ihrer Bedeutung keineswegs ab. Eher wird man feststellen müssen, dass die Ökonomie immer stärker auch in andere Lebensbereiche hineinwirkt.

In den folgenden Kapiteln stellen wir uns die Frage, warum dies so ist. Wie erklärt sich die Diskrepanz? Und was müssen wir tun, um die Ökonomie zur Nebensache zu machen? Wir nehmen dazu einen Punkt ins Visier, der kaum Beachtung findet, weil er zur Begleitmusik moderner Ökonomie zu gehören scheint. Dies eröffnet uns eine Perspektive, selbst die Entwicklung beeinflussen zu können.

In die falsche Richtung

Das Ende des Mangels

Über die Frage, was mit einem Wirtschaftssystem passiert, das durch permanenten technischen Fortschritt den materiellen Mangel beseitigt, haben bereits vor Jahrzehnten Wirtschaftswissenschaftler wie etwa Robert Heilbroner und Wassily Leontief nachgedacht. Die bekannteste und brillanteste Analyse stammt von John Maynard Keynes.[4]

Keynes' Prognose

Keynes hat das Ende des Mangels vorhergesehen. »In wenigen Jahren«, so der britische Ökonom, »werden wir in der Lage sein, alle Tätigkeiten in der Landwirtschaft, im Bergbau und im produzierenden Gewerbe mit einem Viertel der menschlichen Anstrengungen durchzuführen, an die wir gewöhnt waren.«[5] Er komme zu dem Ergebnis, »dass das wirtschaftliche Problem innerhalb von hundert Jahren gelöst sein dürfte, oder mindestens kurz vor der Lösung stehen wird. Dies bedeutet, dass das wirtschaftliche Problem – wenn wir in die Zukunft sehen – nicht das beständige Problem der Menschheit ist.«[6]
Kurzfristig entstünden zwar neue Schwierigkeiten: »Wir sind von einer neuen Krankheit befallen, nämlich technologische Arbeitslosigkeit«, so Keynes bereits 1930. »Hiermit ist die Arbeitslosigkeit gemeint, die entsteht, weil unsere Entdeckung von Mitteln zur Einsparung von Arbeit schneller voranschreitet als unsere Fähigkeit, neue Verwendungen für Arbeit zu finden.« Mit Drei-Stunden-Schichten oder einer Fünfzehn-Stunden-Woche könnten die Schwierigkeiten eine ganze Weile hinausgeschoben werden. Dies sei aber nur eine vorübergehende Phase der Anpassung.
Die Menschheit werde ihr wirtschaftliches Problem lösen – Keynes schien fast erschrocken von der Dimension seiner Prognose: »Warum, werden Sie fragen, ist das so verblüffend? Es ist verblüffend, weil – wenn wir statt in die Zukunft in die Vergangenheit blicken – wir finden, dass das wirtschaft-

liche Problem, der Kampf ums Dasein, bisher immer die wichtigste, allerdringlichste Aufgabe der Menschheit war – nicht nur der Menschheit, sondern des gesamten biologischen Königreichs von den Anfängen des Lebens in seinen primitivsten Formen.«[7]

Welche Auswirkungen können wir erwarten, wenn Keynes' Prognose eintrifft? Wenn die Maschinen die Arbeit übernehmen? Für uns Menschen wäre das großartig: mehr freie Zeit, mehr Lebensfülle, weniger körperliche Belastung und im Prinzip auch weniger soziale Konflikte.

In der öffentlichen Debatte stehen jedoch die vermeintlich negativen Folgen für den Arbeitsmarkt im Vordergrund. Die technologische Arbeitslosigkeit – die Keynes vorausgesagt hat – ist deutlich vor aller Augen. Folgerichtig wird das Problem in der Politik, in der Wissenschaft und in den Medien aufgegriffen und diskutiert. Zur »Zukunft der Arbeit« gibt es umfangreichen Stoff, Zoff und viele Fronten.

Fragen wir einmal in die ganz andere Richtung.
Was passiert, wenn man die Keynes'sche Prognose auf die *Unternehmen* anwendet? Wie sieht die Zukunft der Unternehmen aus?
Wenn die materiellen Bedürfnisse erfüllt sind, haben Unternehmen weniger zu tun. Wenn jeder Haushalt mit den einschlägigen Geräten ausgestattet ist, werden nur noch bei Ersatzbedarf Güter nachgefragt. Kein gutes Vorzeichen für Unternehmen. Die Umsätze werden geringer. Kein Wachstum mehr. Die freien Produktionskapazitäten drängen in den Ersatzmarkt. Kein gutes Vorzeichen für Gewinne. Mehr Wettbewerb, mehr Angebot, Druck auf die Preise. Die Überlebensbedingungen der Unternehmen verschlechtern sich. Und das kontinuierlich. Diese Entwicklung ist logisch, sobald die materiellen Bedürfnisse erfüllt sind.
Die Unternehmen sitzen in der Falle.

Das Dilemma der Unternehmen

Sehen wir uns die Argumentation auch aus dem Blickwinkel, der Betriebswirtschaftslehre an, und verwenden wir einen Begriff aus ihrer Fachsprache.

In seinem Buch *Die Null-Grenzkosten-Gesellschaft* argumentiert Jeremy Rifkin, das kapitalistische System sei überaus erfolgreich. Es habe für technische Durchbrüche gesorgt und mit ihnen für einen in der Geschichte einmaligen Anstieg der Produktivität. Denken wir uns, so Rifkin, ein Endspiel, bei dem der Wettbewerb zur Einführung immer schlankerer Technologien führt und damit die Produktivität auf einen Punkt bringt, an dem jede zusätzlich hergestellte Ware immer geringere Kosten verursacht. Anders gesagt, die Produktionskosten jeder weiteren Einheit tendieren gegen null, was das Produkt nahezu kostenlos macht.[8] Rifkin erklärt uns diesen Vorgang mit dem betriebswirtschaftlichen Begriff der Grenzkosten der Produktion,[9] den Kosten also, die anfallen, wenn wir bei bereits vorhandener Ausstattung mit Produktionsmitteln eine weitere, zusätzliche Einheit einer Ware herstellen.

Schauen wir uns das am Beispiel der Telefonie an.

Beim Telefonieren haben die Grenzkosten von null bereits zu einem Preis von nahe null geführt. Auch in der IT-Branche insgesamt hat der technische Fortschritt zu Geräten mit höherer Leistung bei gleichzeitig fallenden Preisen geführt. Der Markt für Telefonie erlaubt uns noch einen anderen Einblick. Bei Preisen von null bricht die Welt nicht zusammen. Es werden auch nicht massenhaft Arbeitsplätze freigesetzt. Das einzig Besondere an dieser Entwicklung ist geradezu, wie wenig Staub aufgewirbelt wird, wie wenig soziale Verwerfungen daraus entstanden. Die betroffenen Unternehmen verdienen ihr Geld mit anderen Angeboten.

Der Traum der Menschheit, kostenlos mit dem Rest der Welt kommunizieren zu können, ging in Erfüllung. Ohne Aufhebens, ohne Zusammenbrüche. Schneller, als wir es jemals erwartet hätten. Dies könnte ein erster Blick in die Welt des »Danach« sein. Es gibt keinen wirklichen Grund dafür, warum das, was im Markt der Telefonie geschah, nicht auch in anderen Märkten erreichbar sein sollte.

Aber warum geschieht das nicht bereits?

Machen wir uns daran, zu entschlüsseln, woran das liegt. Wer und was verhindert, dass uns die Maschinen (der technische Fortschritt) die Arbeit abnehmen und wir in das Reich der Freiheit (von bedrückender Arbeit) gehen können? Was ist die Ursache dafür, dass trotz sinkender Grenzkosten die Preise für Produkte unverändert hoch sind oder sogar weiter steigen?

Die zögerliche Art und Weise, mit der wir Konsequenzen aus den nahezu Null-Grenzkosten ziehen, sei verständlich, so Rifkin. Viele, wenn auch nicht alle aus der alten Wirtschaftsgarde könnten sich schlicht nicht vorstellen, wie wirtschaftliches Leben sich in einer Welt gestalten sollte, in der fast alle Güter nahezu kostenlos werden.[10]

Dabei hatten sie ausreichend Zeit, sich darauf vorzubereiten. Denn dieses Problem unseres Wirtschaftssystems, so Rifkin, sei bereits früh erkannt worden: Wettbewerbsorientierten Märkten sei eine unternehmerische Dynamik inhärent, die die Produktivität nach oben und die Grenzkosten nach unten treibe. In ökonomischen Lehrbüchern steht seit Langem, dass in einer effizienten und transparenten Wirtschaft die Verbraucher nur noch die Grenzkosten der Waren bezahlen müssen. Wenn aber Verbraucher nur für die Grenzkosten zahlen und diese in raschem Tempo gegen null gehen, geht es den Unternehmen schlecht. Sie können weder Renditen für ihre Investitionen garantieren noch ausreichende Gewinne erwirtschaften.

Produktivität steigt, Grenzkosten gegen null, Preise gegen null, Gewinne gegen null. Die betriebswirtschaftliche Betrachtung bestätigt: Die Unternehmen sitzen in der Falle.

Sie müssen sich etwas einfallen lassen.

Ökonomen, die über die langfristigen Auswirkungen der steigenden Produktivität nachdachten, sahen keine Lösung für die Unternehmen. Sie sagten, Unternehmen könnten versuchen, den Markt zu dominieren, um sich ein Monopol zu sichern, das es ihnen ermögliche, dem Markt höhere Preise abzutrotzen als lediglich die Grenzkosten der Produkte. Da aber Konsens darüber besteht, dass Wirtschaftsmonopole in privater Hand schädlich sind, werde die Politik versuchen, dem entgegenzuwirken. Und würden solche Monopole verhindert, führe das wieder dazu, dass der Markt dem Zustand der effizientesten Wirtschaft zustrebe – nämlich einer Wirtschaft mit nahezu null Grenzkosten und der Aussicht auf nahezu kostenlose Güter und Dienstleistungen.[11] Einer Ökonomie ohne Profite für Unternehmen.

Für die Unternehmen zeigt sich also kein Ausweg aus dem Dilemma. Keynes wie auch andere Ökonomen erwarteten, dass so gut wie keines von ihnen übrig bleibe.

Wenn der Mangel zu Ende geht

Das Phänomen, Menschen dazu zu bringen, mehr zu kaufen, als sie ursprünglich beabsichtigten, ist nicht neu. In den Wirtschaftswissenschaften findet es mit Thorstein Veblens *The Theory of the Leisure Class* (1899) erstmals Beachtung. Vance Packard hat das Thema in seinem Buch *Die geheimen Verführer* im Jahr 1957 popularisiert.[12]

Schubkraft erhält diese Entwicklung Mitte des 20. Jahrhunderts. Klaus Wiegandt, lange Zeit Chef der Metro-Handelskette und heute überzeugter Vertreter einer ökologischen Denkweise, erläutert den Beginn der Entwicklung am Beispiel der Nachkriegszeit der USA:[13]

> *USA 1945. Der Krieg ist vorbei. Die Rüstungsproduktion geht schlagartig zurück, und die Arbeitslosigkeit droht sprunghaft anzusteigen. Die politische Antwort darauf? Der private Konsum muss angekurbelt werden. Die Menschen sollen mehr Waren kaufen. Man muss die Werbetrommel rühren. Ja, man muss Marketing in einer Weise ausbauen – über das Zu-Markte-Tragen hinaus –, dass sogar solche Konsumenten, die ein Produkt gar nicht wollen, zum Kauf*

überredet werden. Eine Marketingoffensive muss her. Mehr Bedürfnisse wecken. Das Gefühl des Mangels im Menschen installieren. Man kann es die Geburtsstunde einer neuen Epoche nennen: Der Mangel muss erzeugt werden.

Sie haben richtig gelesen. Nicht der Mangel muss behoben werden. Nein. Der Mangel muss erzeugt werden. Was für die Nachkriegszeit der USA vielleicht noch plausibel war, um ein aktuelles Problem politisch zu lösen, ist inzwischen zur Normalität geworden. Pervers, aber wahr. Wenn der Mangel zu Ende geht, muss man ihn künstlich erzeugen. Die Sinnfrage, was nach der Abschaffung des Mangels als Aufgabe eigentlich übrig bleibt, wird nicht gestellt. Auch der Politik ist die Idee einer Postwachstumswelt zu riskant: Werden die Wähler mitgehen? Wer zahlt dann die Renten? Die Politik wird sich deshalb im Zweifelsfall eher für mehr Wachstum entscheiden als dagegen. Es ist eine Allianz, die sich für Unternehmen wie Politik auszahlt. Eine Mesalliance, die das alte Spiel weiterspielt, so als sei in Sachen Mangel nichts geschehen.

Das Selbstverständnis der Wirtschaftswissenschaften war es, sich dafür einzusetzen, den Mangel zu beheben. Zumindest für die Industrieländer ist diese Aufgabe gelöst. Heute müssen wir den Mangel künstlich stimulieren, um Nachfrage zu erzeugen. Das ist der Grund, warum das Marketing rundum an Bedeutung und Einfluss gewinnt. In den Unternehmensbudgets, in den Medien, ja sogar an den Universitäten. Wir müssen auf Marketing setzen, um mehr Konsum zu generieren. Wir brauchen Marketing, um neue Bedürfnisse zu wecken.

Die dunkle Seite des Marketings

Der Begriff »Marketing« klingt zunächst harmlos und vernünftig. Man muss die Waren doch zu Markte tragen! Herstellen allein reicht nicht. Man muss die Waren transportieren und verteilen. Die meisten Menschen denken bei Marketing nur an diesen Aspekt. Aber die Kosten dafür betragen nur einen Bruchteil des Marketingbudgets. Die Warenverteilung, die reine Logistik also, wurde immer effizienter. Die Transportkosten sind viel geringer und die Kosten für Telekommunikation noch tiefer als früher; die Supermärkte sind größer und arbeiten rationeller als die alten Tante-Emma-Läden. Die Kosten für diesen Teil des Marketings sind im Laufe der Zeit immer mehr gesunken und eher unbedeutend geworden.

Aber es gibt noch einen zweiten Teil des Marketings, der ganz anders aussieht. Die Herstellung von Waren ist heute nicht mehr das Problem. Der Absatz ist es. Ökonomen würden vom Übergang von der Angebots- zur Nachfrageökonomie sprechen. Auf die Generierung von Nachfrage kommt es an. Daher wird das Marketing aufgerüstet, gewinnt eine zentrale Funktion in der Wachstumsgesellschaft, wächst zu ungeahnter Größe. Längst tritt es selbstbewusst auf, ist sich seiner Macht und Bedeutung sicher.

Ich halte es für hilfreich, zum Verständnis des Phänomens für einen Moment an die Quelle zurückzugehen, dorthin, wo modernes Marketing noch im Entstehen war. Meines Erachtens hat niemand so klar die Problematik dieser zweiten Dimension des Marketings dargelegt und schon so früh fulminant gegen dessen wachsende Macht Stellung bezogen wie Henry Ford. Ausgerechnet Ford. Ein Mann, der der Fließbandarbeit und dem Taylorismus zum Durchbruch verhalf. Ein Mensch, der als Personifizierung des kapitalistischen Systems angesehen wird. Aber hören wir ihm zu, was er über Marketing zu sagen hat.

Wenn das Erwirtschaften von Profit oberstes Ziel des Unternehmens sei, so argumentiert Ford,[14] dann werde nur noch auf die Verkäuflichkeit des

Produkts geachtet, nicht auf seine Nützlichkeit. (Ein Satz, den auch Marx gesagt haben könnte.) Die Schwächen des Produkts würden dann von der Reklame kompensiert. Für die dadurch entstehenden Zusatzkosten komme letztlich der Kunde auf. Dies führe zu einer Preispolitik, die sich nicht mehr an den Produktionskosten orientiere, sondern nehme, was am Markt herauszuholen sei. Der Schaden für die Allgemeinheit sei damit ein doppelter. Weniger Nützlichkeit, aber höhere Preise.[15]
Eine überzeugende Argumentation. Sie ist der Albtraum jedes Marketingexperten. Und heute aktueller denn je.
Damals regte sich noch Widerstand gegen die dunkle Seite des Marketings. In der Schweiz klagte Gottlieb Duttweiler darüber, dass die Ladenpreise auf ein Mehrfaches der Herstellungskosten gestiegen waren. Die Produkte wurden damals zu etwa dem Dreifachen der Herstellungskosten verkauft. 1925 nahm Duttweiler diese Diskrepanz zum Ausgangspunkt für die Gründung seines Unternehmens, der Migros. Mit einem kleinen, überschaubaren Angebot in kostengünstigen Großpackungen konnte er seine Waren deutlich preiswerter anbieten. Und siehe da: Er war mit diesem Ansatz hocherfolgreich. Innerhalb weniger Jahre schaffte er den Durchbruch und schuf die größte Einzelhandelskette der Schweiz.
Heute ist die Diskrepanz zwischen Herstellungskosten und Verkaufspreis viel extremer. Von einigen Kampfpreisen der Discounter abgesehen sind die Relationen inzwischen eher beim Zehnfachen angelangt, bei modischen Artikeln oft noch höher. Tendenz steigend. Zwei Ökonomen aus Princeton zeigten 2017 in ihrer Untersuchung »The Rise of Market Power«, dass Unternehmen immer erfolgreicher darin sind, ihre Produkte zu Preisen zu verkaufen, die weit über den Herstellungskosten liegen.[16]
Diese große Lücke zwischen dem Preis des Erzeugers und dem des Händlers ist historisch eine neue Erscheinung. In der Wirtschaftsgeschichte war es Konsens, dass der Wert einer Ware von den Kosten der Herstellung ausgeht und dass die Verteilung der Ware nur eine Randerscheinung darstellt. Es gab die Vorstellung vom »gerechten Preis«, also dem, was der Händler als Aufschlag verlangen dürfe. Grob vereinfachend könnte man

sagen, die Vorstellung spielte sich im Bereich »des Zehnten« ab. Ein Aufschlag von 10 Prozent wurde als akzeptabel, als angemessen angesehen. Plus/minus und wie gesagt sehr grob, abhängig von der Art der Waren. Dies nur als Hinweis, dass man das, was heute passiert, in der Wirtschaftsgeschichte als schweren Wucher betrachtet hätte.

Der Philosoph Aristoteles argumentierte sogar, Handel sei mit Betrug gleichzusetzen. Weil er sich zwischen den Bauern und die Käufer schiebe. Die Hersteller drücke er im Preis, den Käufern nehme er so viel Geld ab als möglich. Dem Handel fehle das Maß, wann es genug sei. Er sei tendenziell maßlos.[17] Wir sehen, das Thema ist also nicht ganz neu.

»Wie lange wollen wir uns noch gefallen lassen, für Produkte, von denen wir wissen, dass sie nur wenige Cent kosten, ein Vielfaches davon zu bezahlen?«, fragt Seth Godin, ein Vorkämpfer gegen Bullshit-Marketing.[18] Nein, wir müssen es uns nicht gefallen lassen. Und das Beispiel Migros zeigt: Es reicht ein einziger Entrepreneur, um eine ganze Branche umzukrempeln. Bessere Qualität, besseres Preis-Leistungs-Verhältnis, mehr Transparenz und Information, weniger Werbelyrik. Entrepreneure vom Typ Duttweiler können neue Maßstäbe setzen. Die Konkurrenz muss folgen, wenn sie nicht einen Großteil ihrer Kunden verlieren will.

Aber Fords und Duttweilers Denkweise sind heute kaum noch anzutreffen. Henry Fords Kritik wird eher milde und nachsichtig belächelt. So wie ein Pharmahersteller sich über Kunden amüsiert, die lieber Obst und Gemüse essen, als seine industriell hergestellten Pharmaprodukte zu kaufen. Gottlieb Duttweiler ist fast völlig vergessen.

Eigentlich sehr erstaunlich, dass nicht mehr Entrepreneure dem Beispiel von Ford und Duttweiler folgen. Schließlich waren beide höchst erfolgreich. Ein Erfolgsmodell also, das auf der Hand liegt, das aber nicht aufgegriffen wird? Wie wir gleich sehen werden, gibt es dafür eine Erklärung.

Sind wir manipulierbar?

Am liebsten würden wir kategorisch darauf antworten: »Nein, auf keinen Fall. Wir sind nicht manipulierbar.«
Es darf nicht sein. Unsere Kritikfähigkeit, unser Selbstwertgefühl stehen auf dem Spiel. Wir sind vernunftbegabte Wesen, leben den Geist der Aufklärung. Klar, dass wir ab und zu Manipulationsversuchen ausgesetzt sind. Dass wir vielleicht auch einmal unterliegen. Auch den frömmsten Pilgern unterlaufen kleine Sünden. Aber alles in allem sind wir rationale, vernunftgeleitete Subjekte. Oder doch nicht?

Der Test: Wie wir Qualität schmecken

Drei Sorten Wein stehen zur Auswahl: einfache, mittlere und hohe Qualität. Die Testteilnehmer sind angehalten, ihr Urteil zu den drei Sorten abzugeben.[19] Was den Test besonders macht: Es wird nicht nur das verbale Urteil der Probanden abgefragt, sondern es werden auch die Geschmackszentren im Gehirn gescannt. Man will verhindern, dass die Teilnehmer etwas sagen, was nicht mit ihrem Geschmacksempfinden im Einklang steht. Man will ihre tatsächlichen Empfindungen messen, nicht nur ihre verbalen Äußerungen.

Das Ergebnis fällt erwartungsgemäß aus. Die Testpersonen erkennen die Qualitätsunterschiede der Weinsorten. Mit steigendem Preis steigt auch die Qualität. Nicht nur in den geäußerten Meinungen der Probanden; auch die einschlägigen Gehirnzentren melden zurück, dass die teureren Weine tatsächlich besser schmecken.

Dies wäre nichts Besonderes, gäbe es da nicht eine Kleinigkeit: *Im Test handelt es sich dreimal um den gleichen Wein!*
Es ist also die Preisinformation, die dazu führt, dass die Testteilnehmer Unterschiede schmecken. Und noch mehr: Auch die entsprechenden Zentren im Gehirn melden die Qualitätsunterschiede. Die Betreffenden erleben also tatsächlich, dass ihnen der Wein mit dem höheren Preis besser schmeckt.

Was für ein Forschungsergebnis! Mit einer für die Praxis durchschlagenden Konsequenz. Ich muss als Unternehmer die Preise erhöhen. Weil dies im Auge des Kunden den Wert meines Produkts erhöht. Ziemlich anders als das, was Studenten der Ökonomie im Lehrbuch lesen: dass bei gleicher Qualität der niedrigere Preis eines Produkts kaufentscheidend wirkt.

Was hier im wissenschaftlichen Test vorgeführt wird, wissen erfahrene Marketingmenschen schon lange. Ein hoher Preis signalisiert für den Käufer hohe Qualität, ein niedriger Preis hingegen nährt den Verdacht, dass Billigware verkauft werden soll. Im Hinterstübchen unseres Gehirns steht zwar: Vorsicht! Billig kann auch besonders preiswert bedeuten. Das vorherrschende Deutungsmuster ist aber: Teuer bedeutet gut, billig dagegen weist auf niedrige Qualität hin.

Was lerne ich als Unternehmen daraus? Die Psychologie ist wichtiger als die Produktqualität. Je mehr ich den Kunden glauben machen kann, dass mein Produkt hochwertig sei, desto besser für mich. Ich muss als Unternehmer mein Geld für Image und Marke ausgeben und kräftig damit trommeln. Einen schweren Fehler begeht also, wer viel in Produktqualität und nur wenig in Marketing investiert.

Der Test zeigt: Wir sind manipulierbar, leicht zu betrügen. Völlig legal.

Jetzt verstehen wir, warum so viel in Marketing investiert wird, warum die Kreativen, warum die Wissenschaftler nachgefragt werden. Es geht um sehr viel Geld. Die Preise hochsetzen und in Markenpflege investieren – das ist das ideale Geschäftsmodell. Ein perfektes System. Jetzt verstehen wir, warum Marketing so wichtig geworden ist und immer noch an Bedeutung gewinnt.

Wasser in den Wein

Ein Tester, so dachte ich, sei jemand, der die bestmögliche Qualität auswählt, der seine Sachkenntnis und Erfahrung einsetzt, ein wirklich gutes Produkt zu gewährleisten. So sagen es auch die Texte, die wir auf den Warenverpackungen zu lesen bekommen: »Dieses Produkt wurde aus den besten Rohstoffen von unseren erfahrenen Testern nach sorgfältiger Prüfung für Sie ausgewählt.«

Der Tester als Garant für Sachkenntnis, Qualität, Authentizität und Unverfälschtheit. So dachte ich. So denken Sie wahrscheinlich auch. Wie naiv wir doch sind. Haben Sie schon einmal von der »Abbruchkante der Qualität« gehört?

Am Beispiel Wein: Wenn ich Wein mit ein klein wenig Wasser verdünne, fällt das niemandem auf. Wenn ich mehr Wasser hinzugebe, kommt der Punkt, an dem man merkt, dass mit dem Wein etwas nicht stimmt. Man nennt das die Abbruchkante der Qualität. Ein guter Tester ist jemand, der diese Abbruchkante genau herausschmeckt.[20]

Anders ausgedrückt: Die Qualität nimmt nicht linear ab, sondern von einem bestimmten Punkt an schlagartig. So jedenfalls reagiert unser Geschmacksempfinden. Objektiv gesehen nimmt die Qualität natürlich schon vom ersten Wassertropfen ab, subjektiv reagieren wir darauf aber anders.[21]

Während also an der Produktqualität gespart wird, erzeugt das Marketing den genau gegenteiligen Eindruck. Es schlägt die Stunde der Produktpoesie.

Dem Käufer wird das Bild eines qualitativ hochwertigen Produkts vorgegaukelt, mit schönen Worten, schönen Bildern und Raffinesse ausgemalt. Eine hohe Kunst. Werbelyrik wie aus der Feder von Rilke persönlich. Und leider sind solche irreleitenden Werbeaussagen und Etiketten ganz legal und daher im Supermarkt eher die Regel als die Ausnahme.[22]

In seinem Buch *Werbung – nein danke* kommt Christian Kreiß, Professor für Ökonomie an der Hochschule Aalen, in einer überzeugenden Analyse zu dem Schluss: »Mit der modernen Werbung ist die Lüge alltäglich geworden. Es kann nicht gut sein, wenn schon Kinder in einer Welt aufwachsen, in der Lüge die Normalität ist.«[23]

In die untere Etage steigen

Wenn die Kunden sich keines Mangels bewusst sind, muss das Marketing eben tiefer schürfen – im Unterbewussten. Hierfür arbeitet es mit den neuesten psychologischen und neurowissenschaftlichen Erkenntnissen. Ein Beispiel: Düfte. Sie sind Emotion pur. Vor allem, wenn sie aus einer Situation stammen, die sehr intensiv und positiv erlebt wurde. Riecht man später den gleichen Duft wieder, erzeugt dies eine positive Grundstimmung.[24] »Duftstoffe wirken im Unterbewusstsein, denn die chemischen Signale werden von den Sinneszellen transformiert und direkt ins Gehirn weitergeleitet«, sagt Klemens Störtkuhl, Duftforscher an der Ruhr-Universität Bochum.

Ungeniert nutzen Duftmarketingagenturen diesen Trick. »Knapp unterhalb der Wahrnehmungsgrenze funktioniert das richtig gut«, verrät Jens Reißmann, Geschäftsführer der Duftagentur Reima AirConcept in Zwickau. Mit parfümierten Spielautomaten lassen sich sogar 45 Prozent mehr Geld einnehmen, berichtet Alan Hirsch, ärztlicher Leiter der Smell & Taste Treatment and Research Foundation in Chicago.[25]

Fachleute sprechen von »Corporate Scent« oder »Air Design«. Ein Beruf mit Zukunft – werden Sie »Air Designer«. Manipulieren Sie mit Düften.

*

Machen wir uns keine Illusionen. Manipulationen mit der Absicht, mehr zu verkaufen, sind an der Tagesordnung. Nicht weil Verkaufsmanager schlechte Menschen wären, sondern weil Manipulation funktioniert und mehr Absatz bringt. Wir sind manipulierbarer, als wir glauben, und wir werden häufiger manipuliert, als wir ahnen.

Wenn wir uns diese Zusammenhänge vor Augen führen, wird verständlich, warum Ford und Duttweiler nicht zu Vorbildern für Unternehmergenerationen wurden. Marketing und Manipulation sind der einfachere Weg zum Gewinn.

Das Marketing-Monster

Hi! Ich bin das Marketing-Monster. Mir geht es gut. Alle füttern mich, weil sie mich brauchen. Die Unternehmen sind auf mich angewiesen, wenn sie höhere Umsätze und Gewinne machen wollen. Universitäten füttern mich mit Forschungsergebnissen. Ich mache genau das, was die Menschen wollen. Mir ist ganz kannibalisch wohl. Tut mir leid, dass ich so dick geworden bin. Ich will beileibe kein Monster sein.

Das Gute ist, dass man mich kaum erkennt. Mar-ke-ting. Man muss die Waren doch zu Markte tragen! Und man muss sie beschreiben. Steht in jedem Lehrbuch. Na ja – und ein bisschen schön machen darf man sie schließlich auch. Wir wollen doch nicht puritanisch sein.

Was für ein wunderbares Versteck für ein Monster! Es stimmt natürlich, dass man die Waren sichtbar machen, sie zum Markt bringen muss. Aber die Kosten dafür sind nur ein Bruchteil des Marketingbudgets. Wenn es um diesen Teil des Marketings ginge, würde ich immer dünner, nicht dicker.

Es gibt aber noch einen zweiten Teil des Marketings, der ganz anders aussieht. Verkaufen, verkaufen, mehr und noch mehr. Den Waren eine Seele geben. Selbst dem Toilettenpapier. Die Marken werden entscheidend. Waren müssen Sehnsüchte bedienen, Emotionen wecken, verführen. Wer das beherrscht, wird hoch bezahlt. Kapital kauft Kopf.

Ich entfache ein gewaltiges Feuerwerk. Ich mache die Welt bunt und hell. Und optimistisch. Die kreativsten Köpfe arbeiten für mich und ziehen alle Register: Kunst, Ästhetik, Psychologie.

Ich liebe soziale Netzwerke. Ich spüre die Energie, die in ihnen liegt. Wenn ich gewitzt genug bin, kann ich dort als Freund unter Freunden auftreten. Die technologische Entwicklung kommt mir entgegen. Ich bin im Internet an Ihrer Seite. Ich kenne Ihre geheimen Wünsche und Interessen. Ich weiß besser über Sie Bescheid als Sie selbst. Ich bin Ihr großer, hilfreicher Bruder.

Ich bin der Witz. Ich bin der Humor. Ich bin das Spielerische. Kinder sehen mir zu, weil ich so lustig bin. Ich bin die Pause. Der Urlaub. Das Wohlbefinden.

Ich umgebe mich mit schönen, sympathischen Menschen. Kein Register, das ich nicht ziehen kann. Ich bin Orgelspiel im Fortissimo.

Ich kann aber auch die leisen Töne. Ich liebe es, mich einzuschmeicheln. Ich verstehe die Menschen. Glauben Sie mir, ich tue alles dafür. Das liegt in meinem ureigenen Interesse. Wenn ich die Menschen nicht verstehe, kann ich ihnen auch nichts geben. Deshalb bin ich mir auch nicht zu schade, hinabzusteigen in die Tiefen und mich umzusehen, was im Keller liegt. Menschen haben Schwächen und leiden darunter. Ich helfe ihnen.

Sie wurden von der Natur benachteiligt? Sie müssen sich nicht länger schämen. Sie sind in Ihrer Kindheit verletzt worden und tragen den Schmerz in sich? Ich heile Ihren Schmerz. Sie sind zu dick? Kein Problem. Die Haare fallen aus? Kein Problem. Fältchen um die Augen? Kein Problem. Sie werden älter? Mit mir werden Sie jünger. Sie haben gerade kein Geld? Ich gebe Ihnen Kredit.

Sie dürsten nach Anerkennung? Nirgendwo habe ich mehr zu bieten: Das besondere Outfit. Die Accessoires. Der elegante Anzug. Die feinen Schuhe. Die teure Uhr. Sie fühlen sich unsicher? Ich gebe Ihnen Sicherheit.

Die Moderne überfordert die Menschen. Ich gebe ihnen fest umrissene Marken, mit denen sie sich profilieren können. So wie Insekten kein Rückgrat haben, sondern von außen durch die Teile des Chitinpanzers zusammengehalten werden, so wird der moderne Mensch durch Marken zusammengehalten.

Denken Sie an den Großinquisitor bei Dostojewski. Die Menschen sind schwach und brauchen Führung. Ich gebe ihnen Halt. Ich helfe ihnen, durch Statussymbole Selbstvertrauen zu gewinnen. Und mehr als das: Durch Marken gebe ich den Menschen Identität. Ich sage ihnen, was sie haben müssen, um sie selbst zu sein.

Hör mir gut zu: Ich biete dir einen Pakt an. Verkaufe mir deine Seele, und ich lege dir die Welt zu Füßen. Höre auf Mephisto. Mit deinem Eigensinn, mit deinem Eigenwillen wirst du scheitern. Mit mir dagegen wirst du erfolgreich sein.

Die Philosophen haben viel über Freiheit geredet. Ich gebe den Menschen Freiheit. Ich öffne den Baukasten, aus dem sich jeder seine Freiheit zusammenstellen kann.

Ich bin die Hoffnung. Ich bin der Weg. Ich bin die Wahrheit und das Leben!

Das Marketing-Monster als Zukunftsperspektive?
Es geht mir nicht darum, Marketing gänzlich abzulehnen. Wenn es die Welt bunter und fröhlicher macht, was wäre dagegen zu sagen? Auch die eine oder andere Übertreibung darf man getrost akzeptieren. Es geht mir auch nicht darum, spartanische Lebensformen zu propagieren. An dieser Stelle geht es allein darum, die Funktion des Marketings und seiner Ausprägungen besser zu verstehen. Und die Folgen zu begreifen.
Heute müssen wir feststellen, dass es beim Konsum keine natürliche Sättigungsgrenze mehr gibt. Unsere Bedürfnisse sind unerschöpflich, wenn sie ständig angefacht werden. Zwar legen Studien nahe, dass in den reichen Ländern ein Zuwachs an Konsum das Maß an Zufriedenheit nicht weiter erhöht. Dennoch konsumieren wir mehr. Wir verschieben unsere Wunschvorstellungen ständig nach oben. Ein zentraler Faktor hierfür ist der Druck der Marketingindustrie.

Unternehmen A stellt ein nützliches Produkt her und verkauft es preiswert. Die Menschen stehen Schlange. Er braucht kaum Werbung, kein großes Marketing. Es sind Nutzen und Preis, die für es werben.
Unternehmen B stellt ein Produkt her, das nicht wirklich Sinn stiftet. Da eigentlich kein Mensch dieses Produkt braucht, muss es heftig in Marketing investieren. Es muss sein Produkt bekannt machen, muss Aufmerksamkeit erzeugen, an vielen Stellen präsent sein und werben. Das alles kostet viel Geld. Nichts arbeitet von allein für das Unternehmen, alles muss es teuer bezahlen. Was natürlich den Verkaufspreis des Produkts in die Höhe treibt.
Sinn oder Nichtsinn – das ist hier die Frage.

»Ökonomie mit Sinn« ist überzeugender, überlebenstüchtiger und braucht deutlich weniger Ressourcen. Pech nur, dass eine Ökonomie, die, um weiter wachsen zu können, immer mehr Absatz sucht, immer stärker auf Produkte ausweichen muss, die keinen oder kaum noch Sinn stiften. Und dafür mit den Mitteln des Marketings unsere Bedürfnisse immer weiter anfachen muss.

»Fackeln der Freiheit«

Heute ist nicht mehr die Herstellung von Produkten der Engpass für Unternehmen, sondern ihr Absatz. Daher wird eine riesige Verkaufsmaschinerie in Gang gesetzt. Die Investitionen in Werbung, Marken und Image verschlingen mehr Geld als die Kosten der Herstellung der Waren. Die Psyche des Menschen wird durchleuchtet, um bessere Verkaufsstrategien zu ermitteln. Längst sind unsere Emotionen, bis in die intimen Bereiche, mit sozialwissenschaftlicher Akribie untersucht.

Die Grundlagen dafür wurden vor fast hundert Jahren gelegt. Ab Mitte der 1920er-Jahre erschien eine Reihe von Büchern zur Massenbeeinflussung, von denen *Propaganda* von Edward Bernays (1928) bis heute das bekannteste geblieben ist. Bernays, ein Neffe von Sigmund Freud, wollte den Begriff »Propaganda« von den negativen Assoziationen aus dem Ersten Weltkrieg befreien. Bernays[26] gilt neben Walter Lippmann, Ivy Lee und anderen als Vater der Public Relations. Er war Pionier in der Anwendung von Forschungsergebnissen der noch jungen Sozialwissenschaften.

Bernays geht es um die Technik der Meinungsformung. Er bezeichnet dies als *engineering of consent*. Sein Buch beginnt mit den Worten: »Die bewusste und intelligente Manipulation der organisierten Gewohnheiten und Meinungen der Massen ist ein wichtiges Element in der demokratischen Gesellschaft. Wer die ungesehenen Gesellschaftsmechanismen manipuliert, bildet eine unsichtbare Regierung.«[27]

Klarer kann man es nicht sagen: intelligente, bewusste Manipulation. »Wenn wir den Mechanismus und die Motive des Gruppendenkens verstehen«, schreibt Bernays, »wird es möglich sein, die Massen, ohne deren Wissen, nach unserem Willen zu kontrollieren und zu steuern.«[28] Eine relativ geringe Zahl an Personen, die die mentalen Prozesse und Verhaltensmuster der Massen verstehen, reiche aus, um uns »in beinahe jeder Handlung unseres Lebens, ob in der Sphäre der Politik oder bei Geschäften« zu dominieren.[29] Über Joseph Goebbels wird berichtet, er habe die Erkenntnisse von Bernays für seine Kampagnen genutzt.

Bernays war auch einige Jahre für die amerikanische Tabakindustrie tätig. Frauen, so fand er heraus, betrachteten Zigaretten als phallische Symbole männlicher Macht und lehnten die Glimmstängel daher ab. Er versuchte im Auftrag der American Tobacco Company, das Rauchen für Frauen attraktiv zu machen. Die Werbestrategie zielte darauf, den Widerstand der Frauen gegen das Rauchen zu brechen. Bernays heuerte eine Gruppe von Frauen an und bat sie, sich als Suffragetten zu verkleiden. So marschierten die vermeintlichen Frauenrechtlerinnen durch New Yorks Fifth Avenue, und als Zeitungsreporter sie fotografierten, zündeten sie sich Zigaretten an und proklamierten diese als »torches of freedom« (Fackeln der Freiheit).

Waren emotional aufladen

Nirgends wird die Differenz zwischen Herstellung und Verkauf deutlicher als am Beispiel Red Bull. Und an keinem anderen Beispiel lässt sich die emotionale Aufladung eines Produkts durch Marketing so gut beobachten wie bei diesem Energydrink.

Das Getränk stammt aus Thailand und heißt dort Krating Daeng, die englische Übersetzung lautet: Red Bull. Der österreichische Marketingmanager Dietrich Mateschitz erwarb 1984 eine Lizenz für dieses Getränk. Die chemischen Bezeichnungen seiner wichtigsten Inhaltsstoffe heißen Trimethylxanthin und Aminoethansulfonsäure, bekannt sind sie unter den Namen Koffein und Taurin. Letzteres hat zwar seinen Namen vom Stier, weil es 1833 erstmals aus Ochsengalle hergestellt wurde, wird aber längst industriell erzeugt.

Entscheidend ist bei Red Bull nicht das Rezept. Nichts an den Zutaten ist geheim oder exklusiv. Entscheidend ist das Marketing. Die Leistung des Lizenznehmers Dietrich Mateschitz bestand im Markenaufbau. Sein Unternehmen macht die Marke. Es hat keine eigenen Produktionsstätten. Seit der Markteinführung werden die Dosen vom britischen Unternehmen Rexam hergestellt, das Getränk selbst vom österreichischen Getränkeunternehmen Rauch.

Der erste Slogan bei der Markteinführung des Getränks im Jahr 1987 war relativ nahe am Produkt: »Red Bull. Belebt Geist und Körper.« Für ein koffeinhaltiges Produkt kann das geradezu als sachliche Beschreibung durchgehen. Der Markterfolg war mittelmäßig. Das änderte sich zwei Jahre später. Der Durchbruch kam mit einem neuen Slogan der Werbeagentur Kastner & Partner. Er löste sich von den sachlichen Eigenschaften des Produkts und machte ein rein emotionales Versprechen: »Red Bull verleiht Flügel.«[30]

Mateschitz hat den Slogan »Red Bull verleiht Flügel« in die reale Welt übertragen. Es fing 1992 an mit sympathischen, amateurhaft anmutenden Wettbewerben, originelle Fluggeräte mit kurzem Anlauf zum Schweben zu bringen. Es folgten »Red Bull Flugtage«, eine Art Risikoflug-Meisterschaften mit speziellen Flugzeugen und Piloten, die waghalsige Slaloms absolvieren.

Um in weitere Kundenschichten vorstoßen zu können, erweiterte man die Engagements im Sportbereich. Als Erstes 1995 der Einstieg in die Formel 1, mit Rennwagen, deren Spoiler noch an das Flügel-Bild erinnern. Nach Jahren als Sponsor eines kleinen, wenig erfolgreichen Teams startete Red Bull mit hohem Aufwand 2005 seinen eigenen Rennstall und wurde fünf Jahre danach Formel-1-Weltmeister. Man muss Geld in die Hand nehmen, um eine Marke emotional aufzuladen! Am Marketing darf man nicht sparen. Umsatzwachstum verlangt Expansion. Es folgten weitere, jetzt flügellose Sportarten mit einem breiter angelegten Publikum, wie etwa Fußball.

Viele haben versucht, das Produkt nachzuahmen. Die meisten Energydrinks werden sogar preiswerter angeboten als Red Bull. Aber keiner konnte sich gegen Red Bull durchsetzen. Die Marke und die Markeninvestitionen machen den Unterschied.

Mateschitz sagt selbst: »Alles ist Marketing.«[31] Wie recht er hat.

Original und Täuschung

Man könnte das Beispiel Red Bull als Einzelfall sehen, in dem das Instrument Marketing genial gespielt wird. Sehen wir uns an, wie das Unternehmen Bertolli, eine Tochter des Unilever-Konzerns, an das Thema herangeht. Eines vorweg: Bertolli ist nicht besser oder schlechter als andere Marken. Es handelt sich, wenn man so will, um eine völlig normale Marke, die nach den Gesetzen der Markenökonomie funktioniert. Ich habe das Beispiel Bertolli ausgewählt, weil es besonders gut dokumentiert ist.

Die Marke Bertolli steht für Olivenöl, Pasta-Saucen, Pestos, Brotaufstriche und Essig. Sie ist in fast jedem deutschen Supermarkt zu finden. »Leidenschaft für gutes Essen« ist laut Bertolli-Homepage einer der »grundlegenden Werte« der Marke, und das mit »viel Herz«. Selbst die Tomaten kommen »aus dem Herzen Italiens«, schwärmt die Homepage. Damit das auch jeder glaubt, spart Bertolli nicht an den üblichen Italienklischees von resoluten Pasta-Großmüttern und schnurrbärtigen Olivenbauern.

Alle Bertolli-Produkte würden »nach original italienischen Rezepturen und nur aus besten Zutaten hergestellt«, steht auf der Bertolli-Homepage. Schauen wir uns das am Beispiel des »Pesto Verde« an. Es hat das berühmte Pesto alla Genovese zum Vorbild, das traditionell aus Basilikum, Olivenöl, Parmesan, Pinienkernen, Knoblauch und Salz hergestellt wird. Wer allerdings hinter Bertollis »Pesto Verde« ein Qualitätsprodukt nach Originalrezept erwartet, muss sich getäuscht fühlen. Das Original wird suggeriert, aber ein billigerer Ersatz verkauft: Der Käseanteil ist gering, Olivenöl und Pinienkerne sind nur in Alibi-Mengen enthalten. Dafür sind Kartoffelflocken, Aroma und Säuerungsmittel zugesetzt.[32]

Auf der Packung steht deutlich »Pinienkerne« und an der Seite »feinstes Olivenöl«. Bertolli verwendet aber hauptsächlich nicht näher benanntes Pflanzenöl und Cashewnüsse. Beide sind auf dem Weltmarkt billiger als Pinienkerne und Olivenöl. Die gibt Bertolli nur in homöopathischen Dosen von 2 bis 2,5 Prozent dazu – offenbar um damit werben zu können.

»Feinstes Olivenöl« und »Pinienkerne« klingt schließlich hochwertiger und irgendwie auch originaler italienisch als schnödes Pflanzenöl und Cashewnüsse. Das ist zwar legal, aber trotzdem Verbrauchertäuschung, sagt die Verbraucherorganisation Foodwatch. Denn hier werde eine Qualität vorgetäuscht, die das Produkt nicht habe.[33] Das Produkt halte nicht, was Verpackung und Werbung versprechen.

Die Reaktion der Bertolli-Mutter Unilever auf die Kritik von Foodwatch war höchst aufschlussreich. An erster Stelle der Antwort standen nicht die beanstandeten billigen Inhaltsstoffe und die Zweifel an der Produktqualität. Sondern Folgendes: »Jede beliebte Marke steht für ein bestimmtes Lebensgefühl, eine bestimmte Eigenschaft oder Empfinden – Bertolli ist Synonym für leckere, italienische Küche und mediterranes Flair und viele Verbraucher entscheiden sich täglich für diese Marke.«

Treffender kann man es gar nicht sagen. Es geht um emotionale Aufladung, nicht um das physische Produkt. Es geht um »Lebensgefühl«, um »Empfinden«, um »Flair«. Und diese werden von der Marke erzeugt.

Solange die Verbraucher mitspielen, bleibt die Welt der Marken in Ordnung. Ich bin alt genug, um mich zu erinnern, wie früher das Lebensgefühl aus dem Produkt entstand. Die Marke – abgeleitet davon – gewann ihre Glaubwürdigkeit aus der Qualität des Produkts. Was früher ein Begleiter war, der dem Produkt folgte wie der Mond der Erde, hat sich heute zum Zentralgestirn aufgeschwungen.

Ein Pesto nach Originalrezept mit den echten, teuren Inhaltsstoffen würde im Laden, so Unilever, etwa das Dreifache dessen kosten, was das Bertolli-Markenpesto kostet. Völlig ausgeschlossen, so Unilever weiter, denn für diese Marke sei es unabdingbar, »bezahlbare Produkte anzubieten«. Für den Markenmanager bedeutet das also: Wenn der Kunde nicht mehr als einen bestimmten Preis zahlen will, muss ich eben in der Qualität der Zutaten so weit nach unten gehen, dass ich immer noch meinen gesamten Marketingaufwand bezahlen und außerdem noch Gewinn machen kann. Natürlich funktioniert das nur, wenn der Kunde nicht merkt, dass das Produkt nicht das ist, was es vorgibt zu sein, oder ihm dies gleichgül-

tig ist, und es doch irgendwie schmeckt – wofür man, wenn man Unilever heißt,»umfangreiche Marktforschungsstudien« betreibt.
Ist das Argument, dass das gute Produkt unbezahlbar sei, denn richtig? Ich habe es im August 2017 mit einem Kollegen ausprobiert. Wir haben die Zutaten des Originalrezepts in Berlin bei Rewe eingekauft. Auf die Menge des Bertolli-Produkts umgerechnet haben wir für die Inhaltsstoffe etwa ein Fünftel dessen bezahlt, was Bertolli behauptet, für das Originalrezept verlangen zu müssen. Und dies, obwohl wir kleine Haushaltsmengen einkauften, während Bertolli Großeinkauf zu Weltmarktpreisen tätigen kann. Das Ganze in Eigenarbeit zwar, aber es hat uns beiden viel Spaß gemacht. Und wenig Mühe. Das Rezept ist einfach, die Herstellung ebenfalls, und das eigene Pesto ist sicherlich gesünder als industriell gefertigte Produkte mit all ihren Zusatzstoffen.

Ich habe das Beispiel Pesto gewählt, weil es typisch ist für zwei Phänomene: Die emotionale Aufladung durch die Marke ist wichtiger als die tatsächliche Qualität des Produkts. Slow-Food-Anhänger wissen das längst. Ich, mit meinem Glauben an die Vernunft der Ökonomie, habe ein bisschen mehr Zeit gebraucht, zu erkennen, wie das sogenannte moderne Marketing systematisch Qualität verschlechtert.

Ökonomiestudenten lernen das Gresham'sche Gesetz. Als die Geldmünzen noch aus Edelmetall waren, war die Versuchung groß, ein bisschen Metall abzuschleifen und die Münzen danach wieder in Umlauf zu bringen. So verschwanden mit der Zeit die vollständig erhaltenen Münzen, und im Umlauf befanden sich nur noch die angefeilten Stücke: Das schlechte Geld verdrängt das gute – so Thomas Gresham (1519–1579), immerhin Begründer der Londoner Börse und Finanzier der Weltumseglung von Francis Drake. Heute muss man wohl das Gresham'sche Gesetz auf die Realwirtschaft übertragen: Das schlechte Produkt verdrängt das originale gute Produkt.

Natürlich ist auch der Geschmack anders. Am besten, wir versuchen, uns an den Geschmack des Originals noch zu erinnern, bevor das letzte Original vom Markt verschwindet. Sonst riskieren wir, in Sachen Qualität eine

Stufe rückwärts zu fallen. In Indien wurde mir die Geschichte zugetragen, dass ein aufrechter Mensch echte, unverdünnte Milch auf den Markt brachte. Das Problem war, dass die Käufer nur verfälschte Milch gewohnt waren. Der Geschmack der echten Milch erregte Verdacht, dass etwas nicht stimmen könne. Der Versuch des aufrechten Menschen scheiterte.

Am Beispiel Bertolli wird noch ein zweites Phänomen deutlich: die hohe Differenz zwischen den Herstellkosten des industriell hergestellten Produkts und dem Verkaufspreis. Dabei würde man doch erwarten, dass die maschinelle Fertigung und der Großeinkauf es möglich machen, Produkte viel preiswerter herzustellen. Das tun sie auch. Aber es wird im Verkaufspreis nicht weitergegeben. Im Gegenteil. Aus der Investition in die Marke (statt in die Herstellung) wird herausgeholt, so viel es geht.

Branding

Branding war ursprünglich einmal ein gutes Konzept. Der Hersteller nennt seinen Namen und bürgt für die Qualität. Über das Branding erkennt man den Hersteller und seine Produkte wieder. Aber Branding teilt wohl das Schicksal vieler anfänglich guter Ansätze. Sie werden, gerade wenn sie hohe Anerkennung genießen und ihnen großes Vertrauen entgegengebracht wird, genau deswegen benutzt – ja missbraucht – und vor den Wagen der Gewinnmaximierung gespannt.

Der Begriff »Branding« stammt aus der amerikanischen Viehzucht. Um die eigenen Rinder von denen des Nachbarn zu unterscheiden, wurde den Tieren mit einem glühenden Metallstempel ein Zeichen ins Fleisch gebrannt. Vom Rind aus gesehen keine angenehme Sache. Das Brandzeichen war ein allseits sichtbares Merkmal, dass das Rind nicht frei war, sondern Teil einer Herde. Wenn Sie das nächste Mal in den Hallen eines Konsumtempels einkaufen, denken Sie an die gebrannten Rinder. Es hilft Ihnen, wenn Sie aus dem Tempel hinausgehen, zu erkennen, was Sie sind: ein weithin sichtbar gebranntes Rind. Denn das Brandzeichen des Herstellers tragen ja nicht nur die Produkte, sondern auch deren Käufer.

Die Erkenntnisse dazu, wie man Marken auflädt, begehrenswert macht, liefert die einschlägige Forschung. Welche dem Käufer unbewussten Reflexe kann ich nutzen? Wie kann ich auf der Klaviatur seiner Werte spielen, damit er mir Vertrauen schenkt? Welche Bilder und Symbole machen mich glaubwürdiger? Wie kann ich meine Werbelyrik noch überzeugender machen? Kurz: Wie kann ich die Kunden dazu bringen, diese Marke ganz außergewöhnlich zu finden und unbedingt besitzen zu wollen?

Die neueste Forschungsrichtung dazu stellt das Neuromarketing dar. Seine Kernannahme besagt, dass ökonomische Entscheidungen zu großen Teilen auf unbewusst ablaufenden Prozessen beruhen.[34] Dieser Marketingansatz versucht, sich einen direkteren Zugang zum menschlichen Gehirn zu verschaffen, als es mit klassischen Marktforschungsinstrumenten möglich ist, um daraus Informationen über die unbewussten Prozesse ableiten zu können. Am Beispiel Duft habe ich das oben bereits ausgeführt.

Im Neuro-Marketing werden sehr aufwendige Untersuchungsmethoden, wie die Elektroenzephalografie und die Magnetresonanztomografie, eingesetzt. Letztere eignet sich aufgrund der hohen Kosten jedoch nur für finanzstarke Unternehmen. Beide Methoden werden gern mit anderen Verfahren wie beispielsweise der Hautleitfähigkeitsmessung, der Blickbewegungsmessung oder der Messung der Herzfrequenz kombiniert.[35] Forschung auf höchstem wissenschaftlichen Niveau.

Die Manipulationstendenz des modernen Marketings wirft eine grundsätzliche Frage auf. Kann man dann überhaupt noch von Markt sprechen? Markt im Sinne des fairen Interessenausgleichs, bei dem Qualität und Preis den Ausschlag geben? »Markt«, wie ihn die Ökonomen betrachten, ist eine Interaktion von zwei Akteuren: der Anbieter – in unserem Fall Unternehmen – und der Nachfrager. Letztere sind bei Konsumgütern wir Normalmenschen. Wenn nun eine Seite – die Unternehmen – ihr Arsenal aufrüstet und ihre Figuren so bedient, dass sie die andere Seite allmählich schachmatt setzt, und das mit wissenschaftlich unterstützter Akribie: Untergräbt das nicht langsam die Balance und damit die Legitimation von

Marktwirtschaft? Ist es nicht eine Art der Umverteilung von unten nach oben?

Und stellt sich damit nicht die Frage nach der Notwendigkeit einer Intervention – zumal die Manipulation viel raffinierter geschieht als früher? So wie früher das Eichamt eingeführt wurde, um die Manipulation der Käufer durch abgeschliffene Gewichte oder verfälschte Maße zu verhindern? Am Stephansdom in Wien ist noch heute in der Dommauer das Maß einer Elle abgebildet, mit der die Käufer von Stoff überprüfen konnten, ob der Stoffhändler korrekt gemessen hatte.

Teuer gekauft

Einen Haushalt in den Tropen zu führen ist aufwendiger als in unseren Breiten. Wer in Thailand ein Haus mietet, kennt das Wort mae baan, *wörtlich übersetzt »Hausmutter«. Es ist die freundliche Fee, die den Staub, den Schimmel, die Insekten, Attacken aller Art von den Bewohnern fernhält. Mein erster langer Aufenthalt 1986 in Asien begann so. Eine Mutter, die auch ihr Kind zu versorgen hatte, kümmerte sich um meinen Haushalt. Von dem Lohn, den sie von mir bekam, konnte sie sich etwas zurücklegen. Eines Tages kam sie freudestrahlend und erzählte, dass sie von ihrem Ersparten ihrem Kind etwas ganz Besonderes gekauft hätte. Ich dachte an Gesundheit, an Medizin, an Ausbildung oder vielleicht ein Dreirad. Voller Stolz auf ihre Fürsorge und ihre gute Wahl zeigte sie mir das Gekaufte.*

Es war eine Dose Ovomaltine.

Mir sitzt der Schreck noch heute in den Knochen. Alles hätte ich erwartet, aber nicht dieses Produkt. Dazu muss man wissen, dass Zucker und Milchpulver zwei der wichtigsten Zutaten von Ovomaltine sind – beides Zutaten, die auch in Thailand hergestellt werden und dort wenig kosten. Ausgerechnet Ovomaltine. Ein in Thailand teures Produkt, bei dem man vor allem für den Markennamen bezahlt. Werbung tritt in Schwellenländern viel dreister auf als bei uns. Beste Ernährung und Gesundheit werden suggeriert. Meine mae baan *war auf die Werbeversprechen für Ovomaltine hereingefallen.*

Als kleine Notiz am Rande: Der Apotheker und Unternehmer Dr. Albert Wander führte Ovomaltine 1904 in der Schweiz ein. Ein damals noch armes Land. Zu dieser Zeit war es sein Anliegen, für unterernährte Kinder ein preiswertes und haltbares Produkt herzustellen. Eine gute Sache. Heute aber kann selbst in einem Land wie Thailand von Unterernährung keine Rede mehr sein, ganz zu schweigen von der Schweiz. Die Vermutung liegt nahe, dass Dr. Wander als engagierter Unternehmer und Mensch sich nach Erfüllung des ursprünglichen Anliegens entschieden hätte, auf andere, zeitgemäßere Produkte umzusteigen – anders als die Manager des Unternehmens, die an einem profitträchtigen Produkt festhalten. Die Wander AG wurde 1967 vom Sandoz-Konzern übernommen. Inzwischen gehört das Unternehmen zum Konzern Associated British Foods.
Aber Ovomaltine ist kein Einzelbeispiel. Das kommerzielle Potenzial, das in einer starken Marke steckt, verselbstständigt sich und tendiert dazu, gesellschaftlichen Wandel lange Zeit zu ignorieren und moralische Einwände zu missachten. »Wir können doch die Cashcow nicht schlachten, von der wir im Unternehmen leben«, heißt es dann.

Das Geschäft mit der Säuglingsnahrung

Muttermilchersatz ist ein Milliardengeschäft. Die Verwendung von Säuglingsanfangsnahrung wird in vielen Entwicklungsländern als besonders gesund für Kleinkinder dargestellt.[36] Dabei kann die Verabreichung der künstlichen Produkte statt Muttermilch negative Folgen haben. Der Hauptgrund dafür ist mangelnde Hygiene, es fehlt vielerorts der Zugang zu sauberem Wasser und zu Kühlmöglichkeiten. Unter diesen Bedingungen angemischte Muttermilch-Ersatzprodukte führen häufig zu Durchfallerkrankungen – eine der häufigsten Todesursachen bei Kindern.
Die Weltgesundheitsorganisation (WHO) hat schon 1981 den »Internationalen Kodex für die Vermarktung von Muttermilch-Ersatzprodukten« erarbeitet, der unter anderem vorsieht, dass Schwangeren oder jungen Müttern keine kostenlosen Proben gegeben werden dürfen, die Produkte

nicht öffentlich beworben werden sollen oder dass Hersteller dem Gesundheitspersonal keine Anreize geben dürfen, für die Produkte zu werben. Nur halten sich die Unternehmen kaum daran. Kein Wunder, denn der Markt für Muttermilch-Ersatzprodukte boomt, und die Gewinne sind hoch. Marktführer Nestlé erzielt in seiner Säuglingsnahrungssparte eine operative Gewinnmarge von fast 23 Prozent. Weltweit wird der Markt für das Jahr 2019 auf mehr als 58 Milliarden Euro geschätzt.

Was ökonomisches Potenzial für die Unternehmen ist, stellt sich als Risiko für die kleinen Endverbraucher heraus. In der hoch angesehenen medizinischen Fachzeitschrift *The Lancet* warnten Wissenschaftler im Jahr 2016, dass der Wechsel vom Stillen zur Säuglingsmilch »katastrophale Folgen für die Gesundheit folgender Generationen« habe. Würde weltweit nahezu überall gestillt, schreiben die Wissenschaftler, könnten mehr als 820 000 Kinderleben gerettet werden – pro Jahr. *The Lancet* stellt den Muttermilchersatz auf die gleiche Ebene wie Tabak und Zucker: »From tobacco, to sugar, to formula milk, the most vulnerable suffer when commercial interests collide with public health.«[37] Es seien gerade die verwundbarsten Bevölkerungsgruppen, die unter solchen Praktiken leiden.

Die »Aktion gegen den Hunger« und andere Organisationen haben recherchiert, wie die großen Hersteller von Muttermilchersatz, Nestlé, Danone, FrieslandCampina, Kraft Heinz, Abbot und Reckitt Benckiser, ihre Produkte vermarkten. Sie haben Beispiele aus Kamerun, Burkina Faso, Bangladesch, Indonesien, Thailand, Äthiopien, Indien und vielen anderen Ländern gesammelt und die Erkenntnisse in einem Bericht veröffentlicht.[38] Sie fanden zahlreiche Verstöße gegen den Milchkodex der WHO, darunter: Krankenhauspersonal und Apotheken bekommen von Herstellern Geld, Geschenke oder technische Hilfen, damit sie Muttermilch-Ersatzprodukte empfehlen. Vertreter von Konzernen besuchen regelmäßig Gesundheitsstationen und bewerben ihre Produkte. In Anzeigen und Plakaten werben Hersteller mit falschen Gesundheitsversprechen. Die Verpackungsaufdrucke und die Gebrauchsanweisungen sind nicht in der Landessprache verfasst.

Das Marketing zeige Wirkung, so die Kritik der Organisationen: In allen untersuchten Ländern, in denen die Sterblichkeit durch Mangelernährung von Kindern unter fünf Jahren sehr hoch ist, gebe ein großer Teil der jungen Mütter an, dass ihnen Gesundheitshelfer zu Säuglingsnahrung geraten hätten. Die Verwendung von Säuglingsanfangsnahrung gilt als Symbol für den sozialen Aufstieg – und als besonders gesund für die Kleinkinder.

Schon Anfang der 1970er-Jahre gab es eine Gruppe von Studenten, die Nestlé öffentlich schwere Vorwürfe in Sachen Babynahrung machte. Das Thema gibt es also seit Jahrzehnten, ohne dass sich Entscheidendes geändert hätte.

Auch bei uns geht es Nestlé nicht um die Gesundheit der Babys, auch nicht um Information und Aufklärung, sondern vorrangig um Geschäft. Der Alete-Trunk des Unternehmens wird mit Aussagen wie »reich an Calcium und Vitamin D für gesundes Knochenwachstum« beworben, so Foodwatch. Dagegen warnten Kinderärzte und Wissenschaftler seit Jahren vor solchen Trinkmahlzeiten, weil sie zu Überfütterung und Karies bei Babys führen könnten. Die Ernährungskommission der Deutschen Gesellschaft für Kinder- und Jugendmedizin (DGKJ) bewertet die Trinkmahlzeiten sogar als unverantwortlich und gesundheitsgefährdend.[39]

Nicht die Qualität seiner Produkte, sondern der Wert seiner Marken und die Wirkung seines Marketings machen Nestlé zu einem hocherfolgreichen Lebensmittelkonzern. Kein Wunder, dass der Konzern bei Kapitalanlegern in der ganzen Welt beliebt ist wegen seines stetigen Umsatz- und Gewinnwachstums.

Es ist in diesem Zusammenhang erhellend, daran zu erinnern, dass Ludwig Erhard als überzeugter Marktwirtschaftler den Marken kritisch gegenüberstand, vor allem aber den Schutzrechten für Marken. Sie würden es den Unternehmen erleichtern, sich dem Wettbewerb zu entziehen. Markt als Regulativ, das Produkte vergleichbar macht, würde ausgeschaltet. Je mehr ein Unternehmen mittels seiner Marken sich der Intensität des Wettbewerbs entziehen kann, desto mehr bleibt unter dem Strich übrig.

Und erst die Macht der Marke schafft die Gewinnbasis, auf der große Unternehmen operieren. Erst auf diesem Fundament kann man Interessenverbände einrichten, Lobbyisten bezahlen, Werbefeldzüge finanzieren, die das Image und das Vertrauen in die Marke stabilisieren. Start-ups haben nicht selten die qualitativ besseren Produkte – gerade ihr Qualitätsvorsprung macht ja den Gründern Mut, im Markt anzutreten. Aber sie kommen nur schwer gegen die Stärke der etablierten Marken an.

Transparenz, Produktwahrheit, Qualität und gutes Preis-Leistungs-Verhältnis sind schützenswerte Güter – nicht Markennebel, Werbelyrik oder gar Manipulationstechniken.

Gibt es nicht auch »gute« Marken?

Marken also, die durch Pionierleistungen und hohe Qualität gekennzeichnet sind?

Ja – es gibt sie. Und es gibt auch Unternehmer, die sich ausdrücklich distanzieren: »Wir wollten nie eine hochmargige Verarschermarke werden, die irgendwo unter Schrottbedingungen produziert«, sagt Hans Redlefsen, Geschäftsführer der Modefirma Closed.[40]

Sind sie die Regel oder die Ausnahme?, könnte man fragen. Wir können die Frage offenlassen. Es geht hier nicht darum, wie viele Marken sich noch durch hohe Qualität legitimieren oder nicht. Es geht allein um die Frage: Ist die Marke das entscheidende Element, um eine große Differenz zwischen Herstellungskosten und Verkaufspreis etablieren zu können?

Die Marke als Stempel für Qualität und Verlässlichkeit, so lernen es die Studenten im Fach Marketing. Kein Wort darüber, dass die Marke das Instrument ist, hohe Verkaufspreise durchzusetzen.

Den Schein der Besonderheit aufbauen

Erinnern wir uns. John Maynard Keynes prognostizierte, dass die Unternehmen in ein ausgloses Dilemma geraten würden: Durch permanente Rationalisierung werden die Kosten und die Preise immer niedriger, und die Unternehmen können nichts mehr verdienen. Für die Konsumenten wäre es der Himmel, für die Unternehmen die Hölle. Wie kommen die Unternehmen aus diesem Dilemma heraus?

Betriebswirtschaftlern ist die Hölle bekannt. Das Fachwort dafür heißt »Commoditization«. Man müsse auf jeden Fall verhindern, so lernen es die Studenten im Marketingseminar, dass das eigene Produkt »zur Commodity verkomme«, also als einfache, austauschbare Ware erscheine. Soll heißen, alles zu tun, damit die Ware nicht als das erscheint, was sie ist, nämlich eine ganz normale Ware, sondern die Ware in ein besseres Licht zu rücken, am besten eine Aura darum zu schaffen, sodass die Gewöhnlichkeit des Produkts und die niedrigen Kosten seiner Herstellung nicht mehr erkannt werden.

Damit können wir erklären, welchen Weg die Unternehmen gefunden haben, dem Keynes-Dilemma zu entgehen. Sie stellen nicht Waren her, sondern etwas Besonderes. Produkte, die sich dem direkten Vergleich mit anderen möglichst entziehen, und so das Unternehmen nicht in die Abwärtsspirale der Preise hineingesogen wird. Wenn die Grenzkosten sinken, aber meine Preise nicht im gleichen Ausmaß mitgesenkt werden müssen, weil ich ja etwas Besonderes herstelle, kann ich meine Gewinne halten oder sogar erhöhen.

Den Schein der Besonderheit aufbauen – so heißt die Aufgabe. Schauen wir uns das an drei Beispielen an.

Kaffee

Kaffee ist im wahrsten Sinne des Wortes eine Commodity, etwas ganz Gewöhnliches, Handelsübliches, überall leicht zu Beziehendes. Er wird an den Warenbörsen der Welt gehandelt, kostet dort je nach Ernte und Sorte zwischen 2 und 4 Euro das Kilo.[41] Unter diesen Umständen ist es schwer, mit dem Verkauf von Kaffee Geld zu verdienen.

Es sei denn, man lässt sich etwas einfallen.

Bei einem für viele Menschen so wichtigen Produkt wie Kaffee lassen die Einfälle nicht auf sich warten. Es gibt zunächst die emotionale Aufladung der Marke, etwa mit Begriffen wie »Krönung« bei Jacobs oder mittels Packungsdesigns wie im Falle der Espresso-Blechdose von Lavazza – Strategien, um einen höheren Preis als für die Commodity zu erzielen.

Und dann gibt es die Klasse der Pads und Kapseln. Sie stellt den Punkt Convenience, also Bequemlichkeit, als Besonderheit heraus. Damit gelingt der Sprung in ein noch einmal deutlich höheres Preisniveau. Da jede Kapsel für eine Tasse Kaffee steht, wird der Preisvergleich in eine andere Richtung gelenkt. Man zahlt gefühlt nicht für eine Packung Kaffee, sondern für eine Tasse des fertigen Getränks und vergleicht mit dem Preis im Café, nicht mit dem Ladenpreis der Kaffeebohnen. An der Gastronomie gemessen, ist der Kapsel-Kaffee geradezu günstig.

Für die Unternehmen macht sich diese Strategie bezahlt. Der Kaffee kann jetzt um das Zehn- bis Fünfzehnfache teurer verkauft werden. Es waren die Vordenker von Nespresso, die diese Entwicklung initiiert und die neuen Marktchancen eröffnet haben. Ein Durchbruch auf dem Feld der Marketingstrategien. Kaum ein Fachvortrag, kaum ein Marketingbuch, das nicht die herausragende Leistung der Nespresso-Strategen bejubelt.

Wenn Sie noch nie in einer Nespresso-Filiale, pardon: »Nespresso Boutique«, wie das Unternehmen sie nennt, waren, sollten Sie das unbedingt nachholen. Beeindruckende Ästhetik, ein Rausch der Farben und der Harmonie – und das alles für ein gewöhnliches Produkt wie Kaffee. Besser kann man den Schein der Besonderheit nicht inszenieren.

Zucker

Industriell hergestellter Zucker ist kein gesundes Lebensmittel. Wir sollten weniger davon zu uns nehmen. Aber oft kommt er versteckt daher in Produkten, in denen wir nicht viel Zucker erwarten. Und wird uns dann auch noch besonders teuer verkauft. Wie im folgenden Beispiel.

Bei einer führenden deutschen Supermarktkette stieß ich auf ein Angebot für »Original Schweizer Kräutertee«. Das Etikett warb mit »Kräutertradition seit 1922«. Was wird bei solchen Beschreibungen nicht an positiven

Assoziationen wach. Schweiz, solide, zuverlässig. Alpen, Natur, Almen, Kuhglocken, Enzian und Gebirgskräuter. Gesundheit, Entspannung, Genuss. Da scheinen doch 2,55 Euro für die 200-Gramm-Packung Teepulver wirklich nicht teuer zu sein. Bis man auf die Liste der Zutaten auf der Packungsrückseite schaut. Der Tee besteht zu 93,4 Prozent aus Zucker. Eine Zutat, die bei den Gesamtkosten pro Packung mit nicht einmal 10 Cent zu Buche schlägt. Eine halbwegs korrekte Produktbezeichnung müsste heißen: aromatisierter Zucker. Für diesen Zucker also muss man auf das Kilo gerechnet 13,65 Euro bezahlen. Normaler Zucker kostet im Einzelhandel üblicherweise um 65 Cent pro Kilogramm.
Der Hersteller setzt auf die emotionale Aufladung, auf den besonderen Schein. Ein Täuschungsmanöver. Denn kein Mensch, der klar bei Sinnen ist, würde für aromatisierten Zucker das 21-Fache des Preises für normalen Zucker bezahlen. Täuschung, ganz legal.

Das Meisterstück
Vielleicht ist das Meisterstück noch in Arbeit. Mit einem Produkt, das alle Menschen brauchen, das aber in der Herstellung fast nichts kostet. Diesem Produkt derart den Schein der Besonderheit zu geben und es so stark emotional aufzuladen, dass man es massenhaft zu einem stolzen Preis verkaufen kann.
Die Rede ist von Wasser.
Das meistverkaufte Nestlé-Wasserprodukt, »Pure Life«, wird in den meisten Herstellungsländern aus dem Grundwasser oder direkt aus der Trinkwasserversorgung entnommen. Der Weg von der Commodity zur Marke, der Weg von der Commodity zu etwas Höherwertigem geschieht bei »Pure Life« durch den Zusatz eines Mineralmix.
Der Einkaufspreis für Wasser für das Unternehmen Nestlé beträgt in Kanada circa 4 US-Dollar für eine Million Liter Wasser.[42] In automatischen Abfüllanlagen in kleinen Mengen verpackt und emotional aufgeladen mit einer wohlklingenden Marke, kostet das Wasser schließlich ein Vielfaches

der Herstellungskosten. Der Verkaufspreis für eine Million Liter liegt im Einzelhandel bei rund zwei Millionen US-Dollar.

Der wichtigste Punkt an diesem Beispiel: Sie bekommen kein wirklich veredeltes Produkt, eines, das durch Verarbeitung wertvoller Zugaben und/oder geschickte Handwerkskunst an Wert gewonnen hätte. Sie bekommen im Wesentlichen eine Commodity, wie sie schon im Tanklastwagen schwimmt, mit einem Mineralmix versetzt. So wie bei Lebensmittelprodukten neuerdings oft Zusätze beigefügt werden, die einen deutlich höheren Preis als das Grundprodukt ermöglichen sollen. Dabei ist keineswegs sicher, dass ein Zusatz von Mineralien überhaupt Nutzen stiftet. »Mineralwasser enthält zwar häufig mehr Mineralstoffe, aber gesünder ist es deshalb erst einmal nicht«, sagt Antje Gahl, Sprecherin der Deutschen Gesellschaft für Ernährung. Die meisten Mineralstoffe würden sowieso über die feste Nahrung aufgenommen.[43] »Leitungswasser ist so gesund wie Flaschenware, unschlagbar günstig und umweltschonend obendrein«, stellte die Stiftung Warentest fest.[44] Nach Angaben der Verbraucherzentrale ist die Klimabelastung durch Mineralwasser in Deutschland im Durchschnitt 600 mal höher als bei Leitungswasser. So entstehen beispielsweise in Berlin 105 000 Tonnen CO_2 durch Mineralwasserkonsum, vorwiegend aufgrund des Transportaufwands. Würde dort nur Leitungswasser getrunken, wären dies nur noch 175 Tonnen CO_2.[45]

Es wird also nicht ein Frosch in einen Prinzen verwandelt – es sieht nur so aus. Die Marke macht den Frosch zum Prinzen. In unserer Wahrnehmung, nicht in der Wirklichkeit. Der Frosch bleibt Frosch. Auf die Marke kommt es an.

Noch nehmen viele Menschen das Wasser weiter aus der Leitung. Noch ist das Meisterstück nicht geschafft. Die Markenmanager arbeiten daran.

Als Luxusmarke florieren

Die Marken florieren. Vor allem die Luxusmarken. Weil bei ihnen das Prinzip am besten funktioniert. Eine große Differenz zwischen Herstellungskosten und Verkaufspreis erzeugt das Gefühl von Qualität und schafft gleichzeitig die Mittel, ebendiese Marke mit hohem Aufwand zu pflegen und als besonders unwiderstehlich herauszuarbeiten.

Am besten also selbst eine Luxusmarke ausdenken, viel Geld in die Markenpflege stecken, den Menschen suggerieren, dass ohne dieses Produkt ihr Leben unvollkommen sei. Am Beispiel meiner eigenen Gründung, der Teekampagne: Eine Luxusmarke wäre mit Darjeeling-Tee naheliegend gewesen. Marketingmenschen haben mir das immer wieder empfohlen. »Viel zu preiswert, Ihr Darjeeling! Sie machen ja überhaupt kein Marketing. Lieber mehr Geld in die Werbung stecken, die Preise deutlich erhöhen, und aus der ›Teekampagne‹ wird eine Luxusmarke, und das weltweit!«
Und was für ein Produkt! Kein mit viel Imagewerbung zur Luxusmarke hochgepäppeltes Etwas, sondern ein einzigartiges, authentisches Naturprodukt. Und keines, das man beliebig vermehren kann. Selbst mit unserer simplen Vorgehensweise sind wir weltgrößter Importeur von Darjeeling geworden. Nichts sprach also dagegen, aus der Teekampagne eine Luxusmarke mit Hochpreisniveau zu machen.
Der Weg über die Marke wäre auch viel einfacher gewesen. Kein Kampf gegen den gesamten deutschen Teehandel. Viel höhere Marge. Bessere Wiedererkennbarkeit. Das gesamte Instrumentarium des Marketings und seine Wucht und Power hätten uns zur Verfügung gestanden. Es hätte uns auch in der Anfangszeit viel juristischen Ärger erspart: Ein normaler Markenname wäre sofort schützbar gewesen. Stattdessen hat es Jahre gedauert, bis wir schließlich vor dem Europäischen Patentgericht in Alicante das Wort »Teekampagne« schützen konnten.
Aber genau diesen Markenweg wollte ich nicht gehen. Ich war als Hochschullehrer angetreten mit der Überzeugung, dass wir andere Lehrinhalte brauchen. Mir ging es nie um Tee. Die Teekampagne war für mich immer

ein Anlauf zu einer anderen Ökonomie. Einer besseren, überzeugenderen Ökonomie. Für höhere Qualität. Für sparsameren Umgang mit den Ressourcen. Für weniger Pestizide, für biologischen Anbau. Fair zu den Erzeugern, fair zu den Mitarbeitern. Dies alles – und trotzdem ein niedriger Preis. Fair eben auch zu den Kunden. Nicht noch ein Unternehmen, das aus den Kunden herausholt, was es kann. Günstige Preise machen statt Marken aufblasen.

Fast wäre es schiefgegangen. 1995 ging es mir schlecht. Der Tinnitus im Ohr immer stärker. Einem Konkurrenten gelingt es, einen Angriff unter der Gürtellinie zu lancieren. Wer liest schon die Gegendarstellung? Da taucht ein Kaufinteressent für die Teekampagne auf: Manufactum. Thomas Hoof bietet sieben Millionen Deutsche Mark. Damals viel Geld. Und das als Angebot vorneweg, den notariellen Kaufvertrag schon vorbereitet. Nur noch meine Unterschrift ist nötig. An historischer Stätte, im Cecilienhof in Potsdam, in würdiger Umgebung, so der Vorschlag, soll die Unterzeichnung stattfinden. Auch ein langjähriger Freund und Kollege rät zum Verkauf der Firma.

Was er mit der Teekampagne machen würde, fragte ich Herrn Hoof. Antwort: die Preise erhöhen. »Sie verkaufen Ihren Darjeeling viel zu billig.« Und dann: »Nach Hamburg fahren. Mit dem Teehandel Frieden schließen.« Die Teekampagne als Luxusmarke etablieren.

Das gab den Ausschlag. Dafür hatte ich die Teekampagne nicht gegründet.

Schöne neue Welt der Ökonomie

Als die Marken den Luxus entdeckten, erstrahlte die Welt in ungeahnter Schönheit. Wurden Marken anfänglich mit Qualität und Preis verbunden, ging es fortan um Stil, Status und raffinierte Ästhetik. Die Galerien der Marken übertrafen in ihrer Kreativität und künstlerischen Eleganz die Galerien der Künstler. Die Galeristen alter Art staunten, wie ihnen die Ausstellungsräume der Marken den Rang abliefen. So wie Wissenschaftler in den Dienst der Marken traten und zur Höchstform aufliefen, taten es ih-

nen Kreative der neuen Epoche nach. Innenarchitekten und Designer verwirklichten ihre Träume. Das Interieur der Markenräume schöpfte aus weltlich-künstlerischen Motiven ebenso wie aus sakralen. Marken wurden zu Kunst, und die Kunst lernte vom Erfolg der Marken.
Die Städte blühten auf. Die Hauptstraßen alten Typs verwandelten sich in Flaniermeilen der feinen Stile. Der ökonomische Erfolg war unübersehbar. Das Städtemarketing erlebte einen Paradigmenwechsel. Früher standen die Sehenswürdigkeiten der Stadt im Mittelpunkt. Jetzt erkannte man, dass dies zu kurz gedacht war. Was macht den Wert eines Touristen aus? Doch nicht, dass er Baudenkmäler und alte Kirchen betrachtet. Sein Wert liegt darin, was er an Geld in der Stadt lässt. Vom Oberbürgermeister der Stadt Heidelberg, Reinhold Zundel, stammt das Bonmot: »Wenn man die zehn Buchstaben HEIDELBERG lange genug in eine andere Reihenfolge schüttelt, kommt heraus GELD HERBEI!« Die führenden Köpfe des Marketings erkannten, dass die alten Sehenswürdigkeiten der Lockstoff sind, die Menschen zu den modernen Kunstwerken, den Waren-Galerien zu führen.
Die Konkurrenz unter den Städten nahm zu. Sie boten so viel Einzigartiges auf, dass es staunen machte.

- Paris: Tour Eiffel, Louvre, Louis Vuitton, Armani, Prada, Lacoste, Pierre Cardin, McDonald's, Balmain, Benetton, Bulgari, Max Mara, Starbucks, Bruno Banani
- Mailand: Dom, Scala, Armani, Louis Vuitton, Prada, Max Mara, McDonald's, Bruno Banani, Gucci, Wonderbra, Yummie Tummie, Pierre Cardin, Lacoste
- London: Tower, Themse, Tom Tailor, Tommy Hilfiger, Louis Vuitton, Timberland, Armani, Prada, Max Mara, McDonald's, Yummie Tummie, Starbucks
- Berlin: Reichstag, Brandenburger Tor, Tom Tailor, Starbucks, McDonald's, Escada, Esprit, Prada, Armani, Vanzetti, Mandarina Duck, Bruno Banani, Heidi Klum Intimates

- Wolfsburg: Autostadt-Museum, Diesel, Desigual, McDonald's, Starbucks
- Zürich: Grossmünster, Bahnhofstrasse, Louis Vuitton, Calvin Klein, Bruno Banani, Benetton, Bulgari, Lacoste, Lanvin, Armani, Prada, Nina Ricci, McDonald's, Starbucks, Vanzetti
- New York: Freiheitsstatue, Times Square, McDonald's, Starbucks, Louis Vuitton, Nina Ricci, Prada, Armani, Marc O'Polo, Max Mara, Versace, Dolce & Gabbana, Sacco & Vanzetti.[46]

Das Fremde, das Ungewohnte, wenn man in eine neue Stadt kam, wich allmählich. Vertrautheit stellte sich ein. Die Welt sah sich immer ähnlicher. Anfängliche Kritik verstummte. Kritische Kommentare zogen sich in Feuilletons mit abnehmender Leserzahl zurück. Es soll dort jemanden gegeben haben, der den Geheimrat Goethe beschwor: »Man reist doch wahrlich nicht, um auf jeder Station einerlei zu sehen und zu hören.«[47]

Konformitätskultur

Bleiben wir noch einen Moment bei den Städten. Sie sind im Industriezeitalter zu nie geahnter Größe gewachsen – und haben dabei ihre jeweils eigene Schönheit und Urbanität entwickelt. Repräsentative Prachtbauten, großzügige Boulevards, Parks und Promenaden; es wurde immer attraktiver, in der Stadt statt auf dem Land zu leben. Erste Fußgängerzonen, Gastronomie, Wochenmärkte: Die Märkte speisten sich aus den lokalen Produkten. Der örtliche Handel prägt das Warenangebot mit all seinen Eigen- und Besonderheiten.

Im fortschreitenden Markenzeitalter hingegen wird aus der Individualität eine Dutzendware. Jene Gleichmacherei, die Kapitalisten gerne den Sozialisten vorwerfen, praktizieren sie nun selbst. Fußgängerzonen mit immer einheitlicherem Angebot von Marken, Einheitsarchitektur der Kaufhäuser, Konformität der Handelsketten, Shoppingmalls wie Abziehbilder eines immer gleichen Standards. Läuft man durch eine solche Mall, kann man kaum noch unterscheiden, ob man sich in Berlin, Rio, Chiang Mai, Tokio oder Tiflis aufhält. In den internationalen Flughäfen finden wir die

Monotonie der Markenwelt schon heute in Reinkultur. Dieselben Marken – weltweit.

Für 90 Prozent der Weltbevölkerung sind diese Waren unerschwinglich, aber auch für die anderen 10 Prozent völlig überteuert. Ist das ein intelligenter Umgang mit Ressourcen? Können wir uns nicht eine originellere Zukunft vorstellen?

Dem Dilemma entkommen – auf unsere Kosten

In der Diskussion über das kapitalistische Wirtschaftssystem steht die ihm innewohnende Dynamik im Mittelpunkt. Eine Dynamik, die nicht zu bremsen sei, heißt es. Vereinfacht ausgedrückt: Unternehmen horten ihre Gewinne nicht, sondern investieren sie in neue Anlagen, um mehr Gewinne zu machen. In der Folge wird noch mehr produziert, um die Gewinne zu steigern. Diese werden erneut reinvestiert, führen zu noch mehr Produktion und noch mehr Gewinnen. Und so fort.

Dieser Mechanismus funktioniert aber nur so lange, wie Investitionen möglich sind, mit denen Gewinne erzielt werden können. Und hier kommt die Spreizung zwischen Herstellungskosten und Verkaufspreis ins Spiel. Ohne sie kein Gewinn. Für diese Spreizung aber braucht es Marken. Sonst landen wir bei Keynes' Prognose, dass die Unternehmen keine Gewinne mehr machen können. Und dann hört die Dynamik auf. Hat sich totgelaufen. Stirbt am eigenen Erfolg. So prophezeite es Keynes. Und so wäre es auch gekommen.

Wären da nicht die Marken.

Das also ist die Strategie, die die Unternehmen zum Überleben fanden. So können sie dem Keynes'schen Dilemma der fallenden Gewinne entkommen. Markenwelten schaffen, die Waren emotional aufladen, ihnen den Schein der Besonderheit geben und damit einen Schutzwall errichten, der verhindert, dass sich die fallenden Kosten der Produktion auch in fallenden Preisen niederschlagen.

Das hat niemand besser verstanden als Warren Buffett, der erfolgreichste Börseninvestor aller Zeiten. Sein Erfolgsgeheimnis: auf starke Marken setzen! Auf den Burggraben achten, der die Burg (die Marke) vor Angriffen der Konkurrenz schützt. Ein Cola-Getränk herzustellen sei keine große Sache – das könne jeder, wenn er es wolle. Sogar preiswerter und qualitativ besser als Coca-Cola. Damit sei man aber noch lange kein erfolgreicher Marktteilnehmer. Auf den Burggraben komme es an. Entscheidend sei die Marke, ihre Ausstrahlung, ihr Bekanntheitsgrad, ihre Unangreifbarkeit. Buffet investiert in Marken, bei denen er sich von der Qualität ihres Schutzwalls überzeugt hat – wie Coca-Cola. Und so erklärt er seine außergewöhnlich hohen und anhaltenden Anlageerfolge.

Die große Fehlallokation

Der Begriff »Fehlallokation« berührt ein zentrales Thema der Wirtschaftswissenschaft, die ihre Aufgabe darin sieht, zu analysieren, wo Ressourcen eingesetzt werden müssen, um den größten Nutzen zu erzielen (= optimale Allokation). Stattdessen werden unsere Mittel verschleudert. Versuchen wir, die Dynamik und das Ausmaß zu erfassen.

Bangkok 2018. Ich sitze im Taxi zum neuen Airport. 38 Kilometer Strecke. Was ins Auge fällt: Werbetafeln, hauswandgroß. Eine nach der anderen. Nicht anders als in Singapur, Seoul oder Saigon. Ich fange an zu zählen. Von der Stadt ist nicht mehr viel zu sehen. Sie verschwindet hinter den Werbeflächen. Die Tafeln sind riesig. Nicht 4 x 5 Meter wie bei uns. Asien langt kräftiger zu. Geschätzte Ausmaße der Tafeln: 30 Meter breit, 15 Meter hoch, einzelne Flächen noch deutlich größer. Ich versuche Fotos zu machen, aber es fehlt der Maßstab, der das Riesenhafte erkennbar machen würde. Massive Stahlbetonträger, auf die Metallkonstruktionen aufgesetzt sind. Sie müssen den tropischen Stürmen standhalten. Man ahnt nur, welche Fundamente im Boden eingelassen sind.

Werbung ist Information für den Kunden, so steht es in den Lehrbüchern. Ma-

chen wir auf den nächsten Kilometern einen Test. Honda. Philips. Toyota. L'Oreal. Mistine. Mitsubishi. Siemens. Air Asia. Meist sind es nur die Firmenlogos, manchmal mit kleinen Zusätzen. Ihre Botschaften sind an einer Hand abzuzählen: Qualität. Schönheit. Vertrauen. Zukunft. Übrigens völlig unabhängig vom Produkt.

Jetzt sind es schon über 100 Tafeln, und ich zähle nur die wirklich großen, die die Autobahn zum Airport säumen. Der Aufbau und die Pflege einer Marke sind teuer. Wachstum der Kreativwirtschaft. Sieht so das Wachstum der Zukunft aus? Gewaltige Investitionen. Für einen einzigen Zweck. Den Firmennamen in die Köpfe hämmern. Und die Firmensprüche dazu. Die investierten Mittel scheinen sich zu rentieren. Sonst würden es ja weniger Tafeln werden statt jedes Mal mehr.

Ich fahre jetzt ins Flughafengelände ein. 243 Riesentafeln habe ich gezählt.

Ja, Sie haben recht, ich bin von Asien, vor allem seinen Schwellenländern, beeinflusst. Es ist erschreckend, mit welcher Brutalität dort Marketing betrieben wird. Bei uns in Europa kommt das Marketing subtiler daher, unauffälliger, aber nicht weniger machtvoll und kostenintensiv. Marken und Werbung sind hierzulande geschickter geworden. Und werden täglich noch raffinierter. Müssen es werden.

Der Resistenzeffekt

Wir finden einen Werbespruch verlockend, aber wir riechen förmlich, dass es ein Köder ist, der uns zu einem Kauf verleiten soll. So wie ein erfahrener Fisch um den Köder schwimmt und ihn beäugt, machen wir das auch. Es sind Köder ausgelegt, ganz viele Köder. Wir wissen das, aber oft ist die Versuchung einfach zu groß, wir beißen zu, können nicht widerstehen, wie der Fisch auch. Machen einmal mehr die Erfahrung, dass wir einen nicht bedachten, nicht in unserem ökonomischen Interesse liegenden Kauf getätigt haben. Beim nächsten Mal sind wir noch misstrauischer, entwickeln zunehmend Resistenz gegen Werbung.[48] Die Köderwirtschaft muss aufrüsten, um unseren Widerstand, um den Resistenzeffekt zu überwinden.

Und sie rüstet auf. Nutzt die Forschung, wird von ihr in die Arme genommen so, als sei es das Selbstverständlichste auf der Welt, über gute Köder zu forschen, sie auszulegen und immer weiter zu verbessern. Wirtschaftlich ist es hochattraktiv, mit Ködern zu arbeiten. Die Kosten des Köders sind ein Bruchteil dessen, was ich bekomme, wenn der Fisch anbeißt. Dumm also, wer keine guten Köder auslegt. Je besser der Köder, desto höher mein Gewinn. Es sind die Käufer, die die Köder, direkt oder indirekt, bezahlen.

Mit einem kleinen Wurm bekomme ich einen großen Fisch. Wenn ich statt des Wurms eine Fliege aus Metall verwende, kann ich den Köder sogar mehrfach wiederverwenden. Das ist auch in der Köderwirtschaft so. Der Kunde schnappt zu, kauft das Produkt, aber die Köder bleiben: die Werbesprüche, die Werbeflächen, die Farben, die Anmutungen, die emotionale Auflagung der Waren.

Die Digitalisierung gibt den Unternehmen weitere Werkzeuge an die Hand. Heute schon fühlt sich eine Mehrheit von Konsumenten bedroht, beim Kauf ausgespäht zu werden, in der Absicht, sie bei zukünftigen Käufen beeinflussen zu können. Diese Bedrohung wird sogar als stärker empfunden als die durch Hacker und Kriminelle. Und erstaunlicherweise auch als deutlich stärker als die Bedrohung durch Regierungsstellen, wie sie durch die NSA-Affäre bekannt wurde.[49]

Zählen Sie einmal in Ihrer Nachbarschaft, wie viele Briefkästen einen Zusatz tragen wie »Keine Werbung bitte«. Es sind erstaunlich viele. Eine Reaktion auf die Werbeflut. Wir glauben der Werbung immer weniger. Wo die Glaubwürdigkeit sinkt, ändern sich die Mittel. Wenn die Botschaften der Werbetexter nicht mehr wirken, engagiert man echte Menschen, um die Produkte hervorzuheben: Das Influencer-Marketing ist geboren. Oder man steigert den Materialaufwand in weitere Höhen. Marketing muss permanent aufrüsten, um den Widerstand und die Immunisierung gegen Werbung zu überspielen.

Der Eskalationseffekt

Noch ein weiterer Aspekt kommt hinzu. Es ist der Wettbewerb mit den Konkurrenten. Er übt einen permanenten Zwang aus, die Werbeaufwendungen immer höherzuschrauben. Ein einfaches Beispiel macht dies deutlich.

Solange bei einer Veranstaltung alle auf dem Boden sitzen, haben alle die gleiche Höhe, die Bühne zu sehen. Wenn sich jetzt jemand einen Stuhl besorgt, hat er einen Vorteil. Er sieht besser. So lange, bis alle anderen sich auch Stühle besorgen. Sie alle sehen aber die Bühne nicht besser als vorher im Sitzen. Wenn jetzt jemand eine Leiter holt, sind die anderen, wenn sie die gleiche Sicht wie vorher behalten wollen, gezwungen, sich ebenfalls eine Leiter zu besorgen. Es wird also immer mehr Aufwand betrieben, ohne dass sich das Ergebnis, die Sicht auf die Bühne, ändert.

Das Gleiche gilt für die Werbung. Wer die größeren Schilder, die kräftigeren Farben, die teureren Anzeigen schaltet, gewinnt. Vorübergehend. Aber er zwingt alle anderen mitzuziehen, wollen sie die vorherige Position im Markt halten. Es ist eine Eskalation nach oben. Die relative Position bleibt die gleiche wie in unserem Bühnenbeispiel, aber der Aufwand nimmt immer mehr zu. Es ist immer einer da, der eine neue Runde einläutet, weil er als Erster, der das tut, einen Vorteil davon hat. Eine Kosten-ohne-Nutzen-Spirale. Und wir bezahlen sie mit hohen Preisen. Unsinn für teures Geld.

Persil gegen Ariel. Es geht nicht um Qualität, auch wenn die Werbesprüche dies nahelegen. Was hat der Käufer davon? Nichts – er ist es sogar, der den Kampf über den Preis des Waschmittels bezahlt. Ökonomisch und ökologisch vernünftiger wäre es, bessere Waschmittel herzustellen. Wir kommen später noch auf diesen Punkt zurück.

Der Resistenz- und der Eskalationseffekt führen zu immer höheren Ausgaben, ohne dass ein Nutzen entsteht. Das Marketingfeuerwerk unterliegt damit einer eigenen immanenten Logik.

Das Gesetz vom kumulativ wachsenden Werbeaufwand

Ökonomen kennen das Gesetz vom abnehmenden Grenznutzen. Der Verzehr der fünften Tafel Schokolade stiftet weniger Nutzen als der Genuss der ersten. Der Schokoladenesser wird irgendwann aufhören, weil eine weitere Tafel kaum noch Nutzen stiftet. Bei unserem Werbebeispiel ist es anders: Hat man sich einmal auf die Spielregeln eingelassen, muss man immer mehr aufwenden, um das gleiche Ergebnis wie vorher zu erzielen.

Man kann es als ökonomisches Gesetz formulieren:

Um eine Einheit Aufmerksamkeit zu gewinnen, muss man immer höhere Beträge in Marketing investieren.

Nennen wir es das Gesetz vom kumulativ wachsenden Werbeaufwand. Niemand gewinnt einen Vorteil, aber die Kosten werden für alle immer höher. Im Gesamtergebnis ein Null-Vorteil-Spiel. Unsinnig, teuer, ressourcenverschwendend. In dieser Logik kann nur derjenige als Sieger hervorgehen, der das prächtigere Marketingfeuerwerk zündet und die finanziellen Mittel dafür abfeuern kann.[50]

Wir haben uns daran gewöhnt, dies hinzunehmen, als sei es eine Selbstverständlichkeit. Mit ökonomischer Vernunft aber hat es nichts zu tun. Liebe Kollegen aus dem Fach Ökonomie: Wo bleibt hier unser Prinzip von Effizienz? Wo bleibt hier unser Ethos vom sparsamen Umgang mit Ressourcen?

Die Größenordnung

Versuchen wir für einen Moment abzuschätzen, um welche Größenordnung es sich bei den Ausgaben für Werbung und Markenwelten handelt. Nehmen wir an, nur 20 Prozent des Verkaufspreises der Waren werden für Verkaufsanstrengungen über das Zu-Markte-Tragen hinaus aufgewendet.

Für Werbung, Marken- und Imagepflege also. Es ist eine Schätzung am extrem niedrigen Ende. Für viele Warengruppen wie Kleidung, Schuhe, Kosmetika sind die Anteile wesentlich höher.

Selbst wenn nur 20 Prozent der Konsum-Gesamtausgaben in die Werbung fließen, kommt eine Menge zusammen. Sogar wenn wir uns nur auf die privaten Konsumausgaben beschränken,[51] ergibt sich für Deutschland ein Betrag von rund 328 Milliarden Euro pro Jahr. Ein hoher Betrag. Deutlich höher als die öffentlichen Bildungsausgaben, die 2017 rund 134 Milliarden Euro betrugen.[52] Selbst wenn wir aus den statistischen Zahlen sicherheitshalber alles herausrechnen, was unter »Wohnen, Wasser, Strom, Gas und andere Brennstoffe« fällt, und dann noch die Kategorie »Sonstiger Konsum« weglassen, kommt man auf einen Marketingbetrag von rund 188 Milliarden Euro.

Wem diese Annahmen über die Marketingausgaben zu hoch erscheinen, der nehme nur die Hälfte der Konsumausgaben und betrachte die andere Hälfte als gänzlich frei von Markenwelten. Selbst bei dieser Betrachtung kommt man für unser Land auf einen Betrag von rund 164 Milliarden Euro.[53]

Es ist nicht von der Hand zu weisen, dass es sich bei dem Ausgabenblock für Marketing um Beträge handelt, die sehr hoch sind und die – infolge des Gesetzes vom kumulativ wachsenden Werbeaufwand – weiter zunehmen werden. Es kann gut sein, dass wir es mit der bisher größten Fehlallokation von Ressourcen in der Wirtschaftsgeschichte zu tun haben. Das Marketing ist zum Monster herangewachsen.

Versuche, den Markennebel zu lichten

Im Grunde erleben wir schon heute erste Gegenbewegungen zu den Marken. Sie sind sogar institutionell verankert. Denken wir etwa an die Stiftung Warentest. Die Institutionen des Warenvergleichs schauen hinter die Fassaden der Marken. Um zu prüfen, was die Substanz der Waren ausmacht. Sie stellen Qualitätskriterien auf und messen die Produkte daran –

unabhängig vom Schein der Besonderheit oder den Markenversprechen. Sie dechiffrieren im Grunde genommen die Markenmystik.

Wir sind also mit unserem Anliegen, den Markennebel zu lichten, nicht allein. Die technologische Entwicklung, Digitalisierung und Internet, kommt diesem Anliegen noch entgegen, indem sie Transparenz und die Praktikabilität des Vergleichs erleichtert. Es ist nichts weiter als der Urgedanke von Markt, Waren vergleichen zu können und das beste Angebot wahrzunehmen. Die Theorie (und Legitimation) von Markt geht sogar noch einen Schritt weiter. Erst wenn die Marktteilnehmer über »vollständige Information« verfügen, kann der Markt seine Effizienz ausspielen.

Was der herkömmliche Warenvergleich dagegen *nicht* leistet, ist der Vergleich von Herstellungskosten und Verkaufspreis. Wenn alle Anbieter mit einem hohen Markenaufschlag arbeiten, bringt der Vergleich nicht viel. Für einen Preis-Leistungs-Vergleich fehlt die entscheidende Angabe, nämlich die Herstellungskosten. Wir müssten also die Offenlegung der Kosten verlangen, um die Spreizung von Herstellungs- und Verkaufskosten beurteilen zu können.

Ist das eine völlig unrealistische Forderung? Immerhin wollen schon heute viele Kunden mehr wissen als nur Produkteigenschaften und Verkaufspreis. Der Fair-Trade-Gedanke bezieht bereits die Entlohnung der Hersteller mit in die Kaufentscheidung ein. Andere Fragen beziehen sich auf die Herstellungsverfahren und deren ökologische Auswirkungen. Unter solchen Gesichtspunkten ist die Forderung nach Bekanntmachen der Differenz zwischen Herstellungskosten und Verkaufspreis weniger radikal, als dies im ersten Moment erscheinen mag.

Was tun, wenn die Hersteller partout nicht mitspielen wollen? Dann müssen wir selbst aktiv werden. Auch das passiert heute schon. Bei Apple zum Beispiel. Wie viel kostet das Smartphone XS Max von Apple? Der Verkaufspreis jedenfalls beträgt in der Top-Ausstattung 1649 Euro.[54] Jedes neue iPhone-Modell wird sofort von Experten zerlegt. Sie wollen wissen, wie teuer die Hardware ist. So hat das kanadische IT-Unternehmen Tech Insights die einzelnen Bauteile analysiert und geschätzt, was das Gerät

wohl in der Herstellung kostet. Das Ergebnis: 376 Euro. Also weniger als ein Viertel des Verkaufspreises.[55]
Der Marktanteil solcher Premium- und Luxusprodukte werde in Zukunft schrumpfen, nicht wachsen, sagen zwei indische Ökonomen, C. K. Prahalad und R. A. Mashelkar.[56] Sie argumentieren, dass das stetige Wirtschaftswachstum in Schwellenländern wie Indien und China dafür sorge, dass dort in den nächsten zehn Jahren über zwei Milliarden Menschen in die Mittelschicht aufsteigen werden. Viele der neuen Verbraucher würden sich nur Produkte mit niedrigen Preisen leisten können. Aber nicht nur dort, auch in den Industrieländern suchten Verbraucher preisgünstige, umweltfreundliche Angebote – unabhängig davon, ob sie alt oder jung sind, arm oder reich. Günstige Preise und Nachhaltigkeit seien die modernen Innovationstrends, nicht teure Marken und Verschwendung.[57]
Firmen in Ländern wie Indien fehlten Kapital, Technologie und Personal. Also bliebe ihnen keine andere Wahl, als die herkömmlichen westlichen Ansätze über Bord zu werfen. Sie hätten eine neue Klasse von Innovationen hervorgebracht. Alternativen zu entwickeln, zu improvisieren, mit kreativen Ideen den Mangel an Ressourcen auszugleichen. Und dies, ohne dass man Abstriche bei der Qualität machen müsse. Prahalad und sein Kollege nennen dies Gandhi-Innovationen. Erschwingliche Preise und Nachhaltigkeit waren Gandhis Leitsätze. Heute entdeckten wir wieder, so die Autoren, wie aktuell diese Prinzipien seien.
Die großen bekannten Markennamen haben ein Preisproblem, lesen wir auch in der *Financial Times*.[58] Die Loyalität zu den Marken sei im Schwinden begriffen. Immer mehr Käufer verglichen die Preise online und wählten die preiswerteren Alternativen. Um wettbewerbsfähig zu bleiben, müssten die Marken niedrigere Preise akzeptieren. Die Käufer fingen an, sich zu fragen, »zahle ich für das Marketing oder für die Qualität?« Die Blütezeit der Marken als Begründung für einen höheren Preis sei vorbei. Marke sei die Lösung für zunehmende Anonymität gewesen, für das Problem, dass Hersteller und Konsument im Laufe der Industrialisierung

immer weniger miteinander reden konnten, sagt der Trendforscher Sven Gábor Jánszky. Heute aber könne sich jeder Käufer im Internet bestens informieren. Jánszky sieht schon ein Markensterben am Horizont. Vieles spräche dafür, dass wir in eine Welt ohne Marken gingen.[59]

Ist ein Leben ohne Marken möglich? Und wie beeinflussen sie unser Ego? Neil Boorman wollte es wissen und verbrannte seine komplette Luxushabe auf einem Scheiterhaufen – eine gigantische Turnschusammlung, Designermöbel und sogar seine Lieblingszahnpasta. Über dieses ungewöhnliche Entzugsprogramm hat der ehemalige Markenjunkie einen originellen Erfahrungsbericht geschrieben. In seinem Buch erzählt er von seinem Experiment, ohne Marken zu bestehen, und seziert selbstironisch die schöne Welt des Scheins.[60]

Würden dann nicht viele Marketingmenschen arbeitslos? Ich *hoffe* es. Gibt es für kreative Menschen nicht bessere Einsatzmöglichkeiten, als Markennebel zu verbreiten?

Einen Vorschlag dazu hätte ich. Wem es gelingt, Objekte der Begierde zu zaubern, indem er Stoff mit den Logos der Marken bedruckt – wie viel mehr wird er gebraucht, aus wirklich gutem Stoff (Geschichte, Literatur, Philosophie) etwas höchst Begehrenswertes zu machen. Er ist geradezu prädestiniert, in unseren verschulten Bildungseinrichtungen Begeisterung und Begierde für den Lernstoff zu wecken.

Der Lernrausch

München, 03. 07. 2020: Das Kreativbüro FORMEL 1 verliert seinen letzten Auftrag für Markenwerbung.

Hans Lohengrin Meier, bei FORMEL 1 Spezialist für virale Pseudokommunikation, von seinem Team »der Lohengrin« genannt, sorgt sich um seinen Arbeitsplatz. Wir brauchen neue Auftraggeber, sagt er. Leute, für die wir Aufgaben lösen, weil ihnen der richtige Kick, die Vorstellungskraft und das Handwerkszeug fehlen. Meier hat von den Klagen gehört, dass bei den Jugendlichen nicht genügend Interesse für naturwissenschaftliche Fächer vorhanden sei.

Meier liest beim Morgenkaffee, dass Präsident Trump die Strafzölle weiter erhöht, auf alles, was aus China kommt. Meier springt auf und jagt eine Pseudomeldung ins Netz. Eine Fake News, die ein Stück Substanz hat und plausibel wirkt. Die Preise für Seltene Erden hätten sich über Nacht stark verteuert; der Trend weise weiter steil nach oben. Woher der plötzliche Preisanstieg? China ist Weltmarktführer bei Seltenen Erden. Die Händler fürchten einen Exportstopp von Seltenen Erden als Reaktion auf Trumps Strafzölle. Es werde erwartet, dass die IT-Industrie, die auf Metalle aus der Gruppe der Seltenen Erden angewiesen sei, in Kürze Produktionsausfälle erleiden würde.

Die Nachricht schlägt wie eine Bombe ein.

Die Digital Natives sind die ersten, die erkennen, was das bedeutet. Computerschrott! Sich so viel Schrott besorgen wie möglich. Im Internet recherchieren, in welchen Marken die meisten der Seltenen Erden stecken. Als nächstes herausfinden, wie man diese Metalle aus dem Schrott lösen kann.

Die Schüler der 8. Klasse des Käthe-Kollwitz-Gymnasiums holen ihren Physiklehrer aus dem Bett. Er soll ihnen die physikalischen Gesetze erklären, die für Seltene Erden gelten. Ob man die Physik für Recycling einsetzen kann. Der Lehrer muss sich selbst erst einarbeiten. Er sagt, dass es in der Mehrzahl chemische Prozesse sind, die für die Rückgewinnung nützlich sein könnten. Jetzt muss der Chemielehrer dran. Mit roten Köpfen studieren die Jugendlichen chemische Reaktionen. Ein paar der Schüler durchkämmen die Warenbörsen der Welt nach Preisinformationen über Seltene Erden. Wie haben sich die Kurse bei ähnlich disruptiven Ereignissen in der Vergangenheit entwickelt? Gibt es statistische Korrelationen? Oder ist Regressionsanalyse erforderlich? Der Mathematiklehrer muss ran.

Bei den Schülern stapeln sich erste Berge von Computerschrott. Recycling-Wissen muss her. Professor Braungart in seinem Urlaubsdomizil an der Ostsee wundert sich über die plötzlichen Anrufe. Er, der schon immer für intelligentes Recycling warb, wird jetzt mit Interesse überschüttet. Der Goldrausch findet diesmal nicht am Sacramento, sondern in der Schule statt. Der Schulleiter bietet an, Physikraum und Chemiesaal als Recycling-Labore zu nutzen.

Findige Schüler überlegen, wie man das Recycling skalieren könnte. Die Schüler wollen herausfinden, in welche Länder IT-Schrott exportiert wird. Kann man die für den Export vorgesehenen Mengen noch rasch aufkaufen? Wie sind die Lieferketten der lokalen Schrotthändler zum Großhandel und Export? Ein Crowdfunding starten, um zu Geld zu kommen und die Anleger am Ertrag beteiligen? Welche Gesellschaftsform wäre nötig? Als GbR starten, die Vorlage für den Gesellschaftsvertrag aus dem Internet herunterladen?

Eine Gruppe von Schülern tüfteln mit Physik- und Chemielehrer über das beste Verfahren, die Metalle zu separieren. Was sind die gängigen Methoden, wo findet man die Beschreibung? Welche neuen Verfahren sind in Erprobung? Gibt es umweltschonende Verfahren, statt mit gefährlichen Chemikalien wie Zyankali und Quecksilber zu operieren? Könnte man neue Verfahren patentieren lassen?

Der Englischlehrer muss her. Viele Rechercheergebnisse sind in einem Fachenglisch, das die Schüler nicht verstehen. Der Englischlehrer auch nur mit Mühe. Aber wieder findet man Experten im Netz, die man heranziehen kann. Zwei Schüler konferieren mit einem Recycling-Unternehmer in Ghana. Eine andere Gruppe hat eine Recycling-Werkstatt im indischen Bangalore ausfindig gemacht und via Skype kontaktiert.

Andere Schüler recherchieren im Netz und berichten entsetzt über unhaltbare Zustände in den Recycling-Sweatshops. Dort würde in ökologisch unverantwortlicher Weise gearbeitet, so hätten NGOs herausgefunden. Um an das Metall in den Kabeln zu kommen, würde das Plastik verbrannt, gefährliche Chemikalien ohne Kenntnis und Schutz der Arbeitskräfte kämen zum Einsatz. Die ungereinigten Abwässer würden das Grundwasser gefährden. Man müsse dringend etwas unternehmen.

Aus der Empörung wird Aktion.

Die Schüler wollen selbst vor Ort recherchieren. Die Idee einer Klassenreise mit Arbeitsauftrag entsteht. Am besten gleich die eigenen Erkenntnisse dort umsetzen und bessere Verfahren und damit akzeptablere Arbeitsbedingungen schaffen. Einen lokalen Entrepreneur finden und mit ihm ein Zertifikat entwickeln für verantwortungsvolles Recyceln.

Wie eine solche Klassenreise finanzieren? Na klar – aus dem Verkauf der Seltenen Erden. Gegen Mitternacht des ersten Tages liegen die ersten kleinen Mengen der Metalle vor, geschätzt schon einige hundert Euro. »Wenn die Preise weiter steigen, wie skalieren wir dann?« steht im Raum. Der Politiklehrer wird befragt, wie er Präsident Trumps Politik einschätzt. Was könnten Folgewirkungen sein? Gibt es Vorlagen in der Geschichte? Wie verlässlich sind Prognosen in diesem Moment? Plötzlich erkennen die Schüler, welche Lehrer über ihr normales Fachwissen hinaus fähig sind, neue Situationen zu analysieren. Und die Lehrer staunen, welches Interesse geweckt, mit welcher Wissbegierde Stoff erarbeitet werden kann.

Hans Lohengrin Meier ist mit seinem Experiment zufrieden. Kein Interesse an naturwissenschaftlichen Fächern? Unsinn! Lernen anders denken. Schule öffnen. Mehr reale Probleme lösen, Lernen unter Ernstbedingungen, mehr Kompetenz erarbeiten statt den Fächerkanon abzuarbeiten.

Die Fake News haben ihre Schuldigkeit getan. Die Preisexplosion bei Seltenen Erden hielt sich in Grenzen. Das Interesse für Recycling aber blieb. Anspruchsvoll. Professionell. Wissensvermittlung auf höchstem Niveau. Vom gelangweilten Schüler im Mathe-, Informatik-, Naturwissenschafts- und Technologie-Unterricht zum wachen, lernbegierigen Entrepreneur.

»Education *by Challenge*« statt verschultem Lernen. Praxisnähe statt abstrakter Inhalte. Ökonomie mit ökologischen Werten und gesellschaftlichem Engagement.

Ein Blick in die Wirtschaftsgeschichte

Schon am Ausgangspunkt des westlichen Ökonomieverständnisses, bei Aristoteles, blitzt der Gedanke auf, dass die Ökonomie zu viel des Guten tun könnte.[61]
Die Götter der griechischen Mythologie verfügten über ewiges jugendliches Leben, mit dem göttlichen Nektar über unbegrenzte köstliche Nahrung, und sie benötigten keine Behausung. So konnten sie unbekümmert und sorgenfrei einfach dasitzen, die Welt betrachten und daraus Schlüsse ziehen. Im Griechischen wurde diese Art der unabgelenkten Weltbetrachtung mit dem Begriff *theorein* (Theoriebildung) bezeichnet.
Der Mensch der griechischen Antike strebt nach diesem göttergleichen Dasein, strebt danach, in Muße die Welt anschauen zu können. An der Gleichheit mit den Göttern ist er aber dadurch gehindert, dass er Nahrung, ein Dach über dem Kopf und die Dinge des täglichen Lebens benötigt. Deshalb überträgt er die Sorge um die materiellen Dinge an »Hausverwalter« – so etwa die ursprüngliche Bedeutung des Wortes »Ökonom«. Durch diese Arbeitsteilung können die Menschen sich zu einem größeren Teil ihrer eigentlichen Bestimmung, dem »Weltanschauen«, widmen.
Die Bezeichnung Ökonom setzt sich zusammen aus dem griechischen *oikos*, Haus – wobei das »Haus« nicht nur für das Gebäude steht, sondern am ehesten als »Hauswesen« zu verstehen ist –, und *nomos*, Gesetz. Der *nomos* regelte ursprünglich die Verteilung von Weideflächen eines Gemeinwesens. Eine solche Verteilung kann auf Dauer nur bestehen, wenn sie gerecht ist. So entwickelte sich der Begriff *nomos* zur Bezeichnung für gerechte Zuteilung und Verteilung. »Derart wird der *nomos* als Gesetz verstanden. Im Zusammenhang der *oikonomia* bedeutet *nomos* die gerechte Regelung der Verteilung der Güter und der Zuteilung verschiedener Aufgaben und Verrichtungen innerhalb des Hauses.«[62]
Man kann sich diesen Ökonomen als eine Art Verwalter-Manager vorstellen, der die Ressourcen- und Aufgabenverteilung des Hauswesens

bestimmt. Als Spezialist für die materiellen Dinge neigt der Ökonom allerdings dazu, materiellen Besitz zu favorisieren. Allein schon aus dem Gedanken der Vorsorge: Mit höherer Produktion kann man für magere Jahre mehr zurücklegen, zwei Vorratsspeicher sind besser als nur einer. Lässt man die Ökonomen ungehindert agieren, verschieben sie die Ressourcenverteilung immer mehr in Richtung der Produktion von Gütern und halten damit die Gesellschaft davon ab, sich einem erfüllten Leben zu widmen. Aristoteles verachtete keineswegs materiellen Erwerb. Im Gegenteil, ein gewisser Reichtum galt ihm als Voraussetzung für ein geglücktes Leben und einen gerechten Staat. Allerdings sollte das »rechte Maß« gehalten werden. Das wiederum sah Aristoteles als Aufgabe der Gesellschaft an. Sie solle und müsse den Ökonomen sagen, was an materiellen Gütern genug ist, und ihnen damit die Schranken für ihr Tun setzen. Nur so könnten die Menschen ein den Göttern angenähertes Leben führen und sich ihrer eigentlichen Bestimmung widmen.

Schon bei Aristoteles wird also deutlich, dass der Ökonomie die Tendenz innewohnt, über das Ziel hinauszuschießen.

»Am Ende konsumieren wir uns selbst«

Eine Ökonomie ohne Korrektiv, eine Ökonomie, die das Maß verloren hat, möchte uns dazu veranlassen, mehr zu produzieren und zu konsumieren, als wir eigentlich beabsichtigen, mit all den negativen Folgen für uns selbst, aber auch für unseren Planeten.

»Wir arbeiten mehr, konsumieren mehr, am Ende konsumieren wir uns selbst«, sagt die slowenische Philosophin Renata Salecl. Wir fühlten uns ständig gestresst, überfordert und schuldig. Wenn es uns schlecht ginge, sei es unsere eigene Schuld. Wir haben die falsche Wahl getroffen.[63] »Die Idee der Freiheit ist zur Wahl zwischen Marken verkommen«, so Salecl.

In der Denktradition der Ökonomen wie auch der großen Philosophen hat wirtschaftliches Handeln stets eine dienende Funktion eingenommen. Heute werden immer mehr Stimmen laut, die sagen, dass sich die

Ökonomie verselbstständigt habe, dass sie einer eigenen Logik folge. Stimmen, die aus allen Lagern kommen, auch dem konservativen. Es wächst die Besorgnis, dass der Geist aus der Flasche entkommen ist und seine eigenen Wege geht.
Die Wirtschaft durchdringe immer mehr Lebensbereiche. Wachstum, ein im Grunde positiver Begriff, habe sich zu einer Bedrohung entwickelt und überwuchere die geistige und physische Umwelt des Menschen. Es sei die Ökonomie, die Art und Tempo der Entwicklung immer mehr bestimme und Politik, Bildung, Wissenschaft und Kultur vor sich hertreibe.

Die Ökonomie ist als Dienerin des Menschen angetreten und hat sich zu seiner Peitsche entwickelt.

Warum leisten wir nicht mehr Widerstand?

Ist der Werbezirkus schon so selbstverständlich geworden, dass wir ihn gar nicht mehr richtig wahrnehmen? Nicht immer. Manchmal taucht der Protest an Orten auf, wo wir ihn am wenigsten vermuten.

Kitzbühel. Sommerhochschule für Entrepreneurship. Alle Marken dieser Welt sind in diesem mondänen Ort versammelt. Ein Platz, an dem man gewiss keine Kapitalismuskritik erwartet. Am Abend eine Podiumsdiskussion, veranstaltet von einem Sponsor des Events, dem Rotary Club. Eine Organisation, von der man gewiss keine Kapitalismuskritik erwartet.
Der Vorsitzende des Clubs ist ein erfolgreicher Unternehmer, konservativ, wie man es nicht anders erwarten kann. Und dann spricht er über die Kaffeekapseln von Nestlé und empört sich darüber, wie man so ein Produkt in den Markt bringen könne. 200 Liter Wasser sind nötig für die Produktion einer einzigen Kapsel. Er ist aufrichtig entrüstet, das spüren wir alle im Saal, und er macht keinen Hehl daraus. Das sei etwas, was man nicht hinnehmen dürfe.

Ist das nicht ein interessanter Punkt? Mehr als nur ein Detail? Ein völlig konservativer Mann, aber empört über das, was Nespresso mit seinen Kapseln anbietet. Ist das nicht ein Zeichen dafür, dass ein Konzern wie Nestlé überzieht? Dass er arrogant über die Meinungen der Menschen hinweggeht und mit viel Kapital etwas durchsetzt, das ökologisch bedenklich ist und das man fünfzehnmal teurer bezahlt, als man für Kaffee hinlegen müsste?[64]

Phnom Penh. Die Hauptstadt Kambodschas ist eine der schönsten Städte Asiens, berühmt für ihren Blick auf ein weites Flusspanorama, den Zusammenfluss des Tonle Sap mit dem Mekong. Wie die Bewohner der Stadt genieße auch ich den Blick von der Uferpromenade, die mit ihrem französischen Flair ein wenig an Cannes erinnert.

Eines Abends: Zwei Leuchtreklamen tauchen auf. Riesengroß, so, dass man sie auch auf mehrere Kilometer Entfernung sehen kann. Und nicht nur das. Sie bestimmen die Nacht und werden zum unwillkürlichen Blickpunkt der Einwohner. Clevere Marketingleute haben sich das ausgedacht und die Gerüste auf der gegenüberliegenden Seite des Flusses aufbauen lassen. Auf der einen Tafel steht SUZUKI, auf der anderen HONDA.

Ein Sturm der Entrüstung bricht los. Obwohl die Kambodschaner sich dringenderen Problemen gegenübersehen als einer frechen Leuchtreklame, wächst der Widerstand gegen die Verschandelung der nächtlichen Aussicht auf den Fluss. Und wird schließlich so groß, dass die Leuchtkonstruktionen wieder abgebaut werden müssen.

Aber warum ist der Widerstand nicht stärker? Haben wir die Schlacht schon verloren? Spüren wir den Verlust nicht mehr? Die Bedürfnisindustrie und ihre Mangelproduzenten rüsten auf. Marken werden raffinierter, manipulativer. Forschung hilft dabei. Digitalisierung noch mehr. Die Wahrnehmung wird schwächer. »Die zur zweiten Wirklichkeit gewordene Medienwelt scheint den Sinnen ihre Unmittelbarkeit, ja ihre lebendige Wahrheitshaltigkeit zu nehmen«, sagt der Soziologe Oskar Negt. In Zeiten allgemeiner

Täuschung, so George Orwell, wird die Wahrheit zu sagen bereits zu einer revolutionären Tat.
Vielleicht ist der Widerstand ja aussichtslos. Es wurde auch schon hundertmal gesagt. Natürlich sei es richtig, aber was solle man dagegen tun? Werbung ist oft witzig, lässt uns lachen, lässt uns träumen. Manche Werbespots sind kleine Kunstwerke. Die Kreativmenschen spielen ihre Instrumente virtuos, beherrschen die Gratwanderung zwischen Verführung und Aufdringlichkeit. Verstehen etwas von Eleganz, Ästhetik und der Macht der Bilder. Das Ganze hat hohen Unterhaltungswert. Sehen wir es doch als Begleitprogramm. Scheint doch zu unserem Wirtschaftssystem zu gehören. Tut nicht weh und schadet niemandem. Im Gegenteil. Wir alle haben doch etwas davon: steigende Umsätze, steigende Einkommen, mehr Steuern, sichere Renten. Wir brauchen doch mehr Wachstum. Und dazu brauchen wir Marketing. Also lassen wir die Marken doch machen. Wenn es Menschen gibt, die viel Geld nur für den Schein der Ware ausgeben wollen, sollen sie doch. In einer freiheitlichen Demokratie müssen auch Eitelkeit und Dummheit erlaubt sein.
Der Punkt ist nur: Es trifft nicht nur Einzelne und Dumme – es trifft uns alle. Wir haben gesehen, dass erst Marken die Spreizung zwischen Herstellungskosten und Verkaufserlös erlauben, erst diese Spreizung Gewinne erwarten lässt und diese Gewinnerwartungen zu steigenden Investitionen führen. Im Bereich der Markenindustrien. Die Dynamik dieses Systems und seines Wachstums hängt an der Anziehungskraft des Markenscheins und dem Wecken immer neuer Bedürfnisse. Statt auf die drängenden, existienziellen Herausforderungen unserer Gesellschaft zu antworten, leisten wir uns den Luxus, immer neue Bedürfnisse herauszukitzeln.
Wenn wir etwas ändern wollen, müssen wir hier ansetzen.

Ökonomisches Ethos

Von der nikomachischen Ethik des Aristoteles bis in die jüngsten Lehrbücher der Ökonomie zieht sich ein zentraler Gedanke: dass der Sinn der Ökonomie und die Aufgabe der darin Handelnden darin bestehe, gute

Produkte herzustellen, und das mit so geringem Ressourceneinsatz wie möglich. Das ist, wenn man es so ausdrücken will, das ökonomische Ethos, der hippokratische Eid der Ökonomen. Eigentlich eine Selbstverständlichkeit. Doch leider sieht die Praxis anders aus.

Das wird deutlich, wenn wir die Sache aus größerer Distanz betrachten. Auch die Medizin ist eine Dienerin des Menschen. Von einem Arzt erwarten wir wie selbstverständlich, dass er alles tut, um seine Patienten zu heilen. Wir erwarten nicht, dass er die Patienten krank hält, um sich selbst nicht überflüssig zu machen. Dass er Medikamente verschreibt, um die Nachfrage für die Pharmaindustrie anzukurbeln. Oder gar, dass er neue Krankheiten erfindet und sie so ansteckend macht, dass sie sich möglichst weit verbreiten – in der Sorge, dass sonst die Nachfrage nach Arztleistungen zurückgeht.

Wenn es den medizinischen Wissenschaften und den Ärzten gelänge, Krankheiten vollständig zu verbannen, würden wir das als Glücksfall ansehen, als Erfüllung eines Menschheitstraums. Wir würden nicht über den Nachfrageausfall im Gesundheitswesen klagen, sondern überlegen, wie die frei werdenden Mittel an anderer Stelle sinnvoll eingesetzt werden können.

Von einem Ingenieur erwarten wir wie selbstverständlich, dass er Brücken baut, die haltbar sind, so lange wie nur irgend möglich, mit den besten Kenntnissen und Materialien, die ihm zur Verfügung stehen. Wir erwarten, dass er Maschinen konstruiert, die langlebig sind und geringstmöglichen Instandhaltungsaufwand erfordern. Wir erwarten, dass er den notwendigen Einsatz an Materialien minimiert, dass er überhaupt so sparsam mit allen Ressourcen umgeht wie nur irgend möglich. Wir akzeptieren nicht, dass er geplante Obsoleszenz betreibt, um die Nachfrage nach Ingenieurleistungen zu steigern.

Natürlich wollen beide, Arzt wie Ingenieur, auch Geld verdienen und üben aus diesem Grund ihren Beruf aus. Aber weder während der Ausbildung noch in der späteren Berufspraxis gilt Gewinnmaximierung als Ziel. Kein Standesvertreter der Ärzte oder der Ingenieure würde es wagen, öffentlich die Maximierung des Gewinns als erstes und oberstes Ziel zu proklamieren.

Genau dies aber ist in der Ökonomie der Fall. Schon in den Lehrbüchern der Studenten wird die Maximierung des Gewinns als Ziel angenommen – und das mit größter Selbstverständlichkeit. Auch in der beruflichen Praxis geht es um Gewinnmaximierung. Hier liegt der Unterschied schon im Verständnis der Aufgabe.

Nur den Ökonomen gestehen wir zu, Gewinnmaximierung als oberstes Ziel zu setzen. Wenn aber der Gewinn oberstes Ziel ist, folgt daraus logisch, dass die Qualität des Produkts es nicht ist. Ebenso wenig wie die Mitarbeiter, die Natur, die Kunden oder das Preis-Leistungs-Verhältnis des Produkts. Wenn der maximale Gewinn an erster Stelle steht, wird der »Rest« zu Variablen, ebendieses oberste Ziel zu erreichen.

Und wo bleibt das ökonomische Ethos? Natürlich, es klingt übertrieben, hier überhaupt von Ethos zu sprechen. Weil es doch im Grunde eine Selbstverständlichkeit ist. Nichts Besonderes also. So wie beim Beruf des Arztes oder beim Beruf des Ingenieurs auch.

Es ist paradox, aber von unserem Ingenieurbeispiel können wir lernen, wie Ökonomie funktionieren könnte. Wir erwarten vom Ingenieur, dass er eine anständige, gute Brücke baut, und das mit möglichst geringen Kosten. Wir erwarten nicht, dass er zwischen uns und die Brücke eine Marke schiebt und Geld in den Aufbau und die Pflege dieser Marke steckt. Natürlich will er gut entlohnt werden, und das soll er auch, wenn er eine gute Brücke baut. Wenn er sich den Ruf erwirbt, herausragend gute Brücken zu bauen, wird er mehr Honorar verlangen können. Es bleibt aber ein enger Zusammenhang zwischen der Qualität seiner Arbeit und seiner Entlohnung.

Natürlich gab es zu allen Zeiten auch zwiespältige Praktiken und Gestalten. Leute also, die nicht mit der Qualität des Produkts operierten, sondern mit dem Schein von Qualität, den sie durch allerlei Tricks oder Manipulation herstellten. Rosstäuscher etwa hatten die Methode, dem Pferd Sägemehl ins Futter zu streuen. Das Mehl ließ das Pferd für kurze Zeit gesund und stark aussehen. Der besondere Schein. Meistens hatten sie ein Talent zu überzeugen, zu überreden. Sie verkauften ihre Produkte als etwas Besseres, als diese eigentlich waren. Aber keinem der damaligen Theoretiker der Ökonomie wäre es eingefallen, diese Art des Wirtschaftens, Gewinne zu maximieren, zu akzeptieren, ja sie als Normalzustand zu tolerieren. Doch genau dies scheint sich in die moderne Ökonomie einzuschleichen.

Ökonomie war eingebunden in ein Wertesystem

Werte sind geronnenes Wissen. Wissen aus Jahrhunderten. Sie sind viel mehr als nur inspirierende Ideale. Werte sind eine mächtige Determinante der menschlichen Evolution, psychologische Faktoren von großer praktischer Bedeutung.[65] Unser Handeln gründet auf Werten.

Wir müssen nicht den Theoriestreit großer Denker wie von Hayek, Keynes oder Polanyi zurückverfolgen, um zu verstehen, dass soziale Normen und Werte in die Ökonomie hineinwirken. In der Wirtschaftsgeschichte war der Austausch von Waren eingebettet in ein Gerüst aus Normen und Regeln. Meist hatten soziale Normen sogar Priorität vor wirtschaftlichen Prozessen. Wer sich nicht an das Wertesystem hielt, hatte mit harten Strafen zu rechnen. Wer trickste oder betrog, der riskierte mancherorts, dass man ihm die Ohrläppchen aufschlitzte. Der Begriff »Schlitzohr« entstand so. In Adam Smiths berühmtem Bäckerbeispiel wird der Wunsch des Bäckers, Überschuss zu erzielen, abgebremst – man könnte auch sagen: ausbalanciert – durch das Wertesystem seiner Zeit, in dem er sich bewegt. Er reizt den Preisspielraum nach oben nur so weit aus, wie es sich mit dem Gedankengut des gerechten Preises verträgt. Er verfolgt nicht maximalen Gewinn ohne Rücksicht auf seine Mitmenschen.

Ganz anders wird die Sache, wenn wir das Wertesystem, auf dem die Smith'sche Argumentation basiert, außer Kraft setzen. Der Bäcker wird anfangen, an der Qualität seiner Produkte zu sparen, solange es die Kunden nicht merken. Je nachdem, in welchem Ausmaß er sein altes Wertesystem abbaut, liegt auch die Versuchung näher, uninformierte Kunden zu übervorteilen. Die abnehmende Produktqualität wird er zu kompensieren versuchen über Werbelyrik, mit der er sein Produkt mit Qualitäts- und Vertrauensstatements unterstreicht. Er wird die Risiken, ertappt zu werden, abwägen gegen die Vorteile höheren Gewinns. Er wird die Achtung und Anerkennung, die er durch sein soziales Umfeld in der Vergangenheit erfuhr, abwägen gegen die höhere Gewinnmarge und die ökonomischen Mittel, die ihm damit zur Verfügung stehen. Er wird Sympathieträger als vertrauensbildend für sich einkaufen. Vielleicht wird er gar danach trachten, sich eine Machtposition zu verschaffen, bei der es auf Qualität oder Vertrauen überhaupt nicht mehr ankommt.

Erst die moderne Wirtschaftswissenschaft entledigt sich des Wertesystems, verweist es in einen Bereich außerhalb der wissenschaftlichen Disziplin. Stellt es in das Belieben des Einzelnen, ob er aus einem Wertesystem heraus operiert oder nicht. Er muss nicht mehr tun, als sich gesetzestreu zu verhalten – und oft nicht einmal das.

Was heute Betriebswirtschaftslehre heißt, begann zunächst als Privatwirtschaftslehre, als Profitlehre. Erst später, auch der Reputation des Faches wegen, wechselte man zum Begriff Betriebswirtschaftslehre, der neutraler und wertfrei klingt. Aber schon Eugen Schmalenbach, einer der Väter der deutschen Betriebswirtschaftslehre, wies darauf hin, dass eine nur auf den Einzelnen abstellende Gewinnmaximierung im Grunde zu eng greife. Es bedürfe auch eines gemeinwirtschaftlichen Aspekts. Dabei hatte Schmalenbach vor allem die sogenannten externen Effekte im Auge – Kosten, die ein Betrieb der Allgemeinheit aufbürdet. Er prägte den Begriff »gemeinwirtschaftliche Wirtschaftlichkeit«.[66] Ein Wortungetüm – vielleicht ein Grund, warum der Gedanke nicht aufgegriffen wurde.[67]

Versuchen wir uns in der Verteidigung der eigenen Disziplin. Ist es nicht zulässig, dass die Wirtschaftswissenschaft von der Annahme ausgeht, dass Menschen darauf abzielen, ihren Nutzen zu maximieren? Könnte man nicht sogar sagen, es sei absolut realistisch und zutreffend, nicht von irgendwelchen idealistischen Vorstellungen auszugehen, sondern davon, was wirklich Handeln bestimmt – den eigenen Nutzen, den eigenen Gewinn zu maximieren? Scheint doch sehr plausibel.

Wer so argumentiert, übersieht, dass auch eine Ökonomie, die ihr Gedankengebäude auf Gewinnmaximierung aufbaut, nicht ohne Wertesystem auskommt. Eine einfache und rasche Weise, seinen Gewinn zu maximieren, ist es, einer alten Frau die Handtasche zu entreißen und abzutauchen. Eine fast risikolose Gelegenheit, sich zu bereichern. Trotzdem tun es die meisten von uns nicht. Warum nicht? Weil uns schon der Gedanke empört, weil uns ein Grundanstand verbietet, so zu handeln. Wir sind deswegen noch lange keine edlen Menschen, sondern nehmen eine Haltung ein, die selbstverständlich ist.

Markt lebt von sozialen Normen, braucht Regeln, sonst wird er zur Veranstaltung der Trickser und Mafiosi. Das können wir sehen, wenn wir Markt, wie die radikal-liberalen Ökonomen der Chicagoer Schule, »deregulieren«, also zum »freien Spiel der Kräfte« erklären. Wenn »Deregulierung« gefordert wird, statt dem Markt – wie es die Vertreter der sozialen Marktwirtschaft forderten – Regeln zu setzen und diese Regeln auch durchzusetzen. Es leuchtet ein, dass es bei einem freien Spiel der Kräfte auf die Stärke der Kräfte ankommt – also der Stärkere, der Brutalere gewinnt. Klar, dass sich dann eine ganz bestimmte Spezies von diesem Spiel angezogen fühlt. Und dass Kraft, Ellenbogen und Durchsetzungswille, gepaart mit Skrupellosigkeit, entscheidend zählen. Und alle anderen, die nicht so gestrickt sind, sich von dieser Art von Markt abgestoßen fühlen.

Erlauben Sie mir eine Analogie. Wir wissen, dass Fußball klare Regeln und einen guten Schiedsrichter braucht. Schon eine schwache Schiedsrichterleistung genügt, und das Spiel gerät, trotz klarer Regeln, außer Kontrolle. Wir brauchen uns also nicht zu wundern, dass eine Ökonomie ohne starke Schiedsrichter und von ihren sozialen Regeln »befreit« ihre eigene – schlechte – Spielart entwickelt. Und wenn der Sieg den Stärksten zufällt, werden diese versuchen, die gewonnenen Mittel zur Stabilisierung ihrer Macht einzusetzen. Sie werden Änderungen der Spielart zu verhindern trachten, werden sich über das ökonomische Spielfeld hinaus gegen politische Vorgaben einsetzen. Werden gegen die Politik mobil machen, wenn diese versuchen sollte, Vorgaben gegen sie durchzusetzen.

Gewinnmaximierung und ihre Logik

Die Betriebswirtschaftslehre ist kein Fach für Fantasie, sie ist auch keine Disziplin, die besonders befähigen würde, in die Zukunft zu sehen. Im Gegenteil. Ihr Augenmerk ist nach innen gerichtet. Sie ist aus dem Bedarf nach effektiver Organisation von Großunternehmen entstanden. Dafür ist die Betriebswirtschaftslehre gut und wichtig.
Ökologische oder soziale Fehlentwicklungen früh zu erkennen und gegenzusteuern ist nicht ihr Fokus. Das kann und soll man ihr nicht anlasten. Dennoch muss sich die Ökonomie in letzter Zeit viel Kritik gefallen lassen, dass sie als wissenschaftliche Disziplin wie selbstverständlich auf so schwachem Boden aufbaut wie dem Postulat der Gewinnmaximierung. Das berühmteste Porträtbild aller Zeiten sei wohl die *Mona Lisa*; der Ruhm, das *einflussreichste* Bild zu sein, gebühre aber, so die in Oxford lehrende Ökonomin Kate Raworth,[68] einem anderen Charakter, dem Homo oeconomicus. Eigentlich eine Karikatur des Menschen, mehr ökonomischer Frankenstein als real, prägt er doch das Denken einer ganzen Wissenschaftsdisziplin.
Warum hat sich das Konzept des Homo oeconomicus so lange gehalten? Es liegt an seinem mathematischen Potenzial. Der rationale, ökonomisch handelnde Mensch maximiert seinen Gewinn. Damit wurde die Ökonomie rechenbar, das menschliche Verhalten konnte auf mathematische Weise beschrieben werden.
Regt euch nicht auf, werden die meisten Wirtschaftswissenschaftler sagen, es ist ja nur eine Modellannahme. Aber eine mit gravierenden Folgen, hält Raworth dagegen. Aus der Annahme sei mit der Zeit ein normatives Verhaltensmodell für reale wirtschaftliche Akteure geworden.[69] Gewinn-

maximierung als Postulat. Aus einem Modell *des* Menschen wurde ein Modell *für den* Menschen. Eine Studie in Israel etwa zeigte, dass Ökonomiestudenten im dritten Studienjahr altruistische Werte – wie etwa Hilfsbereitschaft, Ehrlichkeit und Loyalität – als weniger wichtig für ihr Leben einstuften als Studenten, die gerade erst mit dem Ökonomiestudium begonnen hatten.[70] Raworth zählt eine ganze Reihe von Belegen auf, wie sich Ökonomen unter dem Einfluss der Gewinnmaximierungsthese in ihrem Verhalten verändern. Amartya Sen, Wirtschaftsprofessor an der Harvard University und Nobelpreisträger, übt scharfe Kritik am Postulat der Gewinnmaximierung. Wirtschaftliche Entwicklung müsse sich darauf ausrichten, den Reichtum des menschlichen Lebens zu fördern, statt den Reichtum der Wirtschaft. Die traditionelle Ökonomie müsse zur Kenntnis nehmen, dass neben dem egoistischen Selbstinteresse auch andere Werte für das menschliche Handeln notwendig seien. Sen liefert aus seinen eigenen Studien ein eindrucksvolles Beispiel dafür, was eine Ökonomie anrichten kann, die sich vom Wertesystem abkoppelt:[71]

In einem Gebiet herrscht Hungersnot, weil die Ernte ausgefallen ist. Frage: Wohin bewegen sich die lebensnotwendigen Waren in diesem Gebiet? Die Antwort scheint klar: Die Waren bewegen sich dorthin, wo sie dringend gebraucht werden. Zu den Hungernden.
Leider falsch. Wir haben einen wesentlichen Punkt übersehen. Der Bedarf ist da, aber die Kaufkraft fehlt. Die Hungernden können die Ware nicht kaufen, weil sie kein Geld haben. Wohin bewegen sich also die Waren? Weg aus dem Gebiet! Die Waren werden abgezogen, weil sie nicht verkauft werden können. Sie bewegen sich dorthin, wo Kaufkraft ist.
Völlig logisch.

Dass es uns für einen Moment die Sprache verschlägt, liegt daran, dass unser Wertesystem sich sträubt und noch auf alte Weise funktioniert. Wo Hungersnot herrscht, kann es doch nicht sein, dass die Waren, die dringend gebraucht werden, weggeschafft werden. Die Logik der Gewinnmaximierung führt in dieser Situation zu einem paradoxen Ergebnis.

Die Magie der Nullen

Wo der Gewinn zum Selbstzweck wird, fängt die Magie der Nullen an. Was du machst, ist dann von nachrangiger Bedeutung. Nur wie hoch dein Unternehmen bewertet wird, zählt. Eine Million? Völlig unbedeutend. Zehn Millionen? Immer noch unbedeutend. Im Silicon Valley giltst du etwas, wenn deine Gründung eine Unternehmensbewertung von einer Milliarde erreicht. Dann bist du ein Unicorn, ein Einhorn. Zehn Milliarden wären natürlich noch eindrucksvoller.

Ich schlage vor, die Einhörner als Einaugen zu bezeichnen. Nur die Nullen im Blick. Die Nullen als Erfolgsmaßstab. Inhalte sind Beiwerk, sind zweitrangig.

Niemand hat die Magie der Nullen besser karikiert als Walt Disney. Mit der Figur des Dagobert Duck zeichnete er einen Charakter, der in Goldstücken schwimmt und immer noch mehr davon haben will. Er vergeudet seine Lebenszeit, hat kaum Freunde, ist schlecht angesehen. Jedem Kind wird klar, dass das Immer-mehr-Anhäufen von Geld eher lächerliche Züge trägt. Dagobert ist eine tragische Figur. Verdient unser Mitleid, scheint emotional auf der Stufe von Vierjährigen stehen geblieben zu sein.

»Durch Geld ist noch niemand reich geworden«, so der römische Philosoph Seneca.

Die Magie der Nullen trägt nicht weit. Man wundert sich stattdessen, wie sie entstehen kann. Ich habe oft versucht, Pädagogen davon zu überzeugen, dass die Schule auf Wirtschaft und die Versuchungen, die damit verbunden sind, eingehen sollte, um so die Kinder auf das Leben vorzubereiten. Erfolglos. Die Ängste der Lehrer, dass damit kleine geldgierige Monster hervorgebracht werden und die Kinder durch die Berührung mit Geld verdorben würden, waren stärker.

Es erinnert an die Diskussion über den Sexualkundeunterricht. Die konventionelle Sichtweise war, dass die reinen Seelen der Kinder durch die Berührung mit dem Thema Sex Schaden nehmen würden. Beim Sexualunterricht hat sich indes die Meinung durchgesetzt, dass es besser ist, die Schüler frühzeitig mit dem Thema bekannt zu machen, bevor sie schlechten Einflüssen und Einflüsterungen draußen in der Welt ausgesetzt sind. Ich meine, dass für den Umgang mit Geld und Kommerz das Gleiche gilt. Unvorbereitet der Magie ausgesetzt zu sein ist schlechter, als sich sachlich, ernsthaft, kritisch vorausschauend mit dem Thema auseinanderzusetzen. Den »Teufel« kennenlernen, analysieren, seine Techniken verstehen, seine Instrumente vermessen, wenn man der Auseinandersetzung mit ihm gewachsen sein will – das scheint mir die bessere Vorbereitung auf das reale Leben zu sein, als das Thema angstvoll zu verdrängen. Meine eigene Beobachtung dazu: Kinder wollen positiv auffallen, wollen Gutes tun, wollen Helden sein und nicht seelenlose Typen oder kleine Dagoberts werden.
Ein geglücktes Leben hat mit der Größe eines Unternehmens und der Zahl der Nullen in seiner Bewertung nur bedingt zu tun, wenn überhaupt. Glück kommt meist bescheidener und auf leiseren Sohlen daher. Ein Schuss Skepsis gegenüber einem *Silicon Valley type of entrepreneurship* kann also nicht schaden. Wir sollten aber nicht übersehen, dass viele Entrepreneure schon heute ein anderes Wertesystem mitbringen als die Chefs der Konzerne. Ihnen sind ökologische Werte viel selbstverständlicher als der Generation davor. Auch der Wunsch, mit der eigenen Gründung die Welt ein Stück besser zu machen, ist gar nicht so selten.
Nicht alle nimmt die Magie der Nullen gefangen. Von Götz Werner stammt das Wort: »Das Dümmste, was man tun kann, ist, reich zu sterben.« Oder wie es die Milliardärin Zhang Xin in China ausdrückt: »Keiner hier will als der Reichste auf dem Friedhof liegen.«[72]
Die Magie der Nullen erzeugt Neid, Frust und viele Verlierer. Keine guten Voraussetzungen für Glück – auch nicht für den Gewinner.
Bill Gates scheint das verstanden zu haben. Vom kleinen Start-up zum Milliardär. Gates, der sympathische, jugendlich wirkende Mann, der den

Technologiegiganten IBM in die Schranken weist. Es folgt eine Phase, in der sein Unternehmen versucht, eine Monopolstellung für Betriebssystem und Office-Software durchzusetzen. Die Stimmung dreht sich. Ein Bill Gates, der nach der Weltherrschaft greifen will, Konkurrenten behindert, verklagt oder kopiert. Eine Generation von Hackern tritt gegen Microsoft auf den Plan. Die Medien berichten immer negativer über das Unternehmen und seinen Chef. Gates muss gespürt haben, dass die weitere Anhäufung von Vermögen sich nur noch negativ für ihn als Person auswirken kann. Er steigt aus. Er trennt sich von einem großen Teil seines Vermögens, finanziert damit eine Stiftung, setzt sich fortan für nichtmonetäre Ziele ein. Und fast über Nacht ist er wieder eine sympathische und hochgeachtete Persönlichkeit.

Das Vertrauen ist verspielt

»Wir sollten wagen, den Geldtrieb nach seinem wahren Wert einzuschätzen«, so John Maynard Keynes. »Die Liebe zum Geld als ein Wert in sich – was zu unterscheiden ist von der Liebe zum Geld als einem Mittel für die Freuden und die wirklichen Dinge des Lebens – wird als das erkannt werden, was sie ist, ein ziemlich widerliches, krankhaftes Leiden.«[73]

»Gier ist gut«, sagte dagegen Gordon Gekko im Spielfilm *Wall Street*. Er verkörperte damit das Leitbild einer ganzen Branche wie auch der Kritik daran. Ja, Gier ist gut – für alle, die ein System am Leben halten wollen, in dem die Maximierung von Gewinnen Priorität hat. Gier als Schmiermittel, als Treibstoff, als Motor der Wirtschaft. Einer Wirtschaft ohne Werte, ohne Kompass und ohne Karte.

Wir alle wollten doch glauben, dass die bedeutenden Manager der Industrie ihre Sache kompetent verfolgen. Stattdessen hören wir von einer Affäre nach der anderen. Keine unbekannten Namen, sondern erstklassige Unternehmen. Systematische Schmiergeldzahlungen bei Siemens. Nicht enden wollende zwielichtige Praktiken bei der Deutschen Bank. Bordellpartys als Anreizsystem im Versicherungskonzern Ergo. Konsumentenverdummung bei der Auszeichnung von Lebensmitteln, gerade auch bei den großen Namen der Branche. Zuletzt raffinierter, vorsätzlicher Betrug bei international hoch angesehenen deutschen Automobilkonzernen.

Und nun will man uns glauben machen, es sei das Fehlverhalten einzelner Manager? Ein Problem also, das man mit dem Austausch von Führungspersonen beheben kann? Für wie dumm hält man uns eigentlich? Das Vertrauen in die Fürsten ist verspielt.

Sie halten an den Vorgaben von gestern fest. Mit einem Ökonomieverständnis des »Weitermachen wie bisher, weil wir doch so erfolgreich damit waren«. Aber ist etwa das Wachstum des Automobilabsatzes noch ein intelligentes Ziel? Gibt es nicht bessere Mobilitätskonzepte? Ist der Verbrennungsmotor, auf den die deutsche Automobilindustrie technologisch setzt, wirklich zukunftsfähig? Stellen wir diese Fragen nicht schon seit Jahrzehnten?

Wer heute noch quantitative Wachstumsziele an die erste Stelle setzt, passt nicht mehr in unsere Zeit. Wenn Unternehmen bereit sind, für quantitatives Wachstum fast jeden Preis zu zahlen – so sehr, dass sie sogar das Risiko eingehen, des Betrugs überführt zu werden –, dann läuft etwas falsch in unserer Ökonomie. Dann stimmt die Richtung nicht mehr. Das Problem liegt in den Unternehmen, in ihren Werthaltungen und den dazu passenden Organisationsstrukturen.

Großunternehmen waren einst die Träger der Entfaltung der Produktivkräfte. Heute werden sie zunehmend zu Verhinderern und sind dabei, ihre historische Funktion aufzugeben.

Ein Paradigmenwechsel?

Hört man die Verlautbarungen aus den Public-Relations-Abteilungen der Unternehmen, so könnte man glauben, in einer Welt jenseits der Gewinnmaximierung angelangt zu sein. Liebe zur Qualität, Sorge um das Wohl des Kunden und neuerdings um den Erhalt der Natur. Nur: Das ist kein Paradigmenwechsel der Wirtschaft. Wenn wir unbedingt von einem Paradigmenwechsel reden wollen, dann ist es ein Paradigmenwechsel in den Public Relations. Unternehmen lernen, dass sie sich in der Öffentlichkeit sympathisch darstellen müssen.

In modernen Unternehmen heißt es im Katastrophenfall: Die Public-Relations-Abteilung übernimmt das Kommando. Totschweigen und aussitzen? Oder besser doch ein geschickt formuliertes Dementi herausgeben? Nur scheinbar auf die Vorwürfe antworten? Oder realistisch sein und – Stichwort Schadensbegrenzung – öffentlichkeitswirksam den Gang nach Canossa antreten, während man hinter den Kulissen Verhandlungen mit der Staatsanwaltschaft aufnimmt, damit es zu keinem aufsehenerregenden Prozess kommt?

Dann gehen die Maler ans Werk. Es muss ein Bild gezeichnet werden, das Gemälde vom liebevoll sich um Mitarbeiter, Kunden und Umwelt sorgenden Unternehmen. PR als Märchenstunde.[74]

»Vertraut uns wieder!«, textete das *Handelsblatt* am 27. November 2010 über eine Aktion von 27 Spitzenmanagern. Mit einem »Leitbild für verantwortliches Handeln in der Wirtschaft« wollten sie versuchen, ihre mit der Finanzkrise von 2008 beschädigte Reputation zurückzugewinnen. »Das Kind ist in den Brunnen gefallen: Wenn man über Vertrauen redet, ist es schon zu spät«, wurde ein hochrangiger Manager zitiert. Und: Die Reputation stehe bei keinem Unternehmen in der Bilanz, sei aber ein wertvolles Wirtschaftsgut. Deshalb stelle man sich dem Urteil der Öffentlichkeit. Die reine Rendite-Orientierung sei überholt. »Mit Spitzenmanagern assoziiert man Rücksichtslosigkeit und Materialismus«. Da wolle man dagegenhalten.

Zu denen, die vor bald einem Jahrzehnt so »dagegenhalten« wollten, zählen auch Martin Winterkorn und Josef Ackermann – zwei Namen, die heute für verantwortungsloses Management stehen. Das schöne Leitbild war das Papier nicht wert, auf dem es gedruckt wurde.

»Vertraut uns wieder« – diese Geste hat ein geschichtsträchtiges Vorbild. In Berlin rebellierten im März 1848 bürgerlich-demokratische Kräfte gegen die preußische Monarchie. Es kam zum Barrikadenaufstand und zu Straßenkämpfen. Der bis dahin auf Popularität im Volk bedachte preußi-

sche König Friedrich Wilhelm IV. ließ die Armee gegen die Revolutionäre aufmarschieren und den Aufstand niederschlagen. Mehrere hundert Tote und über tausend Verletzte waren die Folge. Damit war der Ruf des Monarchen dahin, volksnah zu regieren und der Fürst aller Bürger zu sein. Der König sah sich gezwungen, den getöteten Revolutionären seine Achtung zu erweisen. Er verneigte sich vor den aufgebahrten Gefallenen. Am 21. März ritt er mit einer Binde in den Farben der Revolution – Schwarz-Rot-Gold – durch Berlin und drückte in mehreren Reden seine Unterstützung für deren Anliegen aus. Am Tag darauf schrieb er seinem Bruder, dem Prinzen Wilhelm: »Die Reichsfarben musste ich gestern freiwillig aufstecken, um Alles zu retten. Ist der Wurf gelungen ..., so lege ich sie wieder ab!«[75]
Ja, das Vertrauen ist verspielt.

Die Früchte des Fortschritts werden uns vorenthalten

Zurück zu Keynes und Rifkin: Das Ende des Mangels, ein Leben ohne materielle Sorgen, Produktion fast ohne Kosten – so hörte sich die Zukunft an. Die technologische Seite hat diese Erwartungen erfüllt. Neue Werkstoffe, neue Verfahren, neue Technologien, sie alle haben zu sparsamerem Einsatz von Mitteln geführt oder die Produkte technisch verbessert.
Auch der organisatorische Fortschritt hat sich über Erwarten gut entwickelt. Der Doyen der Managementliteratur, Peter F. Drucker, konstatierte für das 20. Jahrhundert eine 50-fache Steigerung der Produktivität der Industriearbeit.
An einer entscheidenden Stelle jedoch ist die Entwicklung in die falsche Richtung gelaufen. Ein nicht geringer Teil der Früchte dieses gewaltigen Fortschritts wird uns vorenthalten. Wird auf dem Altar des Marketings geopfert. Statt die wachsende Produktivität für mehr freie Zeit und Le-

bensfülle zu nutzen, wird das Potenzial verspielt. Statt frei werdende Kapazitäten neuen Aufgaben zu widmen, statt uns den drängenden Herausforderungen unserer Epoche zu stellen, führen wir wie selbstverständlich die Schlachten der Vergangenheit weiter.

»Kulturen blühen auf, wenn auf Fragen von heute Antworten von morgen gegeben werden«, so der britische Kulturhistoriker Arnold Toynbee. »Kulturen zerfallen, wenn für Probleme von heute Antworten von gestern gegeben werden.«

Vom engagierten Bürger zum Citizen Entrepreneur

Die Herausforderungen der Zukunft angehen

Stephen Hawking, der bekannte britische Physiker, hat kurz vor seinem Tod eindringlich davor gewarnt, dass die Menschheit vor Gefahren stehe, die langfristig ihre Existenz gefährdeten. Wir hätten die Technologien entwickelt, die den Planeten, auf dem wir leben, nach und nach zerstören, aber nicht die Fähigkeit, der Erde zu entkommen. Die Folge unseres Tuns: Klimawandel, Rückgang der Artenvielfalt, Abnahme der landwirtschaftlichen Erträge und der nutzbaren Flächen durch Erosion und Bebauung, Chemierückstände in Lebensmitteln, Belastung durch Feinstaub, Übersäuerung der Meere, Flüchtlingsproblematik – um nur die bekanntesten Problemlagen zu nennen. Die Aufzählung ließe sich noch deutlich erweitern.

Die Politik allein schafft es nicht, dieser Probleme Herr zu werden. Sie wird den Herausforderungen nicht gerecht, setzt die falschen Prioritäten. Die Bürger spüren es. Die großen, wirklich wichtigen Fragen werden nicht gestellt. Hawking hat dies außergewöhnlich scharf formuliert: »Wenn wir uns die letzte Chance bewahren wollen, bleibt den führenden Entscheidungsträgern dieser Welt nichts anderes übrig, als anzuerkennen, dass sie versagt und die Mehrheit der Menschen im Stich gelassen haben.«[76]

Wir befinden uns in einem Wettlauf mit der Zeit – bevor das Ausmaß und die weitere Verschärfung der Problemlagen unsere Handlungsmöglichkeiten übersteigen. Das sollte Anlass sein, unsere Prioritäten zu überdenken. Eine vernünftigere Lebensform, ein angemessener Konsum, ein Leben in Einklang mit den vorhandenen Ressourcen werden kommen. Die Frage ist nur: durch Einsicht oder durch den Zwang der Umstände? Wir brauchen keine unnützen Produkte, die allein dem Zweck dienen, Unternehmensgewinne zu maximieren. Weil wir uns Verschwendung nicht länger leisten können. Weil wir unseren Planeten überlasten. Weil

wir in einer vollen Welt leben und nicht mehr in einer leeren. Weil wir über unsere Verhältnisse leben.
Als Indikator dafür gibt es den Overshoot Day. Er beziffert, an welchem Tag im Jahr die Menschen so viele Ressourcen verbraucht haben, wie durch die Natur selbst in einem Jahr neu produziert werden. Im Jahr 2000 war der Overshoot Day weltweit noch der 1. November, im Jahr 2018 bereits der 1. August. Für Deutschland war dieser Tag im Jahr 2018 sogar schon der 2. Mai. Wir verbrauchen also nicht nur mehr, als wir zur Verfügung haben, sondern der Prozess beschleunigt sich auch noch.
Welche fatale Rolle das Marketing bei der Steigerung des Konsums spielt, haben wir gesehen. Wenn wir unsere Ressourcen nicht mehr für Marketing fehlleiten, gewinnen wir Handlungsspielräume, die drängenden Probleme unserer Zeit anzugehen.

Mehr als nur Egoismus

Wirtschaft, so betrachten es die meisten, sei das Feld der Egoisten, der Ellenbogentypen und der auf materielle Werte fokussierten Menschen. Interessanterweise folgt die Wirtschaftstheorie dieser Annahme bedingungslos. Sie geht vom Homo oeconomicus aus als dem Menschen, der egoistisch allein auf seinen Nutzen und Gewinn achtet.
Aber stimmt denn dieses Menschenbild? Viele neuere Studien deuten darauf hin, dass es allenfalls eine Teilwahrheit ist. Die Gegenthese hat Uwe Jean Heuser treffend zusammengefasst.[77] Unser Wirtschaftssystem schaffe dem Menschen auch den Raum, etwas für die Gemeinschaft zu tun. So engagierten sich in Deutschland mehr als 40 Prozent der Bürger ehrenamtlich – vom Sportverein bis zum Vogelschutz. Das Engagement für die Gesellschaft erstrecke sich dabei nicht nur auf die Freizeit, sagt Heuser. »Junge Bundesbürger mit Gründergeist haben die Zahl jener Sozialunternehmen, die mit wirtschaftlichen Mitteln gesellschaftliche Missstände beheben wollen, in einem Jahrzehnt von ein paar hundert auf mindestens 1700 emporschnellen lassen.«[78]

Die Ökonomen arbeiten zwar mit dem Modell vom egoistischen Menschen, aber im wirklichen Leben werden die Handlungen der meisten Menschen sowohl von Selbstsucht als auch von Mitgefühl motiviert. Wir opfern uns nicht einfach für die anderen auf – aber wir opfern auch nicht die anderen aus reinem Eigennutz. Die amerikanische Literatur spricht in diesem Zusammenhang von aufgeklärtem Selbstinteresse (»enlightened self-interest«), im Gegensatz zum blanken Egoismus (»selfishness«).[79]

So einfach ist es also nicht mit dem Bild vom egoistischen Menschen. Zur menschlichen Natur gehören eben viele Facetten. Auch in der Wirtschaft. Menschen können Karriere um jeden Preis machen wollen, auch auf Kosten ihrer Kollegen, und sie können kooperativ handeln und hilfreich sein. Wie fair oder unfair wir im Arbeitsalltag agieren, ist dabei nicht nur eine Frage des Charakters, sondern hängt auch davon ab, ob wir selbst fair behandelt werden.

Mit den Einflussfaktoren, die zu Egoismus oder Fairness führen, beschäftigen sich auch Vertreter der Verhaltensökonomie. Einer von ihnen ist Ernst Fehr, Professor für experimentelle Wirtschaftsforschung an der Universität Zürich. Er sagt: Soziale Haltungen bestehen nicht einfach, sondern sie werden gemacht – hergestellt von der Gesellschaft, in der wir leben. Und deshalb wünscht er sich eine »Ökonomie als Wissenschaft von der Charakterbildung«. Es gebe ein »gesellschaftliches, aber auch gesamtwirtschaftliches Interesse, dass Menschen keine antisozialen Präferenzen herausbilden«.[80] Ein spannender Ansatz, denn daran kann man eine ganz neue Frage an die Ökonomen anschließen: Welche Art von Menschen produzieren wir denn mit der heute vorfindbaren Ökonomie?

Dennis Snower kommt aus einer gänzlich anderen Fachrichtung als Fehr: Er ist Professor für theoretische Volkswirtschaftslehre und war bis Anfang 2019 Präsident des Kieler Instituts für Weltwirtschaft. Aber er kommt zu ganz ähnlichen Erkenntnissen. Das Denken über Wirtschaft müsse radikal verändert werden. Bisher ging es der Ökonomie vor allem um den Einzelnen und dessen angeblich festgelegte Vorlieben und Zielsetzungen.

Eine fatale Verkürzung, denn, so Snower, was Menschen antreibe und was sie wollten, entstehe erst im Miteinander – in der Wechselwirkung von im Wirtschaftsdenken verankerter Einstellung, Außenwelt und Politik. Die Menschen hätten sehr unterschiedliche Motive bei ihrem wirtschaftlichen Handeln. Sie wollten sich um andere kümmern, aber auch für sich etwas gewinnen. Je nach Person und Lage obsiege der Konkurrenzgedanke oder das Mitgefühl – *power* oder *care*.

Snower plädiert deshalb für den Ansatz der »Caring Economics«, den er gemeinsam mit Tania Singer und Matthieu Ricard entwickelt hat.[81] Dinge und Dienstleistungen seien zwar wichtig fürs Leben, aber erst Beziehungen gäben den Dingen ihren Wert. Wenn wir Situationen schaffen, in denen Erfolg aus Kooperation und gegenseitiger Hilfe entsteht, könne dadurch der Egoismus in der Wirtschaft reduziert werden.

Früher kannten Ökonomen fast nur den Anreiz durch Geld. Wenn wir auch andere Werte wahrnehmen, eröffnen sich uns neue Perspektiven.

»Vor etwa zehn Jahren erforschten Ökonomen in israelischen Kindergärten die Motive von Eltern. Dort ernteten Mama und Papa nur bitterböse Blicke, wenn sie ihre Kinder verspätet abholten. Im Experiment wurde dann eine Strafzahlung eingeführt: Wer sein Kind zu spät abholte, musste ordentlich in die Tasche greifen. Eigentlich wäre zu erwarten gewesen, dass es nun zu deutlich weniger Verspätungen kommen würde, denn der Mensch geht nach dem Gelde. Doch das Gegenteil war der Fall: Die Verspätungen nahmen deutlich zu. Und warum? Weil die Situation früher als soziale Abmachung wahrgenommen worden war, die Eltern schämten sich, wenn sie die Betreuer über die Maßen beanspruchten. Pünktliches Erscheinen war eine Sache des Anstands. Das änderte sich jetzt: Mit dem Geld kam die Möglichkeit ins Spiel, sich die längere Betreuung zu erkaufen. Die Scham wich dem Anspruchsdenken. Aus einer zwischenmenschlichen war eine finanzielle Frage geworden, aus Beziehung wurde Markt.«[82]

Macht die Wirtschaftswissenschaft nicht eine unzulässige Einschränkung, wenn sie das egoistische Interesse des Individuums als ausschlaggebend für sein wirtschaftliches Handeln ansieht? Die Disziplin hält dagegen, sie analysiere eben nur das wirtschaftliche Interesse, so wie andere Wissenschaftsdisziplinen eben soziologische oder psychologische Aspekte des Individuums analysieren. Aber selbst wenn wir dieser Argumentation folgen, bleibt doch die Frage, ob die wirtschaftlichen Interessen nicht komplexer sind, als nur den Gewinn maximieren zu wollen: Menschen streben nach Anerkennung in ihrem sozialen Umfeld, wollen bewundert und gefeiert werden, wollen sich ein Denkmal setzen, wollen Vordenker sein, wollen Ideen verwirklichen – wir könnten diese Aufzählung noch um viele Aspekte ergänzen.

Gewinnmaximierung ist nicht nur eine grobe Vereinfachung des wirtschaftlichen Interesses, sondern eine Verkürzung, Unterschlagung von Motiven. Sobald wir ökonomisches Interesse breiter und realitätsnäher fassen, eröffnen sich uns ganz andere Spielräume, wie wir Ökonomie betreiben können, ohne ein ja durchaus vorhandenes egoistisches ökonomisches Interesse wegzudiskutieren und ohne gleich den edlen, selbstlosen Menschen fordern zu müssen. So wie nicht wenige Beispiele zeigen, dass ein Schuss Idealismus die Erfolgschancen eines Start-ups erhöht, halte ich es auch für durchaus plausibel, dass ökonomische Initiativen das Gemeinwohl im Blick haben können, ohne dass man sie sofort als unrealistisch und die darin Handelnden als »Gutmenschen« abtut. Wir brauchen einen Zugang, der die Realität zutreffender und facettenreicher wiedergibt als die Wirtschaftswissenschaft heutiger Prägung.

Noch ein weiterer Punkt spricht gegen die Orientierung auf Gewinnmaximierung. Man muss nicht Systemtheoretiker sein, um zu erkennen, dass man nicht eine einzige Funktion (den Gewinn) maximieren kann, ohne an anderer Stelle Schaden anzurichten. Es rächt sich, andere Aspekte hintanzustellen. Besser – und auch ökonomisch ergiebiger – wäre es, alle Aspekte einzubeziehen. Also die bestmögliche Gesamtleistung aller Faktoren anzustreben.

Wenn ich nur an den eigenen Gewinn denke und wie ich ihn maximieren kann, bleibe ich ein Einzelkämpfer. Meine Chancen sind viel besser, wenn ich die anderen Stakeholder zu meinen Verbündeten mache. Wenn ich meine Mitarbeiter besser kennenlerne, ihre Individualität schätze und ihnen Wege aufzeige, aus ihrem Berufsleben mehr als nur abgeleistete Zeit zu machen. Wenn ich zufriedene, ja begeisterte Kunden schaffe. Dann ist es plausibel anzunehmen, dass das Gesamtergebnis meiner Unternehmung größer wird. Weil sich alle für meine Sache einsetzen, weil meine Sache auch ein Stück ihrer Sache ist. Ziemlich sicher, dass dann mehr übrig bleibt, weil der Kuchen, der zur Verteilung gelangt, insgesamt größer wird. Jedes Mannschaftsspiel baut auf diesen Effekt.

Klein macht Sinn

Nun ist es einleuchtend, dass ein solches Vorgehen mit einer kleinen Mannschaft, einem David sozusagen, einfacher herzustellen ist als mit einer großen Goliath-Organisation. Will sagen, dass es in einem kleinen oder zumindest überschaubaren eigentümergeführten Unternehmen einfacher ist als in einem Konzern. Dass sich der Eigentümer eines Unternehmens leichter aus dem Korsett der Gewinnmaximierung lösen kann als der CEO eines Konzerns. Letzterer ist ja als Angestellter des Konzerns abhängig von den auf hohe Verzinsung des eingesetzten Kapitals pochenden Shareholdern. Was dabei häufig übersehen wird: Das Prinzip Gewinnmaximierung verbessert nicht automatisch die Effektivität eines Unternehmens. Denn viele Mitarbeiter in Großunternehmen erleben ihre Arbeit als nicht sinnstiftend. 71 Prozent der Befragten gaben laut »Gallup Engagement Index« an, nur noch Dienst nach Vorschrift zu machen. Bei 14 Prozent ist die Bilanz noch negativer: Sie haben innerlich schon gekündigt. Nur 15 Prozent fühlen sich am Arbeitsplatz richtig wohl.[83] Diese Zahlen sprechen auch Bände zur Frage, wie effizient Großorganisationen tatsächlich sein können. Ich deute die enorme Zahl der Bücher zum Thema Mitarbeitermotivation als Hinweis darauf, dass das Motivationsproblem eben nicht mit der richtigen Anleitung zu lösen ist. Eher ist die Menge der Bücher ein Indiz für die Unlösbarkeit des Problems in konventionellen Unternehmen. Wie soll ich Mitarbeiter motivieren, wenn sie ja die Praktiken, mit denen man Gewinne maximiert, den Markenschummel und die damit letztlich zynische Behandlung der Kunden tagtäglich und aus nächster Nähe erleben?[84]

In seinem Buch *Reinventing Organizations* rechnet Frédéric Laloux[85] schonungslos mit der seelenlosen, hierarchisch organisierten Firma ab. Das Wissen und das Engagement der vielen müsse mehr zählen als die Vision des einzelnen Vorgesetzten. Die Mitarbeiter an den unterschiedlichsten Stellen der Organisation könnten Bedürfnisse ihrer Kunden besser einschätzen. So entstünden Entwicklungsmöglichkeiten, die der Vorstand in seinem Top-Büro gar nicht erkennen könne.

Andere Werte und Ziele

Zugegeben – es sieht nach einem verrückten Anliegen aus: Wirtschaft anders angehen. Mit Menschen, die andere Werte und Ziele mitbringen.
Aber die Zeit ist reif für Alternativen zur Ökonomie der Konzerne. Mit intelligenteren Konzepten. Dazu braucht es Menschen mit anderen Wertvorstellungen. Unser Handeln basiert auf unseren Werten. Kommen andere Werte ins Spiel, werden wir auch anderes Handeln erleben. Unsere Ökonomie ist viel zu wichtig, als dass wir sie denjenigen überlassen könnten, die vorrangig Gewinnmaximierung vor Augen haben.
Betrachten wir ein ganz anderes Feld, das der Pädagogik. Und stellen wir uns vor, dass es mit dem Ziel der Gewinnmaximierung betrieben würde.

Es war einmal eine Gesellschaft, in der Bildung nur geringes Ansehen hatte. Engagierte Mitglieder der Gesellschaft und solche mit ethischen Werten wollten nicht in der Pädagogik, sondern in anderen, höher geschätzten Bereichen tätig sein. Vor allem Geschäftemacher und Leute mit Ellenbogen, die auf ihren persönlichen Vorteil aus waren, tummelten sich im Feld der Erziehung. Die Absicht, Gewinne zu machen, beherrschte das Denken.
Man kann sich gut vorstellen, was das zur Folge hatte. Das Feld war verkommen. Die Lehrer waren nicht an der Qualität des Unterrichts interessiert, die

Schulbücher waren schlecht, die Schulräume lieblos. Es gab kein Klima des Lernens oder der persönlichen Entfaltung. Schulen wurden mit so wenig Kosten wie möglich betrieben. Stattdessen steckte man viel Geld in Marketing und Markenaufbau. Die Schulnamen hörten sich an, als seien sie Salem, Eton, Oxford, Westpoint und Harvard in einem. Die Schüler und ihre Entwicklung standen nicht im Mittelpunkt. Statt pädagogischem Engagement war Gewinnmaximierung das oberste Ziel.

Irgendwann wurde es einer Gruppe von Menschen zu bunt. Sie fanden es unverantwortlich, was auf dem Gebiet der Erziehung passierte, und fingen an, über Alternativen nachzudenken. Allerdings wurden sie als weltfremde Idealisten betrachtet. Fast alle Mitglieder der Gesellschaft dachten, dass Bildung eben so sein müsse, wie sie sei. Aber die Handvoll Menschen ließ sich nicht beirren. Und siehe da, es war möglich. Sie bereiteten sich sorgfältig vor und führten eine Schule so, dass die Bildung der Schüler im Mittelpunkt stand.

Dies verlangte weder viel Kapital, noch dass die Initiatoren genial veranlagt waren oder besonders ethisch handelten. Schon wenige grundlegende Überlegungen, gepaart mit Engagement, reichten. Ihr Konzept zog engagierte Lehrer und Eltern an. Nachdem die Alternative sichtbar wurde, wollten Eltern ihre Kinder in genau diese Einrichtung bringen. Die Schule wurde förmlich überrannt.

Vor allem eines können wir bei unserem Ausflug in die Pädagogik erkennen: Die Gewinnmaximierer machen einen schlechten Job. Ihnen geht es allein um Ökonomie – bei Vernachlässigung, ja Missachtung der inhaltlichen Aufgaben. Dieser Ansatz liefert schlechte sachliche Ergebnisse. Gewinnmaximierer sind die falsche personelle Besetzung.

Andere Akteure

Wir können darauf bauen, dass eine große Zahl von Menschen die gegenwärtige Spielart der Ökonomie ablehnt,[86] sich andere Formen und Akteure wünscht, weil sie erkennt, dass die eingeschlagene Richtung nicht nur zu fragwürdigen ökonomischen Ergebnissen, sondern auch in ökologische und soziale Katastrophen führt.

Aber was sollen sie, was sollen wir tun? Sollen wir darauf warten, dass die Konzerne umlenken? Gibt es in der Geschichte der Menschheit Beispiele dafür, dass die alten Akteure ihre bis dato erfolgreichen Verhaltensweisen aus Einsicht in sich verändernde Bedingungen aufgaben und zu Vorreitern eines neuen Denkens wurden? Oder war es nicht so, dass neue Akteure die Bühne betraten, mit Blick auf einen sich verändernden Horizont neue Lösungsstrategien entwarfen und fast immer in Konflikt mit den alten Sichtweisen gerieten?[87]

Haben die Demokraten darauf gewartet, dass die Monarchen abdanken würden? Haben die Umweltschützer auf die Einsicht der Umweltverschmutzer gewartet?

Wir brauchen eine andere personelle Besetzung – Menschen, die sich in das Feld der Ökonomie begeben, gerade weil sie dessen Zerstörungspotenzial erkennen und ihm Alternativen entgegensetzen wollen. Wir brauchen Gründer neuen Typs – als wichtige Initiatoren in diesem Feld. Menschen, die Ökonomie anders denken, sich an der Phase des Suchens und Findens beteiligen, neue Entwürfe erproben und bewerten und Alternativen sinnlich erfahrbar machen. Solche Neuentwürfe verlangen mehr als nur ökonomische Sichtachsen. Eine zukunftstaugliche Ökonomie kann keine »Nur-Ökonomie« alten Schlags sein.

Die Herrschaft der Wirtschaftsfürsten ist nicht mehr zeitgemäß. Wirtschaften muss – und kann – intelligenter, umweltschonender und sozial verträglicher geschehen. Mit besseren Produkten, weniger Fehlallokation, weniger Verschwendung, niedrigeren Preisen.

Gründerzeit für eine intelligentere Ökonomie.

Was wir aus dem historischen Kampf um mehr Demokratie erkennen können

Das Feld öffnen

Wieder lohnt ein Blick in die Geschichte. Diesmal in die Geschichte der Regierungsformen. Von der Herrschaft einer einzigen Person oder Gesellschaftsschicht hin zur Demokratie mit einem offenen Feld, einem breiten Spektrum von Werten und Sichtweisen. Von der Alleinherrschaft zu einem System, in dem Opposition zugelassen, ja institutionalisiert ist.
In der Politik hat sich das Prinzip der Partizipation durchgesetzt, weil die Mitsprache der vielen den Interessenausgleich, den gesellschaftlichen Zusammenhalt und die Suche nach intelligenten, dauerhaften Lösungen für alle begünstigt. Es ist, wie wir wissen, kein ideales Prinzip, aber doch deutlich besser, als den Vorstellungen oder gar Marotten von Fürsten und ihren Generälen zu folgen. In einem offenen, demokratischen Dialog werden mehr und andere Ideen erdacht, kommen mehr Alternativen ans Licht als in autoritären und exklusiven Strukturen.
Es war unrealistisch zu erwarten, dass die Feudalherren die Interessen der Bürger vertreten würden oder die Bürger die Interessen der Arbeiter. Erst die aktive Mitwirkung aller Betroffenen bewegt die Dinge. Andere Sichtweisen, andere historische und kulturelle Erfahrungen kommen ins Spiel. Generäle redeten von Truppen, träumten von Ruhm und Denkmälern – Mütter dachten anders.
Der demokratische Dialog setzt nicht darauf, dass die Menschen, die neu hinzustoßen und Gehör finden, die besseren Menschen wären. Die neuen Akteure erweitern das Spektrum der Interessen und Ideen. Aus dem Wettstreit der Konzepte entstehen insgesamt bessere Lösungen. In der Wirtschaft herrscht indes noch immer ein aristokratisches Prinzip. Es sind verhältnismäßig wenige Topmanager, die mit ihren Entscheidungen unseren Alltag gestalten, ja durchdringen. In der Krise von 2008 und danach

gelang es den Banken sogar, die Politik zur Geisel zu nehmen und die Verursacher der Krise mit Steuergeldern und staatlicher Unterstützung retten zu lassen. Es hieß, weil die großen Banken systemrelevant seien und ohne sie das Wirtschaftssystem zusammenbreche, könne man sie nicht fallen lassen. *Too big to fail.*

Die Wirtschaftsaristokraten suggerieren, dass wir Normalmenschen in Fragen der Wirtschaft nicht mitreden könnten und nicht qualifiziert genug seien. Genau wie einst in den Fragen der Politik. Auch dort gab es, bis in die Neuzeit hinein, eine große Skepsis gegenüber demokratischen Ansätzen: Bauern, Arbeitern und zuletzt den Frauen wurde nachgesagt, dass sie nicht gebildet genug seien für die politische Mitsprache, dass ihnen die Urteilskraft für wichtige Entscheidungen fehle.

Auf zum Hambacher Schloss

Wir stehen heute in Sachen Ökonomie dort, wo in den 1830er-Jahren die Frage nach der Teilhabe an der Politik gestellt wurde. Die Unzufriedenheit mit den politischen Entscheidungen, das engstirnige, rückwärtsgewandte Denken der Fürsten, die Willkür in der Ausübung von Macht führten dazu, dass die Rufe nach mehr Partizipation in der Politik lauter wurden. Im Jahr 1832 manifestierte sich diese Unzufriedenheit erstmals unüberhörbar auf dem Hambacher Fest.

Wie wir heute wissen, stand ein langer Kampf mit vielen Rückschlägen bevor, ehe die Idee der breit angelegten Mitwirkung aller Schichten der Bevölkerung langsam Gestalt annahm. Damals wie heute wurde von strukturkonservativer Seite argumentiert, dass die Teilhabe an anspruchsvollen, komplexen Entscheidungen einen Umfang und eine Tiefe an Wissen und Fähigkeiten voraussetze, die dem Normalmenschen nicht gegeben seien. Vor allem die aktive Partizipation, also nicht die Stimmabgabe, müsse hoch qualifizierten und auserwählten Menschen vorbehalten sein. Der Gedanke, dass sich im Zuge der Partizipation auch Vertreter der Opposition jene Qualifikationen aneignen würden, die in der Politik benötigt werden, war den Fürsten fremd.

Hambacher Fest 1832: Aufruf zu mehr politischer Partizipation[88]

Es war ein historischer Prozess, dass die Aristokraten ihre Privilegien verloren und sich auch andere Schichten der Gesellschaft politische Mitsprache erkämpften. Nicht die Rhetorik der Aufklärung allein hat im 18. und frühen 19. Jahrhundert dem Bürgertum die politische Teilhabe erfochten, sondern vor allem die zunehmende Entfaltung seiner wirtschaftlichen Kraft. Es reicht also nicht, nur Forderungen aufzustellen. Man muss auch die Bedingungen schaffen, unter denen die Forderungen Gewicht bekommen – ökonomisches Gewicht. Verstehen wir diesen Gedanken als Hinweis darauf, dass es sich auch politisch auszahlt, wenn wir die besseren, zukunftsfähigen ökonomischen Alternativen schaffen. Wenn wir selbst ökonomisch aktiv werden.

Wir reden hier nicht von Mitbestimmung in Aufsichtsräten. Es geht um die Entwicklung von neuen Konzepten und ihre Erprobung in der Praxis. Weil damit entschieden wird, welches Konzept besser ist, sich im wirtschaftlichen Bereich als attraktiver, nachhaltiger und überlebensfähiger erweist. Ein Wettstreit der Ideen. Neue Akteure bringen neue Perspektiven und damit Alternativen hervor. Das wiederum bringt mehr positiven Wettbewerb, macht Wirtschaft und Gesellschaft offener, facettenreicher – und leistungsfähiger. Es ist die Übertragung eines zentralen Vorteils der Demokratie auf das Feld der Wirtschaft.

Erlauben Sie mir eine Analogie. Winston Churchill wurde nach dem Ende des Zweiten Weltkriegs nicht wiedergewählt. Die Briten, trotz Hochachtung vor Churchills Verdiensten, waren mehrheitlich der Ansicht, dass jetzt eine neue Aufgabe in Angriff genommen werden müsse. In anderer personeller Besetzung.

Die Anstöße kommen von außen

Gibt es nicht auch im jetzigen System mannigfaltige Alternativen? Eher mehr, als wir überhaupt überblicken können? Ja, aber es sind Alternativen innerhalb der vorhandenen Denkmuster der etablierten Akteure, nicht außerhalb davon. Fassen wir unter dem Begriff »Alternative« etwas Radikaleres als nur die Wahl zwischen verschiedenen Marken.

Lassen Sie mich am Beispiel der Teebranche verdeutlichen, wie das Feld vor Gründung der Teekampagne aussah. Es gab eine große Zahl von Teeläden im ganzen Land, und es gab eine Vielzahl an Produkten, Sorten und Verpackungen. Also kein Mangel an Tee und seiner Vielfalt. Und doch bewegten sich alle innerhalb eines ganz bestimmten Systems. Eines Systems, das Tee für den Verbraucher teuer machte, den Produzenten nur einen Bruchteil des Erlöses abgab und von wenigen, aber mächtigen Importeuren dominiert wurde.

Dann kam die Teekampagne. Und mit ihr traten andere Koordinaten in den Vordergrund. Man könnte sagen: ein anderes Wertesystem. Fairer Umgang mit den Erzeugern, Abbau des Chemieeinsatzes und seiner Rückstände, Mittel für Wiederaufforstung, Kampf gegen die Verfälschung des Darjeeling-Tees, Transparenz der Abläufe und der Kalkulation.

Ein Teil dieser neuen Koordinaten war im alten System schlicht unvorstellbar: die Offenlegung der Kalkulation etwa und der offensive statt beschwichtigende Umgang mit Chemierückständen. Auch die Rückverfolgbarkeit des Inhalts jeder einzelnen Teepackung war für die Fürsten mit ihren raffinierten Teemischungen ein Unding. Der andere Teil der Koordinaten hätte im alten System das Produkt erheblich verteuert: die »Kosten« des fairen Handels etwa, der biologisch-organische Anbau, das Engagement für Wiederaufforstung oder das Beharren auf 100-prozentig reinem Ursprungstee.

Um zu verhindern, dass sich unser Produkt massiv verteuert und wir dadurch nur eine Existenz am Rande des Marktes fristen, haben wir uns Gedanken gemacht, welche Einsparungen wir an anderer Stelle vornehmen konnten, um den Tee auch preislich attraktiv zu machen. Wenn man so will: fairer Handel auch für den Konsumenten, Verzicht darauf, den Preis auf dem Weg von der Plantage zum Verbraucher zu vervielfachen. Wo also konnten wir einsparen, ohne gegen unsere eigenen Werte zu verstoßen?

Erst die radikale Beschränkung auf eine einzige Sorte Tee schuf die Voraussetzung dafür. Nur dadurch konnten wir so große Einkaufsmengen generieren, dass der Direktimport möglich wurde. Die vielen noch aus der britischen Kolonialzeit stammenden Handelsstufen konnten wir so überspringen. Erst damit, mit diesen Einsparungen, war es möglich, einen Spitzentee für alle erschwinglich zu machen. Im alten System gab es niemanden und nichts, das die spätkoloniale Architektur des Handels infrage gestellt und den Tee damit wesentlich verbilligt hätte.

Der Anstoß kam nicht aus dem etablierten Teehandel, sondern von außen. In unserem Falle aus der Universität. So wie Fair Trade nicht im konventionellen Handel entstand und das Stattauto nicht in der Automobilindustrie. Auch der Gedanke von Nachhaltigkeit hatte seinen Ursprung nicht in den Konzernzentralen von Nestlé oder Shell, der Umschwung zu erneuerbarer und dezentraler Stromproduktion nicht in den Führungsetagen der Stromkonzerne.

Sicherlich, es gibt auch innerhalb des Systems kluge und vorausdenkende Köpfe. Menschen, die erkennen, dass Weiterentwicklung innerhalb des gesetzten Rahmens nicht ausreicht.

In den 1970er-Jahren war Herbert Gruhl ein solcher Kopf innerhalb der CDU. Er hätte der Partei frühzeitig den Weg zu einer ökologischen Orientierung und Zukunft weisen können.

Daniel Goeudevert versuchte es innerhalb der Automobilindustrie. Anfang der 1990er-Jahre hätte er den Übergang vom Autobauer zum Mobilitätsdienstleister einleiten können. Doch der VW-Aufsichtsrat entschied sich dagegen, dem Systemdenker Goeudevert die Konzernleitung anzuvertrauen. Goeudevert stieg kurz danach für immer aus der Automobilbranche aus.

Tim Renner war ein Vordenker in der Musikindustrie. Als Programm-Manager der Plattenfirma Polydor hatte er schon früh erkannt, welche Gefahren der Branche durch die Entwicklung des Internets drohen und wo sich jenseits des bisherigen Geschäftsmodells auch neue Chancen für die Musikindustrie ergeben. Doch, so Renner, bei den Konzernchefs drang er nicht durch: »Nichts von unseren Ideen wurde vom Management akzeptiert«.[89]

Drei Beispiele für brillante Köpfe mit weit vorausschauenden Konzepten und einem Gespür für notwendige Veränderungen – drei Beispiele dafür, wie diese Anläufe gescheitert sind. Ein häufiges, wenn nicht sogar Standardschicksal von Vordenkern in Konzernen.

Wirtschaftsopposition

Seien wir also skeptisch gegenüber der aristokratischen Herrschaft der wenigen. Auf Vielfalt basierende Strukturen sind besser. Weil es Opposition gibt, weil Alternativen aufgezeigt werden, weil mehr Transparenz entsteht. Opposition ist etwas, das sich die jeweils Regierenden gefallen lassen müssen. Es ist Teil des demokratischen Prozesses. Und das sollte für die Fürsten der Wirtschaft ebenso gelten.

Die Entrepreneure, die hier als neue Kraft gesehen werden, sind die Opposition zur real existierenden Ökonomie. Wirtschaftsopposition.

Der expansionistischen Ökonomie entgegentreten

In der Politik haben wir gelernt, dass man expansionistischen Politikern, solchen, die die Grenzen des Landes ausweiten wollen, die wegen materieller Ressourcen bereit sind, Kriege zu beginnen, entgegentreten muss. Verantwortungsvolle Politik heißt Verhinderung expansionistischer, aggressiver Politik.

Wenden wir diesen Gedanken auf die Ökonomie an. Treten wir expansionistischer Ökonomie entgegen! Einer Ökonomie, die unsere Bedürfnisse nach Mehr anstachelt und damit die Grenzen ständig ausweitet. Die jeden erreichten Zustand zum Sprungbrett einer weiteren Ausweitung der Grenzen macht.

Wenn wir immer neue Bedürfnisse herauskitzeln und den Konsum von Waren uneingeschränkt wachsen lassen, ist es unvermeidlich, dass wir an die Grenzen unserer Ressourcen stoßen. Dann sind Konflikte und Kriege um ebendiese Ressourcen vorgezeichnet. Wir wissen aus den Studien zur sogenannten Glücksforschung, dass ein weiteres Anheben der Versorgung mit materiellen Gütern nicht zu einer weiteren Steigerung unserer Zufriedenheit führt.

Wirtschaften wir intelligenter, umweltschonender und sozial verträglicher. Mit besseren Produkten und weniger Verschwendung. Keine schlechte Perspektive. Versuchen wir nicht länger, die Grenzen expansionistisch weiter zu verschieben. Wir haben es nicht nötig, es bringt uns nicht weiter, aber wir riskieren mittlerweile unser Überleben.

Wie jede politische Opposition sollte auch die Wirtschaftsopposition in der Lage sein, Richtungsentscheidungen maßgeblich zu beeinflussen. Oder gar aus der Opposition zu treten und selbst die Mehrheit zu stellen. Das heißt nicht weniger als: Wir müssen bereit sein, die Ökonomie in die eigenen Hände zu nehmen. Wir müssen selbst Verantwortung übernehmen.

Aber ist das nicht ein wahnwitziges Unterfangen? Alternativen aufzeigen und sie auch leben, die anständiger, sozial verträglicher und weniger umweltschädigend sind? Genau diese Punkte waren die entscheidenden Argumente und die Motivation für die Gründung der Teekampagne – und es gibt sie seit über 30 Jahren. Uns wurde damals vorgehalten, das Experiment Teekampagne könne nicht gelingen. Wer verantwortungsbewusster, damit aber auch mit höheren Kosten antritt, könne im gnadenlosen Wettbewerb nur unterliegen.

Bleiben Sie also kritisch, wenn jemand von *cut throat competition*, von gnadenlosem Preiswettbewerb, spricht. Wir haben ja gesehen, wie viel »Luft« in den Preisen ist; wie viel mehr wir bezahlen, als sich aus Herstellungskosten plus Warenverteilungslogistik ergeben würde. In Wirklichkeit sind es meist andere Gründe, die zum Scheitern eines Unternehmens führen: Zu wenige Alleinstellungsmerkmale, zu geringe Qualität, zu niedrige Rücklagen, zu späte Anpassung an neue Bedingungen – das Scheitern eines Unternehmens kann viele Ursachen haben. Die Rede vom unerbittlichen Preiskampf ist meist nur eine Ausrede.

Es gibt viel zu wenige Unternehmen, und diese haben ein viel zu geringes Wettbewerbsbewusstsein, als dass in der Wirklichkeit einigermaßen vollständige Konkurrenz entstünde. Die Mehrzahl der Unternehmen versucht, sich dem Wettbewerb zu entziehen. Und es herrscht auch viel zu wenig Transparenz, um Produkte wirklich miteinander vergleichen zu können. Der Markennebel tut ein Übriges. Dass Wirtschaftsvertreter gern über gnadenlosen Wettbewerb klagen, ist noch lange kein Beleg für den Wahrheitsgehalt der Aussage. Und ganz nebenbei: Die meisten Discounter sind Milliardäre geworden.

Alternativen schaffen – ohne auf Mehrheiten warten zu müssen

Gegenüber dem politischen hat das ökonomische Engagement nicht zu unterschätzende Vorteile. Wenn Sie sich in einer Partei oder Organisation engagieren und Ihre Ideen verwirklichen wollen, brauchen Sie Mehrheiten. Damit kommen Sie notwendig in einen Prozess, der Kompromisse verlangt und in dem Sie gerade dann, wenn Sie ungewöhnliche Ideen einbringen, wenig Chancen haben, sich durchzusetzen. Gerade Menschen, die weit vorausdenken, Querköpfe oder Idealisten fällt die Mehrheitsbeschaffung naturgemäß schwer. Sie laufen Gefahr, sich an den Konventionen und Mainstream-Ideen zu zerreiben. Wir kennen dieses Phänomen aus der Anfangszeit der Grünen. Die eine Seite pocht auf die eigenen Prinzipien, die andere Seite denkt an Mehrheitsbeschaffung. Erbitterte, persönlich gefärbte Auseinandersetzungen sind die Folge.

Als Entrepreneur brauche ich nicht auf Mehrheiten zu warten. Was ein Entrepreneur braucht, sind Kunden. Und es reichen ein paar Handvoll davon.[90] Die allerdings muss er begeistern können, damit sie seine Botschafter werden und auf ihn aufmerksam machen. Mit ein paar hundert oder wenigen tausend Kunden wird er – je nach Produkt oder Dienstleistung – bereits zum kleinen mittelständischen Unternehmen. Das ist ein wichtiger Punkt: Alternativen sichtbar machen zu können, ohne dafür ein neues Gesetz zu brauchen, für das erst die politischen Mehrheiten beschafft werden müssten. Sondern gerade umgekehrt: Damit, dass das Neue sichtbar und überzeugend wirkt, kann man dazu beitragen, dass es wahrscheinlicher wird, entsprechende Mehrheiten zu bekommen.

Ein Beispiel: Fair Trade. Die Redeweise von der Verschlechterung der *terms of trade* zuungunsten der Entwicklungsländer war jahrzehntelang ein Topos in den Wirtschaftswissenschaften. Hätten wir auf die Politik und den Gesetzgeber gewartet, gäbe es heute noch keine Fair-Trade-Produkte. Fairen Handel bloß zu fordern half wenig. Man musste es *tun*. Es brauchte die Initiative von Menschen. Sie entwickelten ein Konzept für Fair Trade, das praktisch umsetzbar, sinnlich erfahrbar war und funktionierte. Erst dann änderte sich etwas. Erst dann verstummte das Argument, fairer Handel sei eine Utopie.[91]

Im Grunde beruht die ganze ökologische Bewegung auf dem Umstand, dass es Pioniere gab, die als informierte und engagierte Außenseiter ihr Anliegen sichtbar machten, ohne politische Mehrheiten hinter sich zu wissen. 1974 begann im südbadischen Dorf Whyl der politische Protest gegen die Atomenergie, 1978 startete in Dänemark eine Schule eine ökonomische Initiative für alternative Energien: die Tvind-Schule mit ihrer legendären Windmühle, damals das größte Windkraftwerk Europas. Erst mehr als 20 Jahre später wurde mit dem Erneuerbare-Energien-Gesetz der Vorrang solcher Energien in Gesetzesform gegossen.

Diese Positionierung weit vor dem Mainstream trifft sich gut mit den persönlichen Eigenschaften von Entrepreneuren. Sie sind selbst häufig Außenseiter. Das ist ein Vorteil. Jeder Fortschritt braucht Menschen, die nicht mit dem zufrieden sind, was es gibt. Menschen mit ökologischer, sozialer und künstlerischer Fantasie, gerade auch im Feld der Ökonomie. Menschen, die Lust am Experimentieren haben, die neue Spielräume ausloten, die neue Wege gehen und damit auch bessere Wege aufzeigen.»Gesellschaftliche Veränderung fängt immer mit Außenseitern an, die spüren, was notwendig ist«, sagte der Zukunftsforscher Robert Jungk.

Avantgarde bezeichnet die künstlerischen Aufbrüche, das Einreißen von Grenzen, den Bruch mit dem, was vorher war, die Öffnung zu etwas Neuem. Genau dies brauchen wir, wenn wir Leitbilder für eine neue ökonomische Epoche formen wollen. Leitbilder auch für einen nachhaltigen Konsumstil, der die Ressourcen unseres Planeten nicht überfordert.

Als Entrepreneur sind Sie vom Mainstream unabhängig. Anhänger für eine kleine, überschaubare Sache zu finden ist leichter, als Menschen von großen gesellschaftlichen Neuentwürfen zu überzeugen. Zeigen Sie Ihre Alternative. Führen Sie sie vor. Machen Sie sie sinnlich erfahrbar. Das schafft eine ganz eigene Qualität. Argumente allein bleiben abstrakt und reizen zu Gegenargumenten. Neues dagegen zu erfahren und mit allen Sinnen erfassen zu können hat viel mehr Überzeugungskraft.

Ich kann mich noch erinnern, es muss Anfang der 70er-Jahre gewesen sein, dass ich von einer Aktion hörte, die wie keine andere verdeutlicht, was es heißt, Alternativen sinnlich erfahrbar zu machen.

Es beginnt mit einem Traum. Eine Gruppe junger Menschen träumt davon, wie gut es sich in ihrer Straße leben ließe, wenn sie nicht mit Autos zugeparkt wäre. Eine Idee reift heran. Sie wird zum Plan. Der Plan hat eine Verschwörung zum Inhalt. Eine kleine Verschwörung nur, aber eine folgenreiche. Der erste Teil besteht darin, alle Parkplätze der Straße mit eigenen Fahrzeugen zu besetzen. Es dauert eine Woche, bis das gelingt. Dann folgt der zweite Teil, die Aktion. Alle geparkten Autos werden gleichzeitig aus der Straße weggefahren. Die Gruppe blockiert die Zufahrten. Die Straße ist jetzt frei. Die Anwohner erleben, wie eine Straße aussieht, begangen, bespielt werden kann – ohne Autos. Eine andere Realität, eine Alternative wird mit allen Sinnen erfahren. Freunde und Bekannte sind eingeladen. Ein Fest entwickelt sich. Dann kommt die Polizei.

Was damals als kleine subversive Aktion begann, hat inzwischen weltweit den Durchbruch geschafft.
Der Name: Fußgängerzone.

Der Citoyen als Entrepreneur

Wir bauen auf Menschen, die in ihrem Gemeinwesen verankert sind und sich dafür engagieren. Früher nannte man einen solchen Menschen, etwas anspruchsvoll und hochtrabend vielleicht, den Citoyen. In der europäischen Geschichte spielte er von der Renaissance bis heute eine unverzichtbare Rolle. Der Citoyen als Bürger, der vielseitig interessiert ist und eine Vorstellung vom guten Leben hat, sowohl für sich allein als auch als Mitglied der Gesellschaft. Zu diesem guten Leben gehören gute Beziehungen, gute Gespräche, gutes Gewissen. Der Citoyen liebt die

Kunstbetrachtung, den Austausch darüber und die Anregungen, die er dabei gewinnt. Kurz: Er ist ein aufgeschlossener, mündiger Bürger.

Wir bauen auf diese Tradition. Auf den aufgeklärten Menschen, der sich am politischen Geschehen beteiligt, an den Problemen, Fragen und Lösungen seiner Zeit. Robert Jungk rief den Citoyen auf, sich in seinem Gemeinwesen zu engagieren. Aktiv zu werden für gesellschaftlich drängende Anliegen, die von den politischen Institutionen nicht aufgegriffen werden. »Es ist notwendig, dass wir alle den Mächtigen immer wieder zeigen und sagen: So nicht! So nicht!« Der Begriff »Bürgerinitiative« ist untrennbar mit Robert Jungk verbunden. Misch dich ein heißt: Überlasse die gesellschaftliche Entwicklung nicht den Technologieexperten, Politikern oder Ökonomen.

Wenn es um neue Technologien geht, ist es inzwischen akzeptiert, dass die damit aufgeworfenen gesellschaftlichen Fragen nicht allein den Ingenieuren und Forschern überlassen werden sollten. Weil es immer auch Fragen der Risiko- und der Folgenabschätzung gibt, die von den Betroffenen anders beantwortet werden als von den Handelnden. Nicht alles, was machbar ist, macht die Welt besser. Für die Ökonomie trifft das in verstärktem Maße zu: Nicht alles, was Profit maximiert, macht die Welt lebenswerter.

Begreifen wir Robert Jungks Idee der Bürgerinitiative als Aufruf an uns alle, selbst initiativ zu werden. Entwickeln wir seine Forderung weiter, dergestalt, unternehmerisch im Konzert der Wirtschaft mitzuspielen. Die Bedingungen dazu sind heute gegeben. Die Gesellschaft braucht bessere, intelligentere Lösungen für die anstehenden Probleme. Warten wir nicht länger auf jemand anderen, der diese Probleme für uns löst. Heute ist es Zeit für den Zuruf: »Misch dich ein. In die Ökonomie!« Sie ist die maßgebliche Kraft unserer Zeit, die unsere Lebensumstände entscheidend prägt.

In dem Maße, in dem das ökonomische Kalkül immer mehr das gesellschaftliche Leben, die Politik, die Bildung, unsere Beziehungen und auch die Kunst beeinflusst, stellt sich auch für den Citoyen immer mehr die

Aufgabe, sich zur Ökonomie zu positionieren. Er kommt an der Auseinandersetzung mit der Ökonomie und ihren Folgen nicht mehr vorbei. Darauf kann er auf mehrere Arten reagieren. Eine davon: wegsehen; die Ökonomie und ihre Zumutungen ignorieren. Das ist nicht sehr aussichtsreich, und Wegsehen ist auch nicht sein Stil. Eine andere Möglichkeit: sich einigeln. Die Mauern um Haus und Kopf hochziehen, um die Ökonomie auf Distanz zu halten. So verhalten sich viele; sie laufen damit allerdings die gleiche Gefahr wie jeder, der sich nur passiv verhält: Auf Dauer finden die aggressiven Kräfte doch einen Weg hinter die Mauer. Oder die dritte Möglichkeit: kämpfen. Sich der Herausforderung stellen und Wege suchen, den zerstörerischen Tendenzen moderner Ökonomie Paroli zu bieten. Neue Wege suchen. Anders wirtschaften. Das Wichtige tun. Das sind Formen des Engagements, von denen ich glaube, dass sie zum neuen Bild des Citoyen gehören werden.

Eine aktive Mitwirkung als unternehmerisch denkender und handelnder Mensch. Aktive Mitwirkung als Entrepreneur. Nennen wir es Citizen Entrepreneurship.[92]

Es geht mir nicht darum, einen neuen komplizierten Begriff einzuführen, sondern zu beschreiben, dass der Citoyen in der Rolle des Citizen Entrepreneur eine besondere Eigenschaft aufweist, nämlich in die Ökonomie einzugreifen. In die Opposition zur vorhandenen wirtschaftlichen Entwicklung zu gehen. Damit wir das, was der technische Fortschritt ermöglicht, uns allen zugänglich machen. Auch für unsere Kinder und Enkel.

Citizen Entrepreneurship

Citizen Entrepreneurship bedeutet auch, gegen die Auswüchse von Marketing und Konsum anzutreten, wie sie von der herkömmlichen Ökonomie verursacht werden. Es heißt, Rebell zu sein, sich aufzulehnen gegen eine immer mächtigere, virtuoser agierende Marketingmaschine.

Der Citoyen als Entrepreneur hat viele Möglichkeiten zu handeln. Vom direkten Einkaufen beim Hersteller über das Sharing, das Teilen von Ressourcen, bis zu Initiativen zur Vernetzung einer stärker regional ausgerichteten Ökonomie. Er kann Aufklärungsarbeit, Aktionen, Kampagnen betreiben. Er kann selbst etwas herstellen: von konventioneller Eigenarbeit bis zur Nutzung von 3-D-Druckern. Er kann sich als Social Entrepreneur im Not-for-Profit-Bereich engagieren oder als Social Business. Er kann als Pionier-Unternehmer Alternativen zur herkömmlichen Ökonomie und ihrem Marketing aufbauen.

Neben dieser aktiven Rolle gibt es auch eine passive Rolle. Mit jedem Geldschein, den wir in die Hand nehmen, so der Ökonom Hans Christoph Binswanger, stimmen wir darüber ab, welche Produkte sich am Markt durchsetzen. Das Problem hierbei ist, dass es in vielen Bereichen die Alternativen, die wir bräuchten, gar nicht gibt. So wie es nichts nützt, zwischen politischen Parteien wählen zu können, wenn keine dabei ist, die den eigenen Vorstellungen entgegenkommt. Unsere Geldscheine als Stimmzettel sind gut. Aber jemand muss die Alternativen schaffen. Und deshalb müssen *wir* aktiv werden. Müssen Alternativen sinnlich erfahrbar machen. Müssen uns mehr Wahlmöglichkeiten eröffnen.

Ein Entrepreneur neuen Typs

Citizen Entrepreneurship als Barriere gegen den wachsenden Einfluss einer seelenlosen Ökonomie. Als ökonomische Barrikade, die Leben und Gemeinschaft schützt. Der Citoyen als ein Entrepreneur, der den Gemeinschaftsgedanken stärkt; der hilft, der zunehmenden Anonymität in modernen Gesellschaften entgegenzuwirken.

So wie der »Old Economy« Ende des 20. Jahrhunderts in der »New Economy« mit dem Internet eine starke Konkurrenz erwuchs, stehen auch den »New Entrepreneurs« Möglichkeiten offen, die dem Unternehmertum alten Schlags überlegen sind. Der Unternehmer alter Prägung, typischerweise Mann, Alleskönner, heroisch, »durchsetzungsstark«, hat immer seltener Erfolg. Wir leben in einer anderen Zeit. Heute ist Teamfähigkeit wichtiger als autokratische Machtausübung. Die Zahl der Unternehmen und der unternehmerisch tätigen Menschen ist viel größer als früher. Das Feld ist auch für Normalmenschen zugänglich geworden. Die Töchter der Patriarchen übernehmen.

Stellen wir die Helden von gestern dorthin, wo sie hingehören: ins Museum. So wie es in anderen Bereichen der Gesellschaft auch geschehen ist: vom autoritären Herrscher zum rechenschaftspflichtigen, abwählbaren Politiker. Von der Militärkaste, Drill und bedingungslosem Gehorsam zum Bürger in Uniform. Von der Pauker-Pädagogik, mit körperlicher Züchtigung, zu einer schülerzentrierten, motivierenden Lernsituation. Von Göttern in Weiß zum Arztgespräch mit informierten Patienten.

Warum sollten ausgerechnet in einem so rapiden Änderungen unterworfenen Bereich wie der Wirtschaft die Formen und Anforderungen gleich geblieben sein? Es spricht alles dafür, dass auch in diesem Feld ein neuer Typus von Akteur, ein »New Entrepreneur«, im Entstehen ist – mit neuen Unternehmens- und Führungskulturen.

Abschied vom Klischee des Unternehmertums

Der Gedanke, dass die Zeit gekommen ist, dass viel mehr Menschen aktiv als Entrepreneure in das Wirtschaftsleben eingreifen, scheint mir zwingend. Ich gebe mich aber keinen Illusionen hin, wie realistisch dieses Ansinnen momentan ist.

Wenn ich mit Kollegen und Freunden darüber spreche, dass sie selbst unternehmerisch tätig werden sollten, und sie meiner Gedankenführung folgen, bleibt doch ihre Reaktion mehrheitlich negativ: »Ich, Entrepreneur werden? Das will ich nicht. Mich mit Profit beschäftigen. Mit Verkaufsstatistik, Buchhaltung und Rechnungswesen beschäftigen müssen? Das kann ich auch gar nicht. Fehlen mir völlig die Voraussetzungen.« Mein Zureden, dass dies doch Klischees von Unternehmertum seien, wie wir sie längst überwinden können und in manchen Bereichen auch schon sichtbar überwunden haben, dringt nicht sehr tief. Beim nächsten Mal kommen die gleichen Einwände wieder.

Ja, die alten Bilder sind stark. Sind in die Kunst- und Kulturgeschichte eingegangen. Gerhart Hauptmanns *Die Weber* etwa oder Käthe Kollwitz' Bilder von abgehärmten Menschen aus der Frühzeit der Industrialisierung. Aber es sind Bilder, die nicht mehr zutreffen. Unsere Realität ist eine andere.

Es könnten viel mehr Menschen Entrepreneur sein. Sie sind es im Grunde längst. Wir unternehmen vieles, wir benennen es nur nicht so. Weil es wie selbstverständlich passiert, weil wir es Freizeit nennen, weil wir eine massive Grenze zwischen »etwas unternehmen« und »Unternehmen« ziehen.

»Muss man zum Unternehmer nicht geboren werden?«
Schon diese – häufig gestellte – Frage lässt erkennen, dass wir dem Unternehmersein eine besonders hervorgehobene Stellung zuschreiben. Nein, so alle einschlägigen Studien, man muss nicht zum Unternehmer geboren sein.[93] Die Vorstellung des Unternehmers als etwas Außergewöhnlichem, nicht jedermann Zugänglichem, stammt aus einer Zeit, als der Zugang zu Kapital, die Führung und das Management einer Großorganisation prägend waren. Der Entrepreneur modernen Typs hat nichts Herrschaftliches, Elitäres mehr an sich. Eine hoch arbeitsteilige Gesellschaft und ihre Komponenten, Wissen auf Knopfdruck oder neue Finanzierungsformen haben das Feld in radikaler Weise verändert. Arbeitsteilung funktioniert anders, Qualifikationsanforderungen sind andere als früher. Gründen aus Komponenten, Teamfähigkeit und flache Hierarchien schaffen eine neue Qualität.

Entrepreneurship hat in dem französischen Wort *entreprendre* seinen Ursprung, also »etwas unternehmen« oder »in die eigenen Hände nehmen«, und trifft damit den Kern der Tätigkeit: initiativ zu werden, einen Zustand *zu ändern*. So sperrig das Wort auch ist, wir kommen am Begriff »Entrepreneurship« nicht vorbei: Es gibt im Deutschen keine zutreffende Übersetzung. Auch *Gablers neues Wirtschaftslexikon* stellt fest, dass es für den international gebräuchlichen Begriff des Entrepreneurship im Deutschen kein Äquivalent gibt.[94]

Im Begriff »Unternehmertum« stecken, wenn man genau hinsieht, drei völlig unterschiedliche Funktionen, die man nicht länger in einen Topf werfen sollte: Der Unternehmer im klassischen Sinne war Kapitalgeber, er brachte die Idee für sein Unternehmen mit, und er organisierte die Firma. Drei Dinge gleichzeitig. Wie viele Menschen gibt es, die diese Anforderungen in einer Person erfüllen? Nicht viele. In einer arbeitsteiligen Gesellschaft können diese Funktionen von ganz unterschiedlichen Personen mit unterschiedlichen Fähigkeiten angegangen werden. Dies ist ein erster Grund, warum die Denkweise in »Unternehmertum« nicht mehr zeitgemäß ist. Einen zweiten, noch wichtigeren Grund finden wir bei Joseph Schumpeter, der in der Unternehmerfigur vor allem einen Angreifer sieht, der mit neuen Konzepten in den Markt geht und die bereits vorhandenen Unternehmen attackiert.[95] Das Bessere sei der Feind des Bestehenden. Schumpeter spricht daher von »schöpferischer Zerstörung«. Folgerichtig teilt er die »Unternehmer« in zwei Lager: die »Wirte« und die »Innovatoren«. Im ersten Lager seien die etablierten Firmen, die ihren Markt verteidigten, die Besitzstandswahrer, während die Antriebskräfte einer Volkswirtschaft aus dem zweiten Lager kämen, den Angreifern, die mit besseren Produkten oder Verfahren in den Markt drängten. Es handelt sich also um zwei feindliche, einander diametral gegenüberstehende Gruppen. Will man diese Konstellation und die ihr innewohnende Dynamik zutreffend beschreiben, ist der Begriff »Unternehmertum« völlig untauglich. Die beiden Lager haben unterschiedliche Interessen, sie verfolgen unterschiedliche Ziele und wenden unterschiedliche Strategien an. Was sich derart stark unterscheidet, kann man nicht unter einen Hut stecken.
Auch was die Denkweisen und Arbeitsformen angeht, hat der Gründer mit Kapuzenjacke und Turnschuhen wenig gemeinsam mit der Aura der Herren in teuren Büros, im Maßanzug und elegantem Schuhwerk.
Überkommene Vorstellungen, unzulässige Vereinfachung und wenig attraktiv für unkonventionelle Talente – gute Gründe also unsere Bilder und unseren Begriff von »Unternehmertum« dorthin zu stellen, wo sie hingehören: ins Museum.

Wir können nicht erwarten, mit den hergebrachten Vorstellungen von Unternehmertum und dem damit einhergehenden engen personellen Korsett das Talent-Potenzial einer Gesellschaft auszuschöpfen.

Entrepreneurship for the many, not for the few

Versuchen wir, den Weg zu skizzieren, wie wir uns dem gesellschaftspolitischen Ziel nähern können, mehr Entrepreneure hervorzubringen. Wir müssen uns nicht mit dem Status quo abfinden, sondern wollen darüber hinaus das Potenzial ausloten, also die Differenz zwischen dem Vorfindbaren und dem Möglichen aufspüren.

Für die Teilhabe an Ökonomie trifft diese Überlegung ganz besonders zu. Glaubt man der konventionellen Auffassung, kommt heraus, dass die Höhe der Kapitalausstattung und die Qualität des Managements ausschlaggebend für den Erfolg sind. Das ist – bestenfalls – der Status quo. Wir könnten es bei dieser Feststellung belassen. Dann bliebe den meisten Menschen der Zugang verschlossen. Oder wir versuchen, neue Wege zu finden, wie wir das Potenzial für Engagement in der Ökonomie erweitern können.

Wenn wir Entrepreneurship für viel mehr Menschen zugänglich machen wollen, müssen wir den Weg begehbarer machen, müssen bei den Gründern ansetzen, also von den Menschen ausgehen – von ihren Neigungen, ihren Talenten und Fähigkeiten. Und dürfen diesen Ansatz nicht auf jene Teilgruppen von Personen beschränken, die heute bereits ein Unternehmen gründen, sondern müssen jene Menschen anvisieren, die gerne »etwas unternehmen« – von der kleinen Party über die Fahrradtour bis hin zu einem größeren Projekt. Während das »große U«, sprich: ein Unternehmen, für die meisten unerreichbar scheint, ist das »kleine u«, sprich: etwas unternehmen, nicht nur allgemein als positiv akzeptiert und für die meisten Menschen wünschenswert, sondern auch alltäglich.

Was ist so außergewöhnlich am Unternehmerischen? Wo liegt der Unterschied, ein Fest zu organisieren, sich auf einen Marathon vorzubereiten oder ein kleines Unternehmen zu gründen? Es ist an der Zeit, das Thema unbefangener anzugehen. Wir sprechen nicht über die Steuerung eines Großunternehmens – wofür die Betriebswirtschaftslehre geschaffen wurde. Man muss als Gründer nicht gleich BWL beherrschen. Eine alleinerziehende Mutter mit zwei Kindern entwickelt oft mehr Organisationstalent als so mancher Master of Business Administration (MBA). Sie muss kein Großunternehmen managen können. Aber eine einfache, kleine Unternehmung zu überschauen ist eine ganz andere Sache.

Aber, werden Sie sagen, ein Unternehmen hat doch einen völlig anderen Charakter, rechtlich, organisatorisch, in seiner Schriftlichkeit, in seinem Verwaltungsaufwand. Diese Grenzziehung steckt tief in unserem Bewusstsein. Real ist sie sehr viel geringer. Arbeitsteilung und Digitalisierung vereinfachen die Abläufe, lassen sie leichter beherrschen. Das gilt ganz besonders für die Phase der Gründung. Solange ich mich im informellen Bereich des eigenen Freundeskreises oder der Nachbarschaftshilfe bewege, kann vieles auch ganz entfallen.

Entrepreneurship hat eine emanzipatorische Dimension

Wenn es uns gelänge, den Schritt vom kleinen u zum großen U zu erleichtern und dabei deutlich zu machen, dass dieser keineswegs so groß ist wie traditionell angenommen, würde Entrepreneurship eine emanzipatorische Perspektive eröffnen, die den ganz überwiegenden Teil der Bevölkerung erfassen könnte.

Etwas Vergleichbares ist im Bereich der Bildung bereits gelungen. Bildung war in der Geschichte zunächst ein Privileg weniger Auserwählter. Die Durchsetzung allgemeiner Bildung war eine politische Forderung, ein Ruf nach Emanzipation aus Unwissenheit und Unmündigkeit. Es ging nicht nur um den Erwerb von Kenntnissen zur Bewältigung von Arbeit und Alltag, sondern auch und vor allem um die Einlösung der Forderung nach Chancengleichheit und Teilhabe am wirtschaftlichen und gesellschaftlichen Fortschritt. Neben Nützlichkeitserwägungen war immer auch die emanzipatorische Funktion präsent. Bildung ermöglichte Durchlässigkeit durch vormals feste Barrieren in Bereiche, die ohne sie verschlossen waren.

Analog lässt sich für Entrepreneurship argumentieren. Es ist mehr als nur Business, es hat auch eine emanzipatorische Dimension. Entrepreneurship kann ein Instrument für mehr Chancengleichheit werden und den Zugang zu einem Bereich öffnen, der bisher nur einer Elite vorbehalten war. Die Idee des Rechts auf Bildung kann man durchaus auch übertragen auf das Feld der Wirtschaft: aktive Teilhabe an der Ökonomie als Bürgerrecht. Eine rein betriebswirtschaftliche Betrachtungsweise übersieht diese emanzipatorischen Potenziale von Entrepreneurship.

Orientieren wir uns an den Gedanken der Aufklärung. An ihrem Glauben an Rationalität und Bildung und ihrer Hoffnung, dass daraus eine humanere Welt entstehen könne – mit Chancen für alle, ungeachtet von Geburt und Vermögen, Rasse und Geschlecht. Entrepreneurship könnte der Weg sein, um dieses Versprechen der Aufklärung zur wirtschaftlichen Selbstverwirklichung zu erfüllen. »Ein leerer Sack kann nicht aufrecht stehen«, so Benjamin Franklin – ohne wirtschaftliche Emanzipation erreichen wir keine persönliche Emanzipation.

Wie können wir eine Welt des Entrepreneurship schaffen, in der individuelle Fantasie und Leistung anerkannt und belohnt werden, aber die Früchte solcher Bemühungen auch der Gemeinschaft zugutekommen?[96] Muhammad Yunus sieht in Mikro-Entrepreneurship den entscheidenden Hebel, benachteiligte Bevölkerungsgruppen aus wirtschaftlicher Abhängigkeit und Unterdrückung zu lösen. Yunus argumentiert, dass Bildung allein dafür nicht ausreicht. Mit seinem Programm der Mikrokredite konnte er zeigen, wie es gelingen kann, ökonomisch benachteiligte Menschen, insbesondere Frauen, erfolgreich in den wirtschaftlichen Prozess einzubeziehen – nicht nur, um ihre ökonomische Situation zu verbessern, sondern auch ihre Stellung in der Gesellschaft zu stärken.[97]

Hernando de Soto konnte zeigen, dass die Armen und Hilfsbedürftigen nicht notwendigerweise Almosenempfänger sein müssen. Der »informelle Sektor«, so sein Begriff, sei im Kern Mikro-Entrepreneurship, wenn auch

unter schwierigen Bedingungen. Das Defizit liege nicht etwa in fehlenden unternehmerischen Qualifikationen der Armen, sondern im mangelnden Zugang zum offiziellen, legalen Sektor der Ökonomie.[98]
Aber auch in den entwickelten Ländern sind wir von einer relevanten Teilhabe am unternehmerischen Sektor, von Alternativen zu abhängiger Beschäftigung, von ökonomischer Mündigkeit und der Partizipation an einem entscheidenden Bereich der Gesellschaft noch weit entfernt.
Erst wenn das Wirtschaftsgeschehen für die meisten Menschen verständlich und zugänglich geworden ist und viel mehr Menschen als heute diese Möglichkeit auch aktiv wahrnehmen, haben wir das Ziel der Aufklärung erreicht: Menschen auch im Feld der Ökonomie mündig zu machen und sie in die Lage zu versetzen, offen, selbstbewusst und mutig in einer Gesellschaft mitzuwirken, in der die entscheidende Frage nach wirtschaftlicher Gestaltung nicht länger durch die wirtschaftliche Macht von wenigen bestimmt wird.
Es mag in vielen Ohren noch wie eine Utopie klingen. Aktive Mitwirkung auf dem Feld der Ökonomie, prinzipiell offen für alle Mitglieder der Gesellschaft. Aber es hat Aussicht, zur Selbstverständlichkeit zu werden, so wie es mit der politischen Partizipation geschah. Das Ziel wäre eine *Entrepreneurial Society* – aber nicht im Sinne der Ökonomisierung der Gesellschaft, wie sie momentan stattfindet. Auch nicht in der Art eines Unternehmertums, das über Gewinnmaximierung und Rücksichtslosigkeit gegenüber Mensch und Natur die Grundlagen und den Kitt einer Gesellschaft zerstört.

Social Entrepreneurship als Grundlage

Sehen wir uns genauer an, wie wir unter heutigen Voraussetzungen aktiv am Wirtschaftsgeschehen teilhaben können. Auch jetzt schon existiert ein Bereich unternehmerischer Tätigkeit, in dem sowohl die geltenden Wertvorstellungen wie auch die handelnden Personen erkennbar anders sind als in der konventionellen Wirtschaft. Ich spreche vom Bereich des Social Entrepreneurship.

Die Idee, unternehmerisches Denken und Handeln zu nutzen, ohne Profitmaximierung damit zu verbinden, trifft weltweit auf großes Interesse und Zustimmung. Die positiven Werte des Unternehmerischen – Ziele zu erreichen, praktisch effizient zu organisieren, finanzielle Mittel sparsam einzusetzen – werden bejaht, aber ohne den Ballast der Gewinnmaximierung mitzuübernehmen. So etwas wie Richard Branson und Mutter Teresa in einer Person. Wir brauchen – so der Grundgedanke des Social Entrepreneurship – Menschen, die mit *entrepreneurial spirit* neue Antworten auf komplexe soziale Probleme finden und umsetzen.

Nur bei oberflächlichem Hinsehen sieht es also so aus, dass die unangepassten, die kreativen, die künstlerischen Menschen nicht für Ökonomie zu begeistern wären. Genauer betrachtet muss das nicht richtig sein. Die Popularität, die Social Entrepreneurship in letzter Zeit gewonnen hat, deutet darauf hin, dass das Interesse an und das Verständnis für Entrepreneurship wächst, aber die Formen und Denkweisen der konventionellen Ökonomie abgelehnt werden. Wir erleben hier eine Bejahung des *entrepreneurial spirit* für die Lösung gesellschaftlicher Probleme.

»Social Entrepreneurship ist für die Entwicklung von Gesellschaften genauso wichtig wie Entrepreneurship für die Entwicklung der Wirtschaft. Wir sollten diesem Bereich viel mehr Aufmerksamkeit schenken als bisher«, so die Autoren Roger L. Martin und Sally Osberg.[99] Und Klaus Schwab, der Gründer des World Economic Forum, rief den Delegierten bei der Eröffnung des World Economic Forum on Africa 2017 in Durban zu, dass Social Entrepreneurs die Hoffnungsträger für eine bessere Welt seien.

Lassen Sie uns überlegen, wie wir diese neue Disziplin des Social Entrepreneurship in ihren Chancen und ihrem Bedingungsgefüge noch besser verstehen können.

Social Entrepreneurship – vom Rand der Gesellschaft in ihr Zentrum

Eines der Hauptmerkmale des Social Entrepreneurship ist bisher, dass es in Bereichen tätig ist, die außerhalb des Kerngebiets der Ökonomie liegen. Als soziales Anliegen wird das Engagement für Benachteiligte und Gruppen am Rand der Gesellschaft verstanden. Denken wir uns den Social Entrepreneur nun als jemanden, der nicht mehr am Rand der Gesellschaft in die Ökonomie eingreift, sondern in ihrem Kern. Sein Anliegen, gesellschaftliche Impulse zu geben, den Menschen zu helfen, bleibt bestehen – und sein Engagement kann damit allen zugutekommen. Er kann seinen Aktionsradius erweitern und damit seine Wirkung verstärken. Als Social Entrepreneur für alle erfüllt er die Aufgabe, die wir mit Citizen Entrepreneurship umschreiben.

Eine solche Aufgabenstellung kann auf eine lange Tradition zurückgreifen. Die Genossenschaftsbewegung hatte es sich in Teilen immer auch zur Aufgabe gemacht, ihre Mitglieder mit guten Produkten zu versorgen, jenseits der sonst vorherrschenden strikten Profitmentalität mit ihren negativen Auswirkungen auf Produkte und Menschen. Wenn wir zum Beispiel daran denken, die überhöhten Preise der Marken anzugreifen, sollten wir diese Tradition im Auge behalten.

Social Entrepreneurs sind geradezu prädestiniert, Möglichkeiten jenseits von Gewinnmaximierung zu denken und zu erproben – und verträglichere Businessmodelle zu finden. Die Idee des Carsharing beispielsweise geht darauf zurück, dass ein paar wenige gesellschaftlich engagierte Nonkonformisten ein Gespür dafür entwickelten, dass die Mehrheitsidee der autogerechten Stadt weder intelligent noch zukunftsfähig sei. Während professionell auf Effizienz geschulte Ökonomen sich nicht daran stören, dass Automobile 90 Prozent ihrer Existenz im Park- und Rostmodus verbringen, begann in den 60er-Jahren in Amsterdam eine Handvoll Andersdenkender damit zu experimentieren, wie Mobilität ohne eigenes Automobil funktionieren kann.

Nicht verbiegen lassen

Politik sei ein schmutziges Geschäft, dachten und denken nicht wenige Menschen. Und für Wirtschaft gelte das auch heute noch. Eine fatale Haltung. Wenn wir die Welt der Wirtschaft allein den Geschäftemachern überlassen, müssen wir uns nicht wundern, was dabei herauskommt. Gerade diejenigen von uns, die den Inhalten und Ergebnissen unserer Art des Wirtschaftens kritisch oder ablehnend gegenüberstehen, sind gefragt, sie zu ändern. Wer sonst sollte als *change agent* infrage kommen?
Aber die Hürden sind beträchtlich. Originalton einer Studentin, nennen wir sie Sonja, aus einer meiner Lehrveranstaltungen:

»Ihre Argumente sind ja überzeugend. Aber mich kriegen Sie nicht zum Gründen!«
»Warum nicht?«, frage ich.
»Dann werde ich ja auch so ein Schwein.«
»Ein Schwein? Wieso werden Sie ein Schwein?«
»Na, ist doch klar«, sagt sie.
»Was ist klar?«
»Man braucht Ellenbogen, Rücksichtslosigkeit. Man muss alle Register ziehen, um sich durchzusetzen.«

Was Sonja drastisch formuliert, ist die Grundüberzeugung vieler Menschen: »Wer sich anständiger, wer sich sozialer verhält als andere, scheidet aus.« Die Annahme hinter diesem Satz lautet: »Es herrscht knallharter Wettbewerb. Irgendwelche Extrakosten, etwa für bessere Behandlung der Mitarbeiter oder für einen verantwortungsvolleren Umgang mit der Natur, sind nicht tragbar und führen zum Unterliegen im Wettbewerb.«
Ich habe oben schon dargelegt, dass diese Annahme nicht stimmt. Sehen wir uns ein Beispiel aus der jüngeren Vergangenheit an.

Eigentlich hatte Anton Schlecker doch alles richtig gemacht. Als Kapitalist musst du deine Ellenbogen einsetzen, musst deine Angestellten möglichst gering bezahlen, die Gewerkschafter behindern, Kritik muss dir gleichgültig sein. Das ist das Erfolgskonzept des Kapitalisten, nicht wahr? So war er reich geworden. Doch im Januar 2012 ging Schlecker in Konkurs.
Wie das denn? Wo er doch alle Rezepte angewandt hatte, mit denen man sich im Kapitalismus durchsetzt. Irgendwas an der Geschichte muss falsch sein. Wie heißt es bei Wilhelm Busch so treffend: »... und daraus schloss er messerscharf, dass nicht sein kann, was nicht sein darf.« Es kann nicht sein, dass Schlecker pleitegegangen ist. Das Bild vom rücksichtslosen Kapitalisten ist in Gefahr.
Der Gegenspieler, der erfolgreichste deutsche Drogerie-Discounter, heißt dm. Dahinter steht Götz Werner, ein Idealist, der seine Mitarbeiter gut behandelt und am liebsten allen Menschen ein Grundeinkommen zukommen lassen will. So ein Spinner. Solche Leute haben im Kapitalismus doch keine Chance. Keine! Eher geht ein Kamel durch ein Nadelöhr, als dass ich mir einreden lasse, im Kapitalismus hätten neuerdings die Idealisten die Oberhand.

Man muss nicht sein Leben, seine Haltung, seine Überzeugungen ändern, um Entrepreneur zu werden. Es reicht, zu erkennen, dass Entrepreneurship heute für viel mehr Menschen zugänglich geworden ist und dass man ein Unternehmen gründen und betreiben kann, ohne sich verbiegen, ohne seine Verhaltensweisen und Werte aufgeben zu müssen.

Thales von Milet. Der unternehmerische Philosoph

Wenn wir vor unseren Augen Revue passieren lassen, bei welchem Berufsstand wir so gar nicht erwarten würden, dass er unternehmerisch tätig wird, fällt unsere Auswahl vermutlich auf den des Philosophen. Er scheint am wenigsten von den Fähigkeiten mitzubringen, die wir Entrepreneuren zuschreiben. Erstaunlich, dass schon der erste Philosoph des Abendlandes uns eines Besseren belehrt.

Thales war Philosoph, Mathematiker und Astronom. Seine Mitbürger verspotteten ihn dafür, dass er trotz seines Ansehens arm geblieben war und seine Philosophie offenbar zu nichts Praktischem taugte. Das wollte er nicht unwidersprochen lassen. So mietete er im Winter, als niemand an die nächste Olivenernte dachte, sämtliche Ölpressen. Als die Zeit der Ernte kam und viele Pressen gebraucht wurden, konnte er seine vorweg gemieteten Pressen so teuer verpachten, dass er viel Geld damit verdiente. Ein temporäres Unternehmen – aber höchst lukrativ.

Thales wollte die Meinung nicht hinnehmen, dass ein Philosoph zu unfähig sei für so etwas wie Ökonomie. Er unternahm etwas. Es waren seine Bildung und sein offener Blick auf seine Umwelt, die den Ausschlag gaben, die ihn ökonomisch erfolgreich machten.

Nehmen wir Thales als Vorbild. Wir alle können Ökonomie. Können es besser. Weil wir offener sind, sensibler und mehr Dimensionen wahrnehmen als nur Profit. Thales unterlag nicht der Magie der Nullen. Er mutierte nicht zum profitmaximierenden Geschäftsmann, trotz seines Erfolgs.

Deshalb: Schließen wir uns nicht aus! Eine »Kultur des Unternehmerischen« braucht ausdrücklich Menschen, die aus anderen Bereichen als der Ökonomie kommen und die andere Sichtweisen und Inhalte einbringen.

Parallelen zur Bildungsrevolution

Lassen wir uns nicht länger einschüchtern. Lassen wir uns nicht einreden, die Welt der Wirtschaft sei zwangsläufig eine Welt der Ellenbogen, der Ego-Riesen, der Geschäftemacher. Der rücksichtslose Kapitalist ist ein Auslaufmodell. Es geht auch anders. Anders? Soll heißen: Ganz normal, wie normale Menschen miteinander umgehen. Wie wir mit jedem, dem wir unvoreingenommen begegnen, umgehen.

Ja, es braucht Gegenspieler – Menschen, die gegen rücksichtsloses Wirtschaften antreten und Alternativen aufzeigen.

Auch hier scheint mir der Vergleich zum Bildungssystem erhellend. Als mit Beginn der Aufklärung der Ruf nach mehr Bildung lauter wurde, stieß dies bei den Konservativen wie auch in der breiten Bevölkerung auf we-

nig Resonanz. Kinder wurden für die Feldarbeit oder als Hilfe im Haushalt gebraucht; die herrschende Klasse, die Fürsten, ahnten, dass Bildung ihren Herrschaftsanspruch gefährden könne.
Es waren einige wenige Vordenker, die erkannten, dass Bildung ein entscheidender Schritt ist, die Lebensbedingungen der Menschen zu verbessern. Man hat sich also nicht darauf verlassen, dass die Fürsten, die Gutsbesitzer und Fabrikherren schon einsichtig und charmant genug sein würden, ihre Untertanen aufzuklären und handlungsfähiger zu machen. Erst die gesellschaftlichen Veränderungen, allen voran die zunehmende Industrialisierung, schufen den Druck, der zu mehr Bildungsanstrengungen führte – und etwas in Gang brachte, das im Rückblick als Bildungsrevolution eingestuft wurde.[100]
Heute kommt der gesellschaftliche Druck aus dem technischen Fortschritt und der Veränderung der ökologischen Verhältnisse. Die bisher erfolgreichen Sichtweisen passen nicht mehr in die Landschaft. Um Gewinne zu steigern – so das alte Denken –, braucht man höhere Umsätze, also quantitatives Wachstum. Gewinnmaximierung als oberstes Postulat sieht in der Schonung der Umwelt ein bestenfalls zweitrangiges Ziel, lässt sie sogar als Kosten eines Unternehmens erscheinen, die der Maximierung des Gewinns entgegenstehen. Lippenbekenntnisse bringen diesen Widerspruch nicht vom Tisch. Eine Abkehr von Wachstum und Gewinnmaximierung ist nicht in Sicht.
Ein weiterer Aspekt wird an der Geschichte des Bildungssystems deutlich. Die pädagogischen Methoden, mit denen Schule zunächst betrieben wurde, folgten Prinzipien, die den Akteuren aus anderen gesellschaftlichen Bereichen vertraut waren. Strikte Hierarchie etwa und Gehorsam gegenüber dem Vorgesetzten. Kritik an Autoritätspersonen oder Unterrichtsinhalten war nicht vorgesehen. Es herrschten Frontalunterricht, strenge Disziplin, Pauken und Wiedergabe von vorgegebenen Stoffen. Und es dauerte Jahrzehnte, bis in der pädagogischen Diskussion und Praxis Werte wie die Erziehung zu Kritikfähigkeit, das Hinterfragen von Inhalten, die Diskussion von Lehr- und Lernformen und das Eingehen auf die unter-

schiedlichen Persönlichkeiten der Lernenden und ihre spezifischen Bedürfnisse aufgegriffen wurden.
Auf dem Feld des Entrepreneurship ist es momentan nicht anders. Die alten Gewissheiten aus der Geschichte werden zunächst wie selbstverständlich beibehalten. Entrepreneure müssten in allen Bereichen eines Unternehmens kompetent sein und Kalkulation, Rechnungswesen, Steuern und Recht ebenso beherrschen wie Personalführung oder Marketing. Sie müssten ein Patent mitbringen, eine neue Technologie oder eine besonders clevere Geschäftsidee. Sie müssten viel Kapital auftreiben, mit Banken reden, Finanziers aller Couleur überzeugen. Vor allem aber ihr Unternehmen gut managen und kräftig die Werbetrommel schlagen. Kurz: ein Alleskönner, eine Mischung aus antikem Feldherrn, Technikgenie, hervorragendem Organisator und Marketingtalent.
Das wäre eine hoffnungslose Überforderung, und es wird völlig überzeichnet. Aber es ist exakt dieses Bild von Unternehmertum, das immer noch die Vorstellung der meisten Menschen prägt. Dass wir die Idee der Arbeitsteilung auch auf die Tätigkeit des Entrepreneurs anwenden können, ist im öffentlichen Bewusstsein noch nicht angekommen. Wie seinerzeit im Bildungssystem wird es Zeit brauchen, bis wir Entrepreneurship aus der Umklammerung alter Bilder und alter Denkmuster lösen und die aktive Teilnahme am Wirtschaftsgeschehen so selbstverständlich wird, wie die Teilhabe an Bildung es heute ist.

Diversity creates innovation

»Jeder Mensch ist ein Künstler.« Joseph Beuys meinte mit diesem berühmt gewordenen Satz nicht, dass jeder ein Bild von der Qualität eines Rembrandt malen könne, sondern dass jeder Mensch auf seine Weise und vor seinem Hintergrund einzigartig sei, in seinen Erfahrungen wie in seinem Denken. Wir alle verfügten über die Gabe der Neugierde und sähen Dinge anders als andere. Daher trage jeder Mensch einen schöpferischen Impuls in sich. Und so werde aus der Komposition des eigenen Lebens ein »Kunstwerk«. Beuys' Formel »Kunst = Kapital« sieht in den schöpferischen Fähigkeiten des Menschen das entscheidende Kapital für die erfolgreiche Gestaltung seines Lebenswegs.

Man kann Ökonomie als die schönste aller Künste begreifen: schöpferisches Gestalten, das zu Ort, Zeit und Person passt und eine tragfähige, dauerhafte ökonomische Perspektive eröffnet. Ein Ideen-Kind in die Welt bringen. Eines, das nicht nur der Stolz der Eltern ist, sondern sich für die Gesellschaft nützlich machen kann und das durch gute und preiswerte Produkte die Aufmerksamkeit auf sich zieht. Und nicht zuletzt ein Handeln, das vorhandene Probleme nicht verschärft, sondern durch breitere Partizipation auf unternehmerischem Wege zu neuen und besseren Lösungen beiträgt.

Fragen wir daher, wie wir unsere Talente und Fähigkeiten einbringen, aber auch Potenziale, die uns nicht bewusst sind, erkennen und nutzen können. Schöpferische Kraft ist kein Privileg für wenige. Wir alle sind kreativ, schon als Kinder.

Betrachten wir also das Thema Innovation – und entzaubern den Begriff ein wenig. Zunächst, indem wir fragen: Welchen Beitrag können wir alle, nicht nur wenige Spezialisten, in Sachen Innovation leisten?

In einer Zeit, in der vor allem die Stars die Aufmerksamkeit und Bewunderung auf sich ziehen, geraten diejenigen, die sich kreativ und enthusiastisch aufgemacht haben und dennoch das Siegertreppchen verfehlten oder nicht einmal in dessen Reichweite kamen, schnell aus dem Blick. Sie sind es aber, die ein Wirkungsferment und die Gärhefe des Systems darstellen und damit auch Voraussetzung und Garant der Entwicklung sind. So wie es ohne das Fitnessbewusstsein, ohne den Breitensport auch weniger Spitzenleistungen gäbe.

Das gilt auch im Bereich der Kunst. Dass Künstler, auch wenn sie nicht berühmt werden, einen wichtigen kulturellen Beitrag für die Gesellschaft leisten, ist anerkannt. Daher braucht es eine Gegenstimme, die, wie im Sport oder in der Kunst, nicht einer einseitigen Förderung von Spitzenleistungen das Wort redet – schon gar nicht, wenn fast nur noch eine einzige Disziplin gefördert wird. Beim Entrepreneurship ist das der Hightech-Bereich. Intelligente Förderung sieht anders aus.[101] Sie berücksichtigt alle drei Dimensionen: Spitze, Breite und Tiefe. Fördert ein Verständnis des Unternehmerischen als etwas Naheliegendem – dass wir »etwas unternehmen«, für uns und andere, als selbstverständlicher als bisher betrachten sollten.

Auch für eine Kultur des Unternehmerischen gilt: Lassen wir viele Blumen blühen. *It's diversity that creates innovation.* In der Natur ist es nicht anders. Die Diversität führt dazu, dass die Fähigkeiten zur Anpassung an sich verändernde Bedingungen steigen, dass über Versuch und Irrtum neue Kombinationen und neue Wege gefunden werden.

Informell, offen, unangepasst

Innovation sei nicht den Ingenieuren, Informatikern oder anderen Wissenschaftlern vorbehalten, sagt Eric von Hippel, Professor für Innovation am MIT in Boston. Wir alle seien aufgerufen, mit unserer Neugier, unserer Kreativität, unserem Spieltrieb und vielen anderen unserer Eigenschaften anders zu denken und nützliche Veränderungen zu initiieren.

Der Professor gilt in den USA als Innovationspapst. Als ich ihn besuche, überrascht mich sein Arbeitszimmer auf seltsame Weise. Der Raum wirkt wie eine Mischung aus Wartehalle eines Vorstadtbahnhofs und Kinderzimmer. Alles macht einen unaufgeräumten Eindruck. Sachen liegen herum, manches könnte Spielzeug sein, vielleicht sind es auch Prototypen. In den Ecken sieht man Schlafsäcke. Ich scheine nicht der Erste zu sein, der von Hippel an diesem Ort verwundert anblickt. »Innovation passiert im informellen Rahmen«, sagt er, »nicht in formellen Strukturen.« Eine ganze Reihe von Leuten würde sich in den Räumen aufhalten, manche auch übernachten – daher die Schlafsäcke. Man könne vorher nie wissen, wer von ihnen eine entscheidende Idee einbringe, einen Durchbruch in seiner Entwicklungsarbeit erziele. Er selbst beurteile Menschen danach, ob sie ein Anliegen verfolgten, mit Leidenschaft bei der Sache seien. Unter den Menschen, die sich momentan in den Räumen aufhielten, sei auch ein Einzelgänger, der mit niemandem ein Wort wechsle. Es würde von Hippel nicht erstaunen, wenn sich herausstellte, dass es ein Obdachloser sei, der sich eingeschlichen habe. Er würde aber auch nicht überrascht sein, wenn dieser Mann eines Tages für den Nobelpreis vorgeschlagen würde. Er sei hinter etwas her, das spüre man.

Das Geheimnis der Innovation sei Informalität, sagt von Hippel. Es sei der informelle Rahmen, der uns weiterbringe. Die Ecke mit der Kaffeemaschine zum Beispiel. Da treffe man sich wie von selbst und tausche sich aus, auf sehr produktive Weise. In einer solchen Atmosphäre würden Probleme viel offener, ehrlicher und effizienter besprochen als auf wissenschaftlichen Kongressen oder in Journalen. Eric von Hippel plädiert für mehr Offenheit, für eine breitere Kultur der Innovation.

Citizen Science

Innovation, so die verbreitete Auffassung, sei etwas für Spezialisten, für Experten, die in ihrem Fach ganz vorne sind, für Exzellenzuniversitäten oder leistungsfähige Forschungseinrichtungen. Dabei gibt es gute Beispiele, wie es auch anders geht.

Unter dem Begriff »Citizen Science« hat sich in jüngerer Zeit die Beteiligung interessierter Laien an Forschungsprojekten etabliert. Man kann in der Astronomie neue Sterne suchen, auf Satellitenbildern die Zerstörung des Regenwaldes kartieren oder Tiere in freier Wildbahn beobachten – Millionen von *citizen scientists* beteiligen sich inzwischen an solchen partizipatorischen Projekten. Zum Teil legen Wissenschaftler ihre Projekte bewusst so an, dass sie den Enthusiasmus der Amateure nutzen können.

Ich bin auf diesen Punkt einer breiteren Möglichkeit der Partizipation zum ersten Mal gestoßen, als ich von der Geschichte eines Archäologieprofessors hörte, der für seine Ausgrabungen Laien engagiert hatte. Er berichtete, wie hoch motiviert diese trotz der anstrengenden Arbeit gewesen seien, weil es ihnen möglich war, an einem wissenschaftlichen Ausgrabungsprojekt mitzuwirken.

Wenn es möglich ist, selbst an so etwas Anspruchsvollem wie Wissenschaft teilzuhaben, wie viel leichter sollte es da sein, im Bereich der Wirtschaft zu partizipieren und Citizen Entrepreneurship zu betreiben. Schließlich geht es nicht um wissenschaftliches Arbeiten mit hohen akademischen Ansprüchen, sondern um Markt und Kunden – Dinge, die viel weniger auf strengen wissenschaftlichen Standards beruhen, sondern eher Einfühlungsvermögen für menschliche Bedürfnisse verlangen. Oder, um mit Frithjof Bergmann zu sprechen, Intuition dafür, was wir wirklich, wirklich wollen. Das sind Dinge, die näher an unserem Alltag liegen und uns viel besser vertraut sind als wissenschaftliche Forschung.

Wir brauchen Suffizienzinnovationen

Für die gewaltigen Aufgaben, vor denen wir stehen, brauchen wir nicht nur intelligente Innovationen, sondern auch einen erweiterten Innovationsbegriff. Ein Verständnis von Innovation, das Konzepte einbezieht, die uns helfen, mit weniger Konsum auszukommen, ohne dass wir dies als schmerzhaften Verzicht erleben.

Nennen wir es »Suffizienzinnovation«. Sie steht dem gegenüber, was wir bisher als Innovation favorisieren – die Effizienzinnovation. Damit lehnen wir uns an einen Begriff aus der ökologischen Debatte an, der in Deutschland 1993 von Wolfgang Sachs geprägt wurde: die Suffizienzrevolution. Ihr Grundgedanke ist, zu hinterfragen, welche persönlichen, sozialen und politischen Bedingungen einer Orientierung an maßvollem Verbrauch im Weg stehen und wie sich diese Hemmnisse überwinden lassen. »Einer naturverträglichen Gesellschaft«, so Sachs, »kann man in der Tat nur auf zwei Beinen näherkommen: durch eine intelligente Rationalisierung der Mittel wie durch eine kluge Beschränkung der Ziele. Mit anderen Worten: Die Effizienzrevolution bleibt richtungsblind, wenn sie nicht von einer Suffizienzrevolution begleitet wird.«[102]

Heute besteht das Schwierige nicht mehr darin, Dinge effizient herzustellen. Aber welche Bedingungen müssten wir schaffen, damit es uns leichter fällt, auf Dinge verzichten zu können?

Unternehmen und ihre Marken mögen uns viel versprechen. Aber wir können nicht erwarten, dass sie von sich aus ihre Existenzgrundlage aufgeben. Wenn es uns mit den Suffizienzinnovationen ernst ist, dann werden wir dafür neue Akteure im Feld der Wirtschaft brauchen.

Der Citoyen bringt gute Voraussetzungen dafür mit. Er ist nicht durch das Erhaltungsinteresse eines Unternehmens eingeengt, sondern offen für die Herausforderungen der ihn umgebenden Gesellschaft.

»It's about passion«

Wie kommt die Innovation in die Welt? »It's about passion«, sagen erfolgreiche Entrepreneure. Es geht um die Lust, neue Wege zu suchen und zu beschreiten, aber auch Sinn zu finden und bei sich selbst zu sein. Ideenkinder zur Welt bringen.

Im Kern geht es um Gestaltung. Wir entwerfen und gestalten unser eigenes Leben und nehmen damit Einfluss weit über uns selbst hinaus, ob wir das wollen oder nicht. Der Mensch ist nicht nur Homo oeconomicus, sondern auch *zoon politikon*, ein soziales Wesen. Das Streben nach Glück ist mehr als nur Maximierung des Konsums, die Suche nach dem eigenen Nutzen ist mehr als nur Profitmaximierung.

Die Leidenschaft für ein soziales Anliegen beißt sich nicht damit, es auf unternehmerische Weise anzugehen. Man wechselt die Sichtachsen und kann so zu neuen Denkanstößen kommen. Es erleichtert auch das eigene »Unternehmen«, wenn man effizient organisiert oder gar eigene Einnahmen generiert, ohne das soziale Ziel dabei aus den Augen zu verlieren. Sich im Non-Profit-Bereich zu bewegen, um sich den Versuchungen der profitorientierten Geschäfte zu entziehen, ist wenig schlüssig oder attraktiv, wenn man stattdessen in die Abhängigkeit von Spendern und Sponsoren gerät. Aus diesem Grund hat mir die Trennung von Business Entrepre-

neurship und Social Entrepreneurship noch nie eingeleuchtet. Beide Aspekte einzubringen eröffnet nicht selten Perspektiven, die weder allein im Social Entrepreneurship noch allein mit Businessmethoden erkennbar wären.
Sehen wir uns dazu die folgende Geschichte an.

Steve, gut bezahlter Manager und in der Welt der Wirtschaft zu Hause, hält sich fit. Im Central Park von New York trainiert er regelmäßig. Die Welt ist für ihn in Ordnung. Sein Lauf- und Arbeitspensum und sein Privatleben bewegen sich in festen Routinen.

Ein Tag wie jeder andere. Steve läuft im Central Park gegen die Uhr. Diszipliniert. Eine Gruppe Jugendlicher, weniger diszipliniert, überfällt Steve und schlägt ihn zusammen. Er landet im Krankenhaus. Für zwei Wochen. Er ist wütend über das Vorgefallene. Kann man Verständnis für die Jugendlichen aufbringen? Schwerlich. Braucht es nicht mehr öffentliche Sicherheit, mehr Polizei, härtere Strafen zur Abschreckung? Steve gehen diese Gedanken durch den Kopf.

Aber könnte man das Problem der Jugendkriminalität nicht auch anders angehen? Statt mit Polizei und Gerichten? Versuchen, die Beweggründe der Jugendlichen nachzuvollziehen? Motive wie Lust auf Abenteuer; Mut, zu zeigen; zu testen, wie stark man ist; zu Geld zu kommen und als Sieger aus der Situation hervorzugehen? Steve fällt auf, dass dies Motive sind, wie sie auch zum Gründen eines Unternehmens gebraucht werden. Er entscheidet sich für etwas Mutiges und startet ein Projekt, das zu Kriminalität neigenden Jugendlichen helfen soll, ihr eigenes Unternehmen zu gründen. Steve wird Social Entrepreneur.

Schade, eine erfundene Geschichte, nicht wahr? So etwas kommt in der Realität nicht vor. Das Trauma des Überfalls, die Wut über das Geschehene, die konventionellen Lösungen – sie überwiegen.
Oder doch nicht? Steckt nicht in jedem von uns der Wunsch, ein bisschen anders zu sein, etwas Ungewöhnliches zu tun? Nicht den Konventionen zu folgen, sondern auszubrechen? Steve Mariotti – die Geschichte ist eben

nicht erfunden – gründet 1987 das »Network for Teaching Entrepreneurship« für Jugendliche, die Gefahr laufen, in die Kriminalität abzurutschen. Innerhalb kurzer Zeit wird das Unternehmen hocherfolgreich, erhält Auszeichnungen und hat inzwischen mehr als 500 000 Jugendliche in 18 US-Bundesstaaten und 10 weiteren Ländern erreicht.[103]

Von der Qual, die Dinge einfach zu halten

Der Gedanke der Einfachheit kann sich auf hohe Autorität berufen. Es war Leonardo da Vinci, der einen komplexen Sachverhalt auf den Begriff brachte: »In der Einfachheit liegt die höchste Vollendung.« Das Paradox dabei ist, dass viel Gedankenarbeit nötig ist, um Dinge einfach zu halten, ferner tiefes Verständnis der Sachverhalte und Souveränität in der Behandlung des Problems. »Um Einfachheit zu erreichen, braucht man viel Planung und Wissen«, sagt Francis Kéré, der Architekt, der für Christoph Schlingensief das »Operndorf Afrika« entwarf. Daher stehen einfache Darstellungen meist erst am Ende eines langen Denkprozesses, nicht am Anfang.

Beim Entrepreneurship ist es nicht anders. Der Einfachheit vorausgegangen sind in der Regel endlose Denkschleifen, aus denen sich irgendwann der Kernaspekt herausschält.

Eigentlich sah es nach Routine aus. Nichts Besonderes. Ein Unternehmen wollte mich als Redner zum Thema Entrepreneurship, und ich hatte zugesagt. Ein Standardvortrag für mich. Viel zu spät – auf dem Weg zu 3M, einem weltweit tätigen Technologiekonzern – entnehme ich dem Programm, dass mein Vortrag Teil eines »Innovation Summit« ist. Technologische Innovationen. Große Namen. Mir wird mulmig zumute. Verdammt, warum komme ich erst jetzt dazu, die Unterlagen anzusehen?!

Ich werde in die erste Reihe gesetzt, neben den Firmenchef. Die Figur des Felix Krull, des Hochstaplers in Thomas Manns Roman, geht mir durch den Kopf. Was gäbe ich darum, weiter hinten zu sitzen und ein ganz normaler Teilnehmer zu sein! Professor Gassmann aus St. Gallen führt zum Thema Technologieinnovation ein. Kurz, prägnant, unterhaltsam. Mein mulmiges Gefühl wird stärker. Peter Sander, Vizepräsident von Airbus Innovation, berichtet, wie sich Technologie »anfühlt«, wenn man in einem umkämpften Markt Zehntausende von Mitarbeitern beschäftigt. Mit Höhen, Tiefen und Zitterpartien. Eine Achterbahnfahrt mit rasanter Geschwindigkeit. Über die enormen technischen und wirtschaftlichen Risiken. Spannend wie ein Kriminalroman und packend erzählt. Meine leise Hoffnung, mich gegen trockene, theorielastige Vorredner absetzen zu können, löst sich in Luft auf. Hier sprechen keine blutleeren Technokraten und Buchhalter. Langsam gerate ich in handfeste Panik. Soll ich ablehnen zu sprechen? Soll ich sagen, dass die Einladung an mich ein Versehen gewesen sein muss? Dass meine eigenen Gründungen völlig trivial sind im Vergleich zu so etwas wie Airbus? Ich würde am liebsten davonlaufen.

Nächster Redner ist Professor Günther Schuh von der hoch angesehenen RWTH Aachen. Eine Koryphäe auf dem Gebiet der Ingenieurwissenschaften und des Technologietransfers. Und wieder ein brillanter, mitreißender Vortrag. Wie Selbstverständnis und Selbstwertgefühl deutscher Ingenieure von der technischen Herausforderung her bestimmt werden. Wie in der Wahl zwischen zwei technischen Realisierungsmöglichkeiten der technisch hochwertigeren, wenngleich komplexeren Variante der Vorzug gegeben würde. Dass das »Over-engineering« zwar wissenschaftlich beeindruckend, aber wirtschaftlich ein Problem sei. Dass Lösungen oft viel zu komplex seien. Und dann sagt er, dass wir einfachere Lösungen finden müssen. Damit schließt er seinen Vortrag ab. Mir ist, als zünde jemand in der Finsternis meiner Verzweiflung ein Lichtlein an.

Ja, Einfachheit – dazu kann ich etwas sagen: zur Komplexität als Feind des Gründers. Und Beispiele zu einfachen Gründungen. Dass Technologie Mittel zum Zweck sei – gerade im Entrepreneurship – und nicht der Zweck selbst. Und dass das Überleben und der ökonomische Erfolg eines Start-ups an der Qualität des Gründungskonzepts hingen und nicht an der ingenieurwissenschaftlichen Brillanz der zum Einsatz gebrachten Technologie. Die Panik fällt von mir ab. Halbwegs geordnet bringe ich meinen Vortrag über die Bühne.

Großer Beifall. Positives Feedback in der anschließenden Pause. Irgendwie auch Bewunderung dafür, wie man mit einfachen, aber gut durchdachten Konzepten erfolgreich sein kann. Ja – dafür haben wir Sie eingeladen. »Und wir, mit unseren Höllenritten, mit enormem Aufwand und schwer überschaubaren Risiken, wir enden ja nicht selten mit hohen Verlusten.« Fantastisch, was man mit einfachen Konzepten erreichen könne.

Wie sagte Peter F. Drucker, der legendäre Managementdenker: »Nichts Kompliziertes funktioniert. Nur simple Dinge funktionieren.« Er plädiere für eine Aufteilung der großen multinationalen Konzerne. »Sie provozieren«, meinte darauf die Interviewerin, aber Drucker schüttelte den Kopf: »Ich meine das ernst.«[104]

In einem Dorf in Tansania traf ich einen alten deutschen Missionar, der darüber klagte, wie wenig die Entwicklungsexperten von der einheimischen Bevölkerung verstünden. Sein Beispiel: die Weihnachtsgeschichte aus der Bibel. Der Satz »Und die Tiere im Walde freuten sich« sei viel zu abstrakt. Wie bitte? Der Satz sei abstrakt? Ja, viel zu abstrakt. Die Menschen hier könnten sich nichts darunter vorstellen. »Die Tiere«? Viel zu allgemein. Man müsse sie konkret nennen, den Ochsen und den Esel etwa, damit die Menschen sie sähen. »Im Walde«? Viel zu ungenau. Man müsse sagen, wie man sich den Wald vorstelle. Und dann noch: »freuten sich«. Viel zu vage. Man müsse konkret beschreiben, was passiert – ob der Ochse mit den Hufen scharrt oder der Esel vor Vergnügen hüpft.

Ich habe diese Lektion nie mehr vergessen.

Expertentum und Expertensprache bauen Barrieren auf. Sie führen dazu, dass Menschen sich nicht trauen oder es sogar verlernen, das Einfache zu suchen und zu tun – zum Beispiel mit naheliegenden Lösungen als Entrepreneure aktiv zu werden. Lassen wir uns davon nicht länger beeindrucken.

Einfache, naheliegende Innovationen

Im Bereich der Innovationen ist das Naheliegende oft ein guter Start für Entrepreneure.
Ein Beispiel: Der moderne Mensch sitzt zu viel, isst zu viel und bewegt sich zu wenig. Schon für den Normalmenschen ist es schwierig, sich Zeit zu nehmen für mehr Fitness. Klar, es gibt Fitnessstudios. Aber es gibt auch Arbeit, Termine, Stress – und dann noch den inneren Schweinehund. Bleibt wenig übrig für mehr Bewegung. Noch schwieriger ist es für Mütter mit Kindern. Wer soll die Kinder betreuen, wenn Mama Sport machen will? Betreuung braucht Geld und bedeutet noch mehr Termine, noch mehr Stress.

Genau dieses Problem hatten auch Katja Ohly-Nauber und Illdiko Gössl.
Was tun? Wie kann man aus wenig Geld, wenig Zeit, wenig geeigneten Orten für Kinder bei wechselnder Motivation und dem üblichen geringen Durchhaltevermögen etwas Bewegendes machen? Not macht erfinderisch. Die Lösung ist so preiswert wie verblüffend. Der Ort: im Park. Da können die Kinder spielen und die Mütter sich in beliebiger Zahl treffen. Miete, Heizung und Beleuchtung entfallen.
Das Konzept: sich gemeinsam bewegen, statt auf sich allein gestellt zu sein. Das macht mehr Spaß, erhöht die Motivation und auch die Disziplin.
So einfach soll eine Lösung sein? Kann das wahr sein? Es ist. Und noch mehr als das. Die kleine, einfache, aber überzeugende Aktion fand Anklang und zog immer größere Kreise. Heute bietet LaufMamaLauf,[105] so der Name der Initiative, an mehr als 400 Orten in Deutschland, Österreich und der Schweiz Bewegung für Mütter und Schwangere an. Was 2010 als lokale Aktivität in Berlin und Stuttgart mit einer Handvoll Teilnehmerinnen startete, ist mittlerweile zu einem ausgewachsenen Unternehmen geworden.

Sie dachten, um ein Unternehmen zu gründen, braucht man Kapital, Management und starke Ellenbogen? Sie sehen, es geht auch anders.
Muss man selbst einen Laden anmieten, weil man etwas verkaufen will? Die ganze Last der Suche, des Gewerbemietvertrags, der personellen Besetzung, der Renovierung und des Unterhalts auf sich nehmen? Warum

den Laden nicht mit anderen teilen? Gerade wenn man sich nicht verzetteln, also nur wenige Dinge verkaufen will, ist ein ganzer Laden oft überdimensioniert. Da liegt es näher, dass jemand aus dem Thema »Laden« ein eigenes einfaches unternehmerisches Projekt macht. Etwa einen Laden anmietet und kleine Verkaufsflächen an andere Entrepreneure untervermietet, für Aufmerksamkeit, Sympathie und Konnektivität für dieses Konzept sorgt und damit anschlussfähig für viele Nutzungen ist. Die Online-Version dieses Konzepts, Etsy, hat inzwischen mehr als eine Million Kunden, die dort einen Shop eingerichtet haben, um ihre selbst hergestellten Produkte zu verkaufen. Auch die sogenannten Coworking-Spaces basieren auf dieser Idee. Sie sind ein Abschied von der konventionellen Büroorganisation. Im Coworking-Space heißt es: mehr teilen und dadurch mehr kommunizieren können. Weniger Ressourcenverbrauch und trotzdem mehr Ergebnis. Effizienzgewinn auf intelligente Weise.

Gehen wir noch einen Schritt weiter. Warum muss man in Büros, Konferenzräumen oder Veranstaltungszentren zusammenkommen, um neue Projekte zu diskutieren oder zu starten? Geht es nicht auch am Sandkasten? Dort trifft sich bekanntlich eine Vielzahl von hoch qualifizierten Müttern und Vätern – warum sollten sie nicht auch ihre Ideenkinder auf diese Weise gemeinsam diskutieren? Coworking der informellen Art.

Die Chancen der Davids

Eines vorweg: Sie können als Entrepreneur in einer Materialschlacht des Marketings nicht gewinnen. Wenn David mit den Waffen des Goliath antritt, verliert er.
Sehen wir uns die Waffen der Goliaths genauer an.
In der industriellen Epoche zählten die *economies of scale*, hatte es durchschlagende Vorteile, große Serien auflegen zu können. Auch zum Aufbau eines internationalen Vertriebs brauchte es umfangreiche Investitionen. Daher also der Glaube an Größe. Heute liegt die Situation anders. Die

modernen Technologien lassen auch mit kleinen Serien effizient produzieren – *mass customization* ist der Fachausdruck dafür. Und auch kleine Unternehmen können heute rasch expandieren. Die immer stärkere Arbeitsteilung der modernen Wirtschaft ist der Schlüssel dazu. Nicht alles muss im eigenen Unternehmen aufgebaut werden. Dezentrale Organisationsformen haben Zukunft. Digitalisierung beschleunigt diesen Prozess noch.

Zudem haben wir andere Pfeile im Köcher.

Großen, etablierten Unternehmen fällt es in der Regel schwer, Sympathie für ihre Organisation zu generieren. Obwohl sie große PR-Abteilungen unterhalten und viel Geld dafür ausgeben, schaffen sie es in aller Regel nicht, Journalisten dafür zu gewinnen, mit Überzeugung Gutes über das Unternehmen zu berichten. Ganz im Gegenteil besteht für die Giganten das Risiko, dass bei geringer Sympathie für das Unternehmen schon vergleichsweise kleine Mängel zu heftigen negativen Reaktionen bei den Kunden und in den Medien führen können und das Image nachhaltig beschädigen.

Der Sympathiefaktor

Medien berichten in aller Regel positiv über die Person des Gründers oder der Gründerin, weil es als mutig und vorbildlich gilt, etwas Neues zu wagen. Sie leben von Neuigkeiten, von Ereignissen und Geschichten, vor allem, wenn sie ein persönliches Element beinhalten. Manchmal gibt Sympathie sogar den Ausschlag: Knallharter Kapitalist sein zahlt sich heute nicht mehr aus. Wir sollten den Sympathiefaktor nicht unterschätzen. Ich würde sogar so weit gehen zu sagen, dass der Entrepreneur ausdrücklich auf *economies of sympathy* setzen kann. Eine Ökonomie der Sympathie schaffen vor allem kleine Unternehmen, in denen die Menschen und ihre Haltung sichtbar werden. Wenn Business *nur* Business ist, dann ist es auch im Sinne von Business kein gutes Business. Klingt nach Karl Valentin, trifft aber den Kern. Business, das Sinn macht, ist das bessere Business.

Ein Beispiel dafür, wie man den Sympathievorteil verlieren kann, ist Uber. Die öffentliche Diskussion über dieses – durchaus innovative – Start-up wäre anders verlaufen, wären nicht im Hintergrund die Milliarden US-Dollar gewesen, die das Unternehmen als Kapitalspritzen erhielt. Preiswertere Taxis und eine bessere Nutzung der privaten Automobile wären zweifellos ein Segen. Die Sympathie war zum Greifen nahe. Aber nicht, wenn Big Money hineinspielt. Und ein unsensibler Gründer. Dann kommt die Kritik sogar aus den eigenen Reihen. Der Gründer von Uber, Travis Kalanick, sei so unsympathisch, schrieb Sascha Lobo, dass er Mühe hätte, einen Sympathiewettbewerb gegen eine Landmine zu gewinnen.[106] Und Jan Ole Suhr, selbst Entrepreneur in der Berliner Techie-Szene, schrieb bei Twitter, dass man die disruptive Innovation von Uber abwägen müsse gegen 7600 Berliner Taxifahrer, von denen ungefähr 3000 Kleinunternehmer seien. Ein Argument, das bis in die *New York Times* Beachtung fand.[107] Mit Großmäuligkeit und einem aufgeblasenen Ego kann man in den USA erfolgreich sein – in Europa funktioniert das nicht so richtig. Es geht auch anders.

Rote-Punkt-Aktion, Hannover 1969. Eine Protestaktion gegen Preiserhöhungen im öffentlichen Nahverkehr. Spontan gestartet, ohne Geldmittel, schlicht mit dem Aufruf, Passanten im eigenen Auto mitzunehmen. Große Zustimmung in der Bevölkerung. Keine Proteste von Taxifahrern oder Versuche, die Mitfahrgelegenheiten gerichtlich zu verbieten.

Aufmerksamkeit muss nicht teuer bezahlt werden

Wenn Ihr Anliegen sympathisch ist, werden Sie eher positiv besprochen. Man wird Ihnen mehr Aufmerksamkeit schenken. Das ist etwas, das für Ihre Gründung von zentraler Bedeutung ist. Sie wollen und müssen ja bekannt werden, müssen genannt und empfohlen werden, um Interessenten für Ihr Angebot zu finden. Konventionelle Werbung dagegen ist teuer.

Anders denken, anders sein, das hat hohen Unterhaltungswert für die Zeitgenossen. Die französische Schriftstellerin George Sand (1804 bis 1876) trug Männeranzüge und rauchte Zigarren. Über ihr Liebesleben sprach sie offen: »Im Bett war er wie eine Leiche«, so ihr Urteil über Frédéric Chopin.[108] Nicht gerade das, was die Gesellschaft des 19. Jahrhunderts einer Frau als Rolle zugewiesen hatte. Über Mangel an Aufmerksamkeit konnte sie sich nicht beklagen.

Ihre Chance als Gründer liegt vor allem darin, Ihren Neuigkeitswert auszuspielen, um in die redaktionellen Teile der Medien zu kommen. Ich würde diesen Aspekt, der sich ja ebenfalls als Kostenvorteil auswirkt, *economies of attention* nennen.

Wer in konventionelle Werbung einsteigt, hat die wahrscheinlich größte Chance, die ein Gründer hat, nicht richtig genutzt. Der Aspekt »Aufmerksamkeit generieren« muss Teil der Erarbeitung eines guten Konzepts sein. Anders zu sein, hoffentlich besser zu sein, eine intelligentere Lösung anzubieten – diese Vorteile müssen Sie als Gründer in Szene setzen und für sich nutzen.

Ökonomie der Authentizität

Authentisch zu sein, sich nicht verbiegen zu lassen und dies auch zu leben – wer wollte das nicht? Die gute Botschaft: Es ist ein Wert, der sich auch ökonomisch auszahlen kann. Bei Gründungen, in denen die Person und das Anliegen des Gründers sichtbar werden, wird Authentizität zum wirtschaftlichen Faktor. Wir können also auch *economies of authenticity* ins Spiel bringen.

Ein Beispiel:

Es hat Zeiten gegeben, da hat Heini Staudinger es verwünscht, sich mit Schuhen zu beschäftigen. Wo doch ringsherum in Mitteleuropa die Schuhfabriken schlossen. Wo jedes Kind weiß, dass Schuhe heute in Indonesien, Vietnam oder Bangladesch hergestellt werden. Heini Staudinger aber stellt die Schuhe im

Waldviertel in Österreich her. Eine Region, die offiziell als Krisenregion angesehen wird. Weshalb die Banken keine Kredite an Staudinger gaben. Der Unternehmer musste Freunde und Kunden für die Finanzierung gewinnen. Sie gaben ihm Geld, weil sie an ihn glaubten. Mittlerweile schreibt er mit der Schuhfabrikation schwarze Zahlen, sogar in Deutschlands Hauptstadt ist er mit drei Filialen vertreten. Wer ihn im Anzug mit Krawatte erwartet, wartet vergebens. Die Erwartungen anderer zu erfüllen ist seine Sache nicht. Gerade deswegen kennt ihn in seinem Heimatland mittlerweile jedes Kind. Für Marketing braucht er nicht viel Geld auszugeben.

Nun ist er zu Gast beim Entrepreneurship Summit im Audimax der Freien Universität Berlin. Der Saal ist voll besetzt. Staudinger erzählt, wie er an einem Managerseminar teilnahm, wo er mit einem berühmten Professor und einem Unternehmer auf dem Podium saß. Erst hätte der Professor gesprochen, als Nächstes der Unternehmer, dann sei der Moderator schwungvoll auf ihn zugekommen und hätte gesagt: »Na, Herr Staudinger, jetzt sagen Sie uns doch mal, was Ihr Erfolgsrezept ist.« Da sei ihm nichts eingefallen, was er flott hätte antworten können. Eigentlich habe er etwas ganz anderes sagen wollen. Und so sagte er lieber gar nichts. Eine Minute verging. In der zweiten Minute habe man gespürt, sagt er, wie die Stimmung im Saal anfing, in Mitleid mit ihm umzuschlagen. Da sei er aufgestanden und habe ein Stück aus einem Gedicht zitiert. Eines von Rilke:

»Zufälle sind die Menschen, Stimmen, Stücke, Alltage, Ängste, viele kleine Glücke, verkleidet schon als Kinder, eingemummt, als Masken mündig, als Gesicht – verstummt.«[109]

Da sei es ganz still geworden im Saal. Und diesmal sei dem Professor und dem Unternehmer nichts mehr eingefallen. Auch im Audimax der Freien Universität wird es ganz still. Es ist, als habe Staudinger an etwas erinnert, das verloren gegangen ist. Als habe er die Tür geöffnet, einen Spaltbreit, und den Blick freigegeben auf einen längst versunkenen Schatz.

Und dann fährt Staudinger fort, Rilke zu zitieren:

*»Und wenn ich abends immer weiterginge
aus meinem Garten, drin ich müde bin, –
ich weiß: dann führen alle Wege hin
zum Arsenal der ungelebten Dinge.«*

Ein Arsenal, sagt Heini Staudinger, sei eine Waffenkammer. Und je größer die Portionen des Ungelebten sind, desto mehr richte sich das Potenzial der Waffenkammer gegen die Natur, gegen die Mitmenschen und gegen einen selbst.[110]

Ist Staudinger ein Spinner? Ein Original? Ein Urviech, wie man in Bayern sagen würde? Einer, über den man lacht, und dann wieder zur Tagesordnung übergeht? Am Ende lacht an diesem Sonntagnachmittag niemand mehr. Staudinger hat einen Punkt getroffen, den wir alle noch spüren, ein Gefühl, das noch nicht tot ist, noch nicht ganz jedenfalls. Am Ende des Vortrags springen die Menschen auf, bringen Staudinger *standing ovations* entgegen, minutenlang.

Auch wenn Sie eine weniger charismatische Persönlichkeit sind als Heini Staudinger – Sie sind eine Persönlichkeit. Wenn Sie für eine Sache einstehen – mit innerer Überzeugung –, dann werden es die Menschen spüren. Und es honorieren. Man kann für seine Sache werben, ohne sich verkaufen oder verbiegen zu müssen.

Eng verbunden mit der Authentizität ist die Glaubwürdigkeit. Sie ist das wohl wichtigste Kapital, das der Entrepreneur ins Rennen führen kann. Glaubwürdigkeit speist sich aus vielen Quellen. Nähe und Transparenz schaffen Glaubwürdigkeit. Die Person des Gründers statt der Anonymität einer Großorganisation. Sein Anliegen, sein Engagement.

Das eigene Potenzial erkennen

Wenn man seinem Leben eine Richtung gibt, wenn man einen Fokus hat, passiert vieles wie von selbst. Man nimmt vieles auf, ohne sich dazu anstrengen oder zwingen zu müssen, und man wird fast von allein auf seinem Fachgebiet kompetenter. *Things fall into place,* so ein englisches Sprichwort. Man kann es natürlich auch auf Deutsch und mit Goethe sagen: »Sobald der Geist auf ein Ziel gerichtet ist, kommt ihm vieles entgegen.«

Was Sie mit Leidenschaft tun, werden Sie gut tun. Die Gehirnforschung sagt, dass Emotionen und Leidenschaft die Zahl Ihrer Synapsen im Gehirn und die Zahl ihrer Verknüpfungen anwachsen lassen. Mit den Worten des Neurobiologen Gerald Hüther: Wir können unser Potenzial entfalten. Was es vor allem anderen dazu brauche, ist Begeisterung. Das sei der entscheidende Faktor.[111]

Wir kommen mit einer angeborenen Lust am eigenen Entdecken und Gestalten zur Welt. Jeder Mensch, so Hüther, sei von Anfang an ein geborener Unternehmer. Ob die Lust im späteren Leben wächst oder unterdrückt wird, hänge von den Erfahrungen ab, die wir zuvor gemacht haben. Das Gehirn lerne immer – und es lerne das am besten, was einem Menschen helfe, sich in seiner Lebenswelt zurechtzufinden und die Probleme zu lösen, die sich dabei ergäben.

Wie also mit unseren Wünschen, mit unseren Träumen, mit unserer verschütteten Kreativität umgehen? Betrachten wir es so: Wir sind mehr als das, was wir geworden sind. Es steckt mehr in uns. Wir müssen jetzt nicht gleich alles abwerfen, ins Ungewisse springen und revolutionäre Parolen rufen. Machen wir einfach ein bisschen mehr aus uns. Mehr aus uns heraus. In jedem von uns liegen Talente und Fertigkeiten. Das Problem ist, dass wir sie oft nicht erkennen. Die Schule hilft uns wenig dabei. Schulfächer sind nur ein kleiner Ausschnitt dessen, wofür wir uns begeistern können. Hören wir Les Brown, einen erfolgreichen Musiker und Entertainer, über seine Kindheit sprechen:[112]

Niemand hätte mich überzeugen können, dass jemand mit meinen Lebensumständen und mit meinem Hintergrund heute das tut, was ich tue. Ich wurde in Liberty City auf einem Fußboden in der 67. Straße geboren. Ich und mein Zwillingsbruder. Mit sechs Wochen wurden wir adoptiert. In der fünften Klasse wurde mir bestätigt, dass ich geistig zurückgeblieben sei, weshalb ich von der fünften in die vierte Klasse zurückgestuft wurde.

Ich blieb in dieser Kategorie, bis ich in die Highschool kam. Hier ist etwas passiert: Jemand hat in mein Leben eingegriffen. Ein Mann, der etwas in mir gesehen hat, das ich selbst nicht sehen konnte. Ich werde nie vergessen, wie ich in dieser Klasse saß und auf einen Freund wartete, der nicht kam. Der Lehrer sagte, ich solle zur Tafel gehen und dort etwas hinschreiben.

Ich sagte: »Ich kann das nicht, Sir.«

Er fragte: »Warum nicht?«

Ich antwortete: »Ich bin in einer Klasse für Sonderschüler.«

Er erwiderte: »Geh zur Tafel und schreib das auf.«

Ich wiederholte: »Ich kann das nicht!«

Er wieder: »Warum?«

Und ich: »Ich bin geistig zurückgeblieben.«

Da stand er von seinem Schreibtisch auf, kam auf mich zu und sagte: »Sag das nie wieder. Die Meinung, die irgendjemand von dir hat, muss nicht zu deiner Realität werden.«

Und das veränderte mein Leben.

Wir können mehr

Wir müssen nicht darauf warten, dass jemand kommt und unser Potenzial entdeckt. Man kann es auch selbst entdecken. Wie in der Geschichte des Entrepreneurs Dinnebier. Mit nichts hatte er angefangen, alles war aus der Not geboren. Er hatte keine einschlägige Ausbildung. Er fand im Licht sein Thema, blieb dabei und wurde zur Legende.

»Es war Zufall«, sagt Johannes Dinnebier im Interview.[113] »Ich wusste nicht, dass ich für Licht prädestiniert war«, erzählt er. »Nach dem Krieg gab es nichts.

Ich fand ein paar Röhren, aus denen machte ich meine ersten Lampen.« Dinnebier war weder in Architektur noch in Elektrotechnik beschlagen. Wie konnte er sich als Quereinsteiger in diesem Bereich einen Namen machen?

»Oft ist die Angst das größte Problem. Aber man sollte Mut und Beharrlichkeit aufbringen und sich fragen: Warum soll ich das nicht auch können?« Dinnebier hat früh erkannt, so sagt er, »was Licht bedeutet«. Die meisten Räume seien falsch ausgeleuchtet. Man könne einen Raum nicht gut ausleuchten, wenn man ihn mit gleichmäßigem Licht überflute. Man müsse das Licht im Raum inszenieren. Das Licht brauche man nur dort, wo man etwas sehen will. Die Spannung zwischen Licht und Schatten sei wichtig.

Dinnebier hat sich das nicht angelesen, er hat viel beobachtet und nachgedacht. Und fing an, selbst Leuchten zu bauen. »Ich hatte wirklich nur einen blassen Schimmer von der Lichtidee. Aber ich war besessen davon«, bekennt er. Die Zeit lehrte ihn, dass den Experten mit all ihrem Wissen die Unbefangenheit des frischen Blickes abhandenkommt. Sie werden fokussierter und enger. Sein Geheimnis: »Keiner hat so gedacht, wie ich gedacht habe.« Wenn man nichts gelernt hat, so Dinnebier, kann man »alles denken«.

Er klimatisierte eine Bank allein mit der Wärmeenergie des Lichts. In Riad baute er Lichtzelte, die gleichzeitig kühlen konnten. Vor Dinnebier galt es als schwer lösbares Problem, große Leuchtkörper zu reinigen. Man brauchte ein teures Gerüst, um den Reinigungskräften zu ermöglichen, an die Lampe heranzukommen und alle Teile zu erreichen. Dinnebier erfand eine Lichtkuppel, in der man laufen kann; der Leuchter selbst ist so gestaltet, dass er auch ein Gerüst ist, in dem man sich bewegen kann. Die erste begehbare Lampe der Welt.

Nur Dinnebier kam auf solche Ideen. Er entwickelte sich zum gefragten Experten – aus seiner ganz eigenen Fantasie heraus. Seine ungewöhnlichen Lichtkonstruktionen finden sich in der ganzen Welt. Norman Foster gehört zu den Architekten, die ihn beauftragten.

»Eigentlich bin ich doch ein Hochstapler«, sagte Dinnebier im Anschluss an das Interview. »Ich hatte keine Ausbildung, nichts. Ich habe mein ganzes Leben lang nur gespielt. Ich habe gar nicht ernsthaft gearbeitet.« Ist

Dinnebier ein Hochstapler? Nein, er ist es nicht. Er hat genau das gemacht, was wir alle machen sollten: mit dem vorhandenen Potenzial spielen. Dinnebier hat an sich selbst geglaubt. Er ist in seine innere Kraft gekommen, so könnte man es ausdrücken.

Die Acht-Könige-Episode

Natürlich gebe der Kapitalismus auch Kleinen eine Chance, so heißt es – das gehöre sogar zu seiner DNA und zu seiner Legitimation: Jeder habe »den Marschallstab im Tornister«. Aber das seien Einzelfälle; am Gefüge von Wirtschaft und Gesellschaft verändere dies nichts.

So war es jedenfalls in der Vergangenheit. Heute können wir die Frage stellen, ob nicht unter zeitgenössischen Bedingungen Entrepreneurship ganz andere Wirkungen in ganz anderem Tempo entfalten kann.

Wie in der folgenden Geschichte:[114]

Nach der marktwirtschaftlichen Wende von Deng Xiaoping kam es 1981 in der chinesischen Stadt Wenzhou zu einem raschen wirtschaftlichen Aufschwung. In typischen industriellen Bereichen wie Metallverarbeitung und Elektroindustrie traten Gründer auf den Plan und schufen in rascher Folge neue Unternehmen. Es entstanden viele Arbeitsplätze, die Provinz blühte ökonomisch auf. In der Bevölkerung traf dies auf große Zustimmung. Acht dieser Entrepreneure waren besonders erfolgreich und wurden in kurzer Zeit sehr reich. Man nannte sie die »Acht Könige«.

Die Parteispitze in Peking beobachtete die Entwicklung mit wachsendem Unbehagen. Die Explosion privaten Entrepreneurships und der plötzliche Reichtum von Einzelnen ließ kritische Stimmen immer lauter werden. Die Partei setzte eine Kommission ein. Sie sollte prüfen, ob die Geschehnisse in Wenzhou mit den Prinzipien des Marxismus-Leninismus vereinbar seien.

Nach ausgiebiger Beratung stellte die Kommission fest: Die Entfesselung kapitalistisch-unternehmerischen Denkens und die damit verbundene ungleiche Verteilung des Vermögens seien mit den Prinzipien des Marxismus-Leninismus nicht vereinbar. Die Entrepreneure wurden verhaftet und eingesperrt, nur einem von ihnen gelang noch rechtzeitig die Flucht.

Der Beschluss hatte Folgen für die Provinz. Die verbliebenen Entrepreneure, in Sorge, dass sie das gleiche Schicksal ereile, tauchten unter. Auch die Kleinbetriebe und Läden machten dicht. »Nobody even dared to talk about business anymore.« Die Beschäftigung in der Provinz brach schlagartig ein, Arbeitsplätze und Wohlstand gingen verloren. Die Bevölkerung war wütend, schimpfte auf die Partei und die Provinzverwaltung.

Die lokalen Parteikader in ihrer Not reagierten. Sie setzten eine Kommission ein. Sie sollte prüfen, ob die Geschehnisse in Wenzhou, vor allem der Verlust an Arbeitsplätzen, mit den Prinzipien des Marxismus-Leninismus vereinbar seien.

Nach ausgiebiger Beratung stellte die Kommission fest: Die Schließung der Fabriken und der Einbruch des Wohlstandes in der Provinz seien mit den Prinzipien des Marxismus-Leninismus nicht vereinbar.

Die Könige wurden aus der Haft entlassen. Die Betriebe öffneten wieder. Die eben noch geächteten Entrepreneure wurden als Vorbilder herausgearbeitet. »The local government championed them as reform pioneers.«[115]

Ein Vorschlag für eine Prüfungsfrage im Fach Politologie: Handelt es sich in Wenzhou um ein sozialistisches oder ein kapitalistisches System? Bitte begründen Sie Ihre Antwort anhand der Acht-Könige-Episode. Spaß beiseite. Die Episode ist ein Beispiel dafür, welche nicht nur wirtschaftliche, sondern auch politische Dynamik in Entrepreneurship steckt. Sie zeigt, wie mit der ökonomischen Entwicklung eine politische Kraft entsteht, die das jeweils bestehende System nicht nur herausfordert, sondern auch zur Veränderung zwingt. Wenn die Alternative sinnlich erfahrbar wird (bessere Qualität, bessere Preise), ist es kaum noch möglich, beim Status quo, beim *business as usual* zu bleiben.

Das kapitalistische System abschaffen?

Ich habe in diesem Buch unser real existierendes Wirtschaftssystem scharf kritisiert. Seine Dynamik bedroht unsere Lebensgrundlagen und führt zu einer massiven Fehlallokation von Ressourcen. Wäre es nicht die logische Konsequenz, die Abschaffung dieses Systems zu verlangen?

Ein anderes Wirtschaftssystem wird in der Tat heute von vielen Menschen gefordert. Zu schnell vielleicht. Das, was heute kapitalistisches System genannt wird, unser gegenwärtiges Wirtschaftssystem, ist das Ergebnis jahrhundertelanger Kämpfe um mehr wirtschaftliche Partizipation. Es sind Freiheitsgrade, die dem Feudalismus abgerungen werden mussten. Eine Vielzahl zuvor keineswegs selbstverständlicher Rechte ist damit verbunden: Zugang zum Markt, statt von der Gunst des Herrschers abhängig zu sein, Gewerbefreiheit statt Beschränkung. Freiheit der Berufswahl. Vertragsfreiheit, also Verträge zum eigenen Vorteil abschließen zu können, statt den Interessen der Herrschenden ausgeliefert zu sein. Rechtssicherheit. Schutz des Privateigentums vor der Willkür der Fürsten.

Unser Wirtschaftssystem ist das Ergebnis von Kämpfen um wirtschaftliche Teilhabe. Es beinhaltet Errungenschaften, die wir nicht leichtfertig aufs Spiel setzen sollten. Deswegen halte ich die Forderung nach Abschaffung des »kapitalistischen Systems« für eine unhistorische Betrachtungsweise und wenig hilfreich. Auch ein Staat schiebt seine politische Verfassung nicht einfach beiseite. Stattdessen wird das Fundament jahrzehntelanger Erfahrungen genutzt und das Rechtssystem weiterentwickelt.

Es stellt sich auch die Frage, wie sich gut gemeinte andere Wirtschaftssysteme in der Praxis verhalten, wenn sie denn tatsächlich umgesetzt würden. Der Sozialismus war ein attraktives System, jedenfalls als Entwurf. Nicht umsonst fühlten sich viele Intellektuelle in seiner Anfangszeit von ihm angezogen. Nichts ist gegen die Philosophie zu sagen, dass die feudalen Systeme ungerecht seien und die Menschen am System partizipieren müssten. Dass die Sorge für den Schwachen gewährleistet sein sollte. Überzeugend – in der Theorie.

Manche Menschen glauben, der Weg zu einer höheren Entwicklungsstufe des Menschen verlange ein höheres Bewusstsein, führe über die Spiritualität. Ob man eine solche Position teilt oder nicht, wir alle haben den Wunsch nach Harmonie und Einklang – mit uns selbst, anderen Menschen und der Umwelt. Das Problem dabei ist, dass die ökonomische Entwicklung in die entgegengesetzte Richtung läuft. Und es ist die Ökonomie, die unser Umfeld, unsere Realität prägt, die Einfluss auf uns nimmt: auf die Landschaften, die Gebäude, die Waren, ja auch unser Denken. Dass unsere Umwelt auch unser Bewusstsein beeinflusst, dürfte unbestritten sein. Wenn wir nicht aufgerieben werden wollen zwischen der sich einseitig entwickelnden ökonomischen Welt und unserem persönlichen Entwicklungs- und Harmoniestreben, müssen wir etwas tun.

Diogenes von Sinope hat versucht, den Weg der inneren Einkehr zu finden, unabhängig vom ökonomischen Äußeren. Die Erzählung, ein radikal einfaches unabhängiges Leben zu führen, wird von Generation zu Generation weitergegeben. Aber Diogenes ist eine Ausnahmeerscheinung geblieben. Wir Normalmenschen schaffen es wohl nicht, Harmonie unabhängig von der äußeren ökonomischen Welt zu finden.

Wenn das zutrifft, müssen wir in die äußere ökonomische Wirklichkeit eingreifen. Wir müssen uns ökonomisch engagieren, müssen erproben und darlegen, wie wir der momentan vorherrschenden Entwicklung überzeugende Alternativen entgegensetzen können.

Aktuelle Denkansätze

In ihrem Club-of-Rome-Bericht von 2017 legen Ernst Ulrich von Weizsäcker und seine Mitautoren[116] beeindruckend dar, welche ökonomischen und ökologischen Entwicklungen unseren Planeten bedrohen. Zwar hätten die Vereinten Nationen einstimmig die Agenda 2030 verabschiedet, die alle diese Gefahren abwenden soll. Aber eine erfolgreiche Umsetzung ihrer elf sozioökonomischen Ziele, so die Autoren, könnte den raschen weiteren Ruin für Klima, Ozeane und Artenvielfalt bedeuten, also die ökologischen Ziele »zertrampeln«.[117] Der Bericht arbeitet heraus, welche Gesetze die Politik erlassen müsste, um eine ökologische Katastrophe abzuwenden. In *Wir sind dran*, so der aufrüttelnde Titel des Buches, wird überzeugend beschrieben, wie eine Reform des Finanzsektors, des Wirtschaftssystems, der Energie- und der Agrarpolitik aussehen müsste.

In ihrem bahnbrechenden Buch *Die Donut-Ökonomie*[118] liefert die Oxford-Professorin Kate Raworth eine überzeugende Analyse der Schwächen der herkömmlichen Wirtschaftswissenschaften. Sie verlangt, das Postulat der Gewinnmaximierung aufzugeben und sich aus der Fixierung auf Wachstum zu lösen. Raworth legt ein faszinierendes ökonomisches Modell dar, das mit der Form eines Donuts beschreibt, wie eine ökologisch und sozial eingebettete Ökonomie das Überleben unseres Planeten sichern kann, und sie führt aus, welche ökonomische Denkhaltung wir bräuchten, um dieses Ziel zu erreichen.

Auch der Gedanke der Gemeinwohl-Ökonomie von Christian Felber ist einleuchtend.[119] Eine Ökonomie, die sich am Nutzen für die Allgemeinheit statt an partikularen Gewinninteressen orientiert. Wer wollte etwas dagegen sagen? Eine solche Ökonomie wäre wünschenswert. Felber macht deutlich, welche Richtung eine solche Ökonomie verfolgen sollte: Die Ziele des privaten Wirtschaftens seien neu zu definieren. Die Erhaltung des Gemeinwohls müsse zu einem Imperativ für Unternehmen werden, mit Werten, die aus dem Kanon an Normen abgeleitet werden können, der fast allen demokratischen Verfassungen der Welt zugrunde liegt: Menschenwürde, Solidarität, ökologische Nachhaltigkeit, Gerechtigkeit, Transparenz und Partizipation.

Müsste, müsste ...

Drei Ansätze, stellvertretend für die verbreitete und umfangreiche Kritik an unserem Wirtschaftssystem. Sosehr viele ihrer Forderungen plausibel und überzeugend sind, stellt sich doch die Frage, wie diese Wunsch-

listen umgesetzt werden können. Von »es sollte« oder »man müsste« zu einer tatsächlichen Veränderung führt kein direkter Weg.
Was können wir in dieser Hinsicht von den Unternehmen erwarten? Ohne künstlich Mangel zu schaffen, hätten die Unternehmen nicht mehr viel zu tun. Und ohne die Marken würden sie nicht mehr viel verdienen. Die Einsicht, dass man nicht in alter Weise weitermachen kann, ist in vielen Führungsetagen vorhanden. Aber die *Interessenlage* der Unternehmen ist anders. Sie setzen nicht freiwillig ihre Existenz aufs Spiel. Die Führungskräfte retten sich aus diesem Dilemma mit einem Spagat zwischen umweltfreundlicher Rhetorik im öffentlichen Auftreten und klarer Durchsetzung ihrer Gewinninteressen im Alltagsgeschäft. Bei allen ökologischen Beteuerungen – noch in keinem Geschäftsbericht habe ich gelesen, dass ein Unternehmen weniger Wachstum anstrebt. Das Gegenteil ist der Fall. Alle Maßnahmen haben mehr Wachstum und mehr Gewinne zum Ziel. Darauf zu setzen, dass die Akteure in Zukunft anders handeln werden, scheint mir wirklichkeitsfremd zu sein.
Und welchen Beitrag können die Ökonomen liefern? Ihr Denkgebäude ist oft angegriffen worden. Es hat sich als erstaunlich resistent erwiesen. Eines seiner zentralen Elemente, der Umgang mit Knappheit, hätte schon längst zu einer neuen Fokussierung auf das führen müssen, was immer knapper wird: unsere natürlichen Lebensgrundlagen. Ökonomie neu zu denken müsste das große Thema der Wirtschaftswissenschaften sein. Aber zu sehen ist davon wenig.
Die Politik wäre naturgemäß der erste Ansprechpartner, um ökonomische und ökologische Veränderungen durchzusetzen. Und in der Tat: Würde es gelingen, im politischen Prozess Grenzen des Raubbaus zu ziehen – etwa durch eine Deckelung des CO_2-Ausstoßes –, bliebe den Unternehmen gar nichts anderes übrig als radikal umzusteuern.
Aber warum tut die Politik das so wenig? Weil ihr die Hände gebunden sind. Wann immer sie gegen Unternehmen vorgehen und zum Beispiel scharfe ökologische Auflagen durchsetzen will, drohen die betroffenen Unternehmen mit dem Abbau von Arbeitsplätzen. Die Politik ist an diesem

Punkt erpressbar. Umgekehrt kommen Politiker Investoren, die den Aufbau von Arbeitsplätzen offerieren, bis in die kleinste Kommune hinein entgegen. Rollen den roten Teppich aus, finanzieren die Infrastruktur oder sind zur Hand, wenn es darum geht, ökologische Auflagen zu umgehen. Solange die etablierten Unternehmen ein Monopol bei den Arbeitsplätzen in der Wirtschaft haben, ist die Politik hilflos. Solange sie die Akteure sind, die als die wichtigsten Arbeitsplatzbeschaffer angesehen werden, und sie bisher auch die einzigen sind, die diese Funktion erfüllen, sind sie nicht bereit, ihre Machtposition und ihren Einfluss aufzugeben.

Eine Politik, die weise und vorausschauend den Argumenten der Ökologen folgend eine Einschränkung des Konsums durchsetzen wollte – oder gar 80 Prozent weniger, wie verantwortungsvolle Ökologen fordern –, würde sofort abgewählt. Deshalb ist es wichtig, einen ökonomisch verträglichen Konsum- und Lebensstil zu entwickeln, der nicht nur argumentativ überzeugender, sondern auch tatsächlich attraktiver ist als unsere heutigen Konsumwelten. Hier sind Entrepreneure und Konsumenten gleichermaßen gefordert.

Weil wir uns also weder auf die Unternehmen noch auf die Ökonomen und auch nicht auf die Politik verlassen können, wenn es um entscheidende Veränderungen unseres Wirtschaftssystems geht, ist Entrepreneurship so wichtig – mit anderen Wirtschaftsakteuren, anderen Werten und anderen Zielsetzungen. Deshalb ist es so bedeutsam, über Entrepreneurship Arbeitsplätze zu schaffen und das Monopol der bisherigen Arbeitsplatzbeschaffer zu brechen – in unternehmerischen Initiativen, denen soziale und ökologische Werte wichtiger sind als die Maximierung des betriebswirtschaftlichen Gewinns.

In diese Richtung argumentiert auch Muhammad Yunus in seinem Buch *Ein anderer Kapitalismus ist machbar*.[120] Er spricht von »Social Business«. Kapitalismus begünstige die Großen, das System arbeite wie von selbst zu deren Vorteil. Progressive Besteuerung reiche nicht aus, um die Ungleichheit der Einkommen und Vermögen zu verändern. Alle Menschen seien geborene Unternehmer, voller unbegrenzter kreativer Fähigkeiten. Einen

Weg zur Selbsterhaltung zu finden sei bis heute in jedem Individuum angelegt. Was Unternehmergeist genannt werde, sei bei allen Menschen vorhanden, nicht nur bei ein paar wenigen. Auf den Unternehmergeist des Menschen zu setzen sei die beste Art, den entscheidenden Fehler des gegenwärtigen Systems auszumerzen: die Abhängigkeit von Arbeitsplätzen und die Annahme, dass es allein die Aufgabe von Regierungen und Konzernen wäre, Jobs zu schaffen, und sie aufgrund dessen die einzigen Förderer des Wirtschaftswachstums seien.

Yunus definiert Social Business als eine Form des unternehmerischen Handelns, die auf der menschlichen Tugend des Altruismus, der Selbstlosigkeit, basiert. Sobald Menschen, die von Selbstlosigkeit angetrieben werden, am Markt teilnehmen würden, werde sich die Situation vollständig ändern.[121] Er behauptet, dass der Mensch von seinem Wesen her nicht egoistisch, sondern altruistisch sei.[122]

Nun ist die Annahme, dass der Mensch allein von Altruismus angetrieben werde, zwar sympathisch, aber eher unrealistisch. Im Kapitel »Mehr als nur Egoismus« wurde deutlich, dass es beide Beweggründe gibt, Egoismus wie Altruismus, und dass beide für unser Handeln bestimmend sind. Ein effektives Anreizsystem sollte daher, wie dargelegt, beide Aspekte berücksichtigen.

Yunus' Strategie ist es, Institute zu schaffen, die die Finanzierung von Social Business ermöglichen. Die Finanzmittel sollen von Investoren kommen, die das Anliegen unterstützen und die sich strikten Bedingungen unterwerfen. Selbst bei Erfolg dürfen sie nur die eingesetzten Investitionsmittel zurückbekommen. Sie erhalten keine Zinsen und nicht einmal einen Inflationsausgleich.[123] Auch dies ist eine unrealistische Annahme. Es könnte allenfalls für Unternehmen interessant sein, solche Finanzierungen als PR-Aktionen zu betreiben.[124]

Die bessere Ökonomie können wir gestalten – ob wir bessere Menschen werden, ist eine ganz andere Frage. Von Konrad Adenauer stammt das Bonmot: »So richtig sind dem Herrgott die Menschen nicht geglückt.« Selbstverständlich wäre es gut, wenn wir ein neues, höheres Bewusstsein entwickeln würden, das dem Anspruch genügt: Edel sei der Mensch, hilfreich und gut. Doch wir können nicht warten, bis dieses Ziel erreicht ist – falls es denn überhaupt geschehen wird. Die großen ökologischen und sozialen Probleme unserer Zeit werden mit jedem Tag drängender. Wir müssen mit den Menschen auskommen, wie sie sind. Wir haben keine besseren.

Zwischen allen Stühlen

Mir ist völlig bewusst und ich habe es oft leidvoll erfahren, dass jemand, der behauptet, man könne auch im real existierenden Kapitalismus vernünftige Ökonomie betreiben, von Kapitalismuskritikern als naiv abgetan wird. Mit einer Attitüde des »Du hast noch nicht begriffen, wie Kapitalismus funktioniert«. »Der Faltin will kleine Kapitalistenschweine züchten«, hieß es an der FU Berlin noch bis Ende der 1980er-Jahre. Aber auch die Befürworter eines marktwirtschaftlichen Systems reagieren ablehnend. Von Gutmensch, romantischem Denken und Realitätsferne ist dann die Rede.

In der Tat setzt man sich mit einer solchen Positionierung zwischen alle Stühle. Die Kapitalismuskritiker sehen in der Gewinnmaximierung – und, wie sie meist argumentieren, dem *Zwang* zur Gewinnmaximierung – die Ursache, warum Ökonomie eine zerstörerische Dynamik erhält. Die Verfechter einer kapitalistischen Wirtschaftsordnung dagegen sehen gerade im Gewinnstreben einen entscheidenden Anreiz zur Entfaltung der Produktivkräfte.

Keine einfache Position, zwischen den Lagern zu sein. Das hat schon Gottlieb Duttweiler erfahren müssen. Sein Engagement für ein günstiges Preis-Leistungs-Verhältnis seiner Waren machte ihm keine Freunde. Die Unternehmer griffen ihn an, weil er ihnen die Preise verdarb. Die Sozialisten dagegen sahen in seinem Erfolg eine Gefahr für die Glaubwürdigkeit ihrer Theorie: Wenn man schon im Kapitalismus gute Ökonomie machen kann, wozu braucht man dann noch ein anderes Wirtschaftssystem?

Kapitalismus, Sozialismus und Entrepreneurship[125]

Auf Einladung der Regierung war ich vor Jahren für die Gesellschaft für Technische Zusammenarbeit (GTZ) in Laos tätig. Sozialismus hin oder her, so dachte sich wohl die Parteispitze, mit kapitalistisch operierenden Nachbarn ringsherum müsse man doch verstehen, was es mit Entrepreneurship auf sich hat. Ich sollte den Parteimitgliedern erklären, wie »Markt« funktioniert und wie man Ideen zu marktfähigen Konzepten entwickelt – möglichst am Beispiel des Tourismus, der in Laos zu Recht als zukunftsträchtiger Wirtschaftszweig gilt. Veranstalter vor Ort war ein deutsch-französisches Entwicklungsprojekt mit einem französischen Leiter, der mir zum Auftakt seine schon in der Schule gewonnene Überzeugung mit auf den Weg gab: Ein Entrepreneur, das sei jemand wie ein Fuchs, der nachts ins Hühnerhaus springe und den armen, ahnungslosen Hühnern die Kehle durchbeiße und mit seinen Opfern verschwinde. Jemand also, der in einer höheren Liga spiele, umgeben von Ahnungslosen, Normalen, Unbedarften, Bedächtigen, Soliden und eben nicht so Cleveren wie der Fuchs. Er war, wie sich bald herausstellte, nicht allein mit dieser Ansicht.

Das Workshop-Thema: Entrepreneurship am Beispiel Tourismus.
Es ging um die Frage, wie man sich einen zeitgemäßen, sanften, ökologischen, von den vorhandenen Gegebenheiten ausgehenden und gewinnbringenden Tourismus vorstellen könne. Ich stand auf verlorenem Posten. Obwohl ich ausnahmsweise wirklich gut vorbereitet war, verständliche Erklärungen und überzeugende Beispiele bot, Übungen einbaute und Arbeitsaufträge gab – ich bewegte nichts. Stattdessen bewegte sich das Seminar in Richtung Desaster. Je überzeugender meine Erklärungen waren, mit desto mehr Energie formulierten die Teilnehmer Gegendarstellungen. Sie hatten fast ausnahmslos an der Lomonossow-Universität in Moskau studiert und konnten die Übel des Kapitalismus druckreif formulieren. An meinen Erklärungen wollten sie kein gutes Haar lassen. Von Montagmorgen bis Dienstagabend kämpfte ich für mein Thema. Dann gab ich auf. Jedenfalls teilte ich das den Teilnehmern mit. Und dass wir jetzt die Rollen tauschen würden. Die Teilnehmer, überzeugte Marxisten, sollten mir erklären,

wie sie sich einen sozialistischen Tourismus für ihr Land vorstellten, einen, der die Einkommen der Bevölkerung erhöhe und von ihren Werten und Vorstellungen ausgehe.
Die Diskussionen hörten schlagartig auf. Die Teilnehmer arbeiteten intensiv und mit roten Köpfen an ihren Konzepten. Ich hatte zwei schöne, geruhsame Tage.
Am Freitag war es so weit: Die Ergebnisse aus den Arbeitsgruppen wurden präsentiert. Und so sahen sie aus: Touristen in Familien unterbringen, lokale Speisen anbieten, lokale Sehenswürdigkeiten erhalten, Fahrten durch die Natur anbieten, Respekt vor den Klosteranlagen und der Historie des Landes vermitteln, kleine Guesthouses errichten, vielleicht mit Pflanzen überwachsen. Sanfter, ökologisch bewusster, kulturell sensitiver Tourismus. Eine Gruppe schlug sogar vor, ganz Laos zum Nationalpark zu erklären – als einziges Land in der Welt – und Tourismus von vornherein unter dem Gesichtspunkt des Erhalts der Natur und der kulturellen Gewohnheiten der in ihr lebenden Menschen zu denken.
Es war ziemlich genau das, was ich mir als Ergebnis des Workshops im Stillen erhofft hatte.
Ich fragte, was sie befürchtet hätten, was das Ergebnis meiner Vorgehensweise gewesen wäre. Die Antwort: große hässliche Hotels, von Ausländern gebaut und mit lokalem Billigpersonal betrieben. Das Land von McDonald's-Filialen überzogen. Teure Boutiquen für Mode. Neid und Frust erzeugende Einkaufsstraßen mit Waren, die sich die meisten Menschen nicht leisten könnten. All das, was sie über den Kapitalismus im Westen gehört hätten. Dass das Land sich in einer Weise entwickeln würde, die politisch nicht gewollt sei. Sie würden selbst ihr Land entwickeln und nicht von anderen bevormundet und geschubst werden wollen.
Ich sagte ihnen, dass ihre Ideen und Konzepte für mich bestes Entrepreneurship seien. Sein ökonomisches Schicksal selbst in die Hand nehmen, nicht von Kapitalgebern abhängig werden, entlang ökologisch sinnvoller, sozial und kulturell einfühlsamer Konzepte. Ich sagte den Teilnehmern, dass ich mit ihren Arbeitsergebnissen höchst zufrieden sei. Sie waren erstaunt. Wie bitte? Selbst tun und entscheiden dürfen? Nicht fremde Konzepte übernehmen müssen? Keine neuen Abhängigkeiten eingehen müssen? Konzepte umsetzen dürfen, die der breiten

Bevölkerung zugutekommen und nicht ein paar cleveren, gut vernetzten Geschäftsleuten? Ihr Land sogar als Zukunftsmodell für Tourismus gestalten, statt von anderen abzukupfern? Intelligente und selbstbewusste Nutzung statt Zerstörung des kulturellen Erbes?
Der Tenor der Teilnehmer war jetzt einhellig. Wenn das, was sie ausgearbeitet hätten, Entrepreneurship sei, dann sei das ein großartiges Konzept, dann wollten sie das auch.

Ich erzähle diese Geschichte, weil der Ansatz des Entrepreneurship eine Chance bietet, unabhängig vom System Handlungsspielräume zu eröffnen. Mit Entrepreneurship können wir ökonomische Alternativen schon heute zeigen und brauchen nicht darauf zu warten, eine Mehrheit für ein neues, abstraktes und in seinen Umrissen noch undeutliches Wirtschaftssystem zu schaffen.

Ohne Wirtschaftswachstum in die Katastrophe?

Es gehört zur Normalität, dass Politiker im einen Moment Nachhaltigkeit versprechen und im nächsten Moment nach Wachstum rufen. So als sei Wachstum die Lösung und nicht das Problem. Sobald jemand für eine Abkehr vom Wachstum plädiert, treten die Katastrophenmaler auf den Plan[126] und entwerfen furchterregende Szenarien: Weniger Konsum bedeute weniger Arbeitsplätze, weniger Steuern, weniger Staatsausgaben, sinkende Renten, in der Folge noch weniger Konsum, noch weniger Arbeitsplätze, noch weniger Einkommen und immer so weiter.
Lassen wir uns von solchen Szenarien nicht einschüchtern. Das Auf und Ab der Konjunktur ist in der Wirtschaftstheorie gut untersucht und mit jahrzehntelangen Praxiserfahrungen unterlegt. Abschwünge kleineren oder größeren Ausmaßes gab es schon immer. In keinem Fall gab es eine Endlosspirale nach unten. In Konjunkturforschung und -politik besteht Konsens, dass es im Abwärtsverlauf immer zu einem Wendepunkt kommt. Es gibt keine sich selbst verstärkende und nicht endende Abwärtsspirale.

Was stattfindet, ist ein Bereinigungsprozess unter schlecht wirtschaftenden Unternehmen – und es ist genau dieser Prozess, der den Raum eröffnet, in dem neue, besser wirtschaftende Akteure auftreten und damit den Umschwung einleiten.

Während des längsten Teils der Geschichte waren Zeiten wirtschaftlicher Stagnation die Regel und Zeiten des Wirtschaftswachstums die Ausnahme. Erst um die Mitte des 20. Jahrhunderts loderte das Wirtschaftswachstum zu einer Art Stichflamme auf, die nach und nach immer größere Teile der Welt erfasste.[127] Bereits in den 1970er-Jahren stellten sich in den damals wichtigsten Industrienationen geringere Wachstumsraten ein, die man mittels kreditfinanzierter Konjunkturprogramme erhöhen zu können glaubte. Die Mehrung des materiellen Wohlstands war unbestrittenes Ziel.

Seit wir Grenzen des Wachstums erkennen, stellt sich die Frage nach der Notwendigkeit und dem Wert von Wirtschaftswachstum und materieller Wohlstandsmehrung neu. Längst gibt es, ganz offiziell, Versuche, den »Wohlstand« einer Nation nicht nur an dem Wert der produzierten Güter und Dienstleistungen zu messen, sondern um andere Faktoren zumindest zu ergänzen. Wir erleben bereits heute eine zunehmend kritische Haltung gegenüber dem Besitz möglichst vieler Konsumgüter.[128]

Wenn es um drohende Katastrophen geht, dann kommen doch Szenarien in den Sinn, die vor allem durch immer *mehr Wachstum* wahrscheinlich werden. Ein massiver Anstieg von Wetterkatastrophen etwa oder der Anstieg der Meeresspiegel. Wenn die westliche Konsumkultur zum Leitbild für den »Rest« der Welt wird, wie soll der Planet das aushalten? Wenn immer mehr Natur betoniert oder vergiftet wird, wofür können wir unsere Renten dann noch ausgeben? Wenn wir aufgrund ökologischer Katastrophen Völkerwanderungen kaum vorstellbaren Ausmaßes erleben, wer will das aufhalten?

Stemmen wir uns gegen die Dynamik des Systems, solange noch Zeit dafür ist. Der hier vorgeschlagene Weg beschreibt einen Systemwandel, der sich ohne Radikalität, ohne große Verwerfungen vollziehen kann. Der Veränderungen bewirken kann, bevor durch gravierende Ereignisse Änderungen erzwungen werden. Und er ist ein Konzept, bei dem jeder Einzelne entsprechend seinen Fähigkeiten und Wünschen aktiv werden kann – ohne auf Genehmigungen oder Mehrheiten warten zu müssen.

Er ist eine Lösung, die im bestehenden System funktioniert und nicht auf die Verwirklichung irgendeines neuen Systems angewiesen ist. Ein Weg über freie Entscheidung statt über Zwang.

»Digitalisierung verändert alles«

Mir wird häufig die Frage gestellt, ob denn nicht die Digitalisierung eine Veränderung aller Bereiche unseres Lebens bewirke, auch auf dem Gebiet des Entrepreneurship. In einer Weise, die in der Geschichte ohne Beispiel sei. Ich frage dann zurück: Sind Sie noch im Rausch oder schon im Kater?

Im Rausch meint die Euphorie über die Fülle an Informationen, und das in Echtzeit, die Effizienzsteigerungen sowie die vielen Prozesse im Hintergrund, die unser Leben wesentlich erleichtern. Und wir erinnern uns: Das Silicon Valley trat an mit der Philosophie, dass die Welt mit Technologie demokratisiert würde. Eine effizientere, transparentere, gerechtere und vielseitigere Welt sei im Entstehen.

Im Kater meint die Sorge wegen der Überfülle an Informationen, der Kakofonie von Stimmen, des Aufmerksamkeitsheischens von Werbern und Trollen, der Beeinflussung unserer Wahrnehmung durch Algorithmen; der Manipulation unseres Verhaltens und unserer Käufe sowie des Verlusts der Privatsphäre.

Was an der Sorge berechtigt ist: Wer die Filter konstruiert, die die Fülle an Informationen verarbeiten, entscheidet darüber, was wir sehen und welche Suchergebnisse uns gezeigt werden. Wenn dies vor dem Hintergrund eines kommerziellen Interesses stattfindet, ist äußerste Vorsicht geboten. Wir sehen nur noch das, was die Algorithmen für uns auswählen. Die digitalen Filter können so unsere Entscheidungen manipulieren.[129]

Dagegen formiert sich inzwischen vehement Widerstand. Die Antwort auf die Allmachtsfantasien der Großen heißt: dezentrale Strukturen. Wir brauchen transparente Informationssysteme, die von den Nutzern aufgebaut und vertrauenswürdig sind. Das bedeutet Souveränität über die eigenen Daten, konkret das Recht, persönliche Daten, die von Unternehmen gesammelt wurden, einzufordern und selbst zu nutzen. Das Gesetz zur Datenportabilität ist bereits ein erster Schritt in diese Richtung. Übrigens eine Idee für ein Start-up – das dieses Recht für den Einzelnen auch wirklich zugänglich macht.

Dirk Helbing, Professor für Computational Social Science an der ETH Zürich, sagt, dass Big Data – das Sammeln und Auswerten großer Datenmengen – genutzt werden sollte, um die Probleme der Welt zu lösen, und nicht zum Zwecke illegitimer Manipulation.[130] Sowohl Helbing als auch Jeremy Rifkin fordern die Einführung von »collaborative data commons«, also Einrichtungen in Anlehnung an die traditionelle Form der Gemeinschaftsnutzung (Allmende). Wikipedia ist das beste funktionierende Beispiel dafür.

Beherrschen die Großen aus dem Silicon Valley demnächst die Welt? Vielleicht. Vielleicht kommt es auch ganz anders. Dass ich das auch nur erwäge, liegt an meinem Alter. Ich bin schon zu lange dabei. Das mit der Weltherrschaft kommt mir bekannt vor. Habe ich schon oft gehört.

Zum Beispiel im Falle von United States Steel. Von J. P. Morgan an der Schwelle des 20. Jahrhunderts für die Ewigkeit geschmiedet. Mit dem Werkstoff der Zukunft: Stahl. Als fast allmächtiger Konzern bis in die 1970er-Jahre war das Unternehmen ein Standardbeispiel in der politischen Literatur. Seine Weltherrschaft schien zum Greifen nahe. Aber es kam anders: Ein Absturz setzte ein, und das Unternehmen rutschte nur knapp an der Insolvenz vorbei.

Oder United Fruit. Ein Monster, ein skrupelloser Konzern. Er zog alle Register. Kaufte ganze Länder und deren Politik. Dadurch entstanden die sprichwörtlichen Bananenrepubliken. Das Unternehmen hatte eine politische Agenda, einen kruden Antikommunismus, der das Todesurteil für jede Bewegung bedeutete, die auch nur ansatzweise den Einfluss des Konzerns beschneiden wollte. Wo ist United Fruit heute? Abgestürzt, aufgekauft – das Unternehmen verfügt nur noch über einen Schatten seiner früheren Macht.

Oder die Meinungsmacht der Zeitungen. Wer die Zeitungen beherrschte, herrschte über die Politik. Randolph Hearst soll die USA in den Krieg gegen Spanien hineingeschrieben haben. »Wenn es keinen Krieg gibt, dann machen wir ihn eben«, soll er gesagt haben. Es ist noch nicht so lange her, da waren der Aufkauf von Zeitungen und ein damit entstehendes Meinungsmonopol heiß diskutierte Themen. Ich selbst bin 1968 gegen Springer auf die Straße gegangen. Heute kränkeln die Zeitungen vor sich hin und versuchen verzweifelt, ein Geschäftsmodell zum Überleben zu finden.

Nur eine Wahrheit durchsetzen. Die eigene. In der Geschichte gab es viele Versuche dazu. Noch keiner davon ist gelungen.

»Das Große bleibt groß nicht, und klein nicht das Kleine«, schrieb Bertolt Brecht. Für die Zeitgenossen verkörpert die Macht der jeweils einflussreichsten Organisationen die ganz große Gefahr – aber schon ein Jahrzehnt später ist davon oft nicht mehr viel zu spüren.

Auch das Silicon Valley wird die Weltherrschaft nicht erobern. Die Stimmung kippt bereits. Macht und Machtmissbrauch liegen eng beieinander. Den Klassiker dazu hat der amerikanische Senator James William Fulbright in den 60er-Jahren mit *Arroganz der Macht* geschrieben. Selbst der liberale britische *Economist* fordert bereits, Google aufzuspalten wie seinerzeit Rockefellers Konzern Standard Oil.

Nehmen Sie eine Wette an, dass auch die großen Digitalkonzerne in die Schranken gewiesen werden? Sei es aufgrund eigenen Fehlverhaltens, sei es durch die Politik, durch mehr Wettbewerb oder neue Konzepte.

Wissen heißt: macht!

Vom Wollen zum Tun

Wir haben festgestellt, dass das Feld der Ökonomie auf andere Werte und eine andere personelle Besetzung angewiesen ist. Wir haben argumentiert, dass sich der Citoyen stärker gegen einen Durchmarsch der Ökonomie positionieren kann – als Citizen Entrepreneur. Beschäftigen wir uns jetzt mit der Frage, wie diese andere Ökonomie ganz praktisch funktionieren kann.

In der arbeitsteiligen digitalen Gesellschaft werden die ökonomischen Chancen neu verteilt. Der Zugang zu aktiver Teilhabe am Wirtschaftsgeschehen verändert sich in einem Ausmaß, wie es die Geschichte noch nie gesehen hat.

Heute haben wir die Chance, Entrepreneurship anders anzugehen, als wir es aus der Vergangenheit kennen. Wissen steht uns, dank Digitalisierung, mit kurzem Zugriff zur Verfügung. Was früher Geschäftsgeheimnisse waren, etwa der Zugang zu Rohstoffen oder die Kenntnis und Beurteilung von Lieferanten, wird täglich transparenter und auch für Newcomer zugänglich.

Es ist der Prozess der Transformation von Wissen in erfolgreiche Businessmodelle, der den Ausschlag gibt. Wir nennen das konzept-kreative Gründungen – bekannte Beispiele dafür sind Facebook, Airbnb oder Uber. Kapital war früher ein Engpass, aber ist es im digitalen Zeitalter nicht mehr.

Heute liegt der Engpass in der Qualität der Unternehmenskonzepte. Guten Konzepten laufen Kapitalgeber hinterher. Risikobereites Anlagekapital ist fast schon im Überfluss vorhanden. Ein Beleg dafür sind Unternehmensbewertungen in Milliardenhöhe, ohne realen Bezug zu Umsatz oder Gewinn.[131]

Und heute stehen uns auch Mittel zur Verfügung wie nie zuvor. Wir leben in einer hoch arbeitsteiligen Gesellschaft. Vorprodukte, große Teile der Infrastruktur eines Unternehmens, aber auch digitale Dienste, vom Web-Auftritt bis zur kompletten E-Commerce-Lösung, können wir heute als

Kopf schlägt Kapital

 Der weltgrößte Vermittler von Unterkünften
besitzt keine Immobilien

 Das weltgrößte soziale Netzwerk
erzeugt keinen eigenen Content

 Das weltgrößte Taxiunternehmen
besitzt keine Fahrzeuge

Große Unternehmen – aber schlank, was das investierte Sachkapital angeht[132]

Komponenten heranziehen. Damit müssen wir nicht mehr alle Teile eines Unternehmens selbst aufbauen und finanzieren. Wir können ein Unternehmen aus bereits vorhandenen Bausteinen zusammensetzen.[133] Wer das tut, benötigt weit weniger Kapital als früher, kann von Anfang an professionell arbeiten und kann sich auf das konzentrieren, was den Kern des Entrepreneurship ausmacht: ein innovatives Konzept anzudenken, daran zu arbeiten und es schließlich zur Praxisreife zu bringen.

Es sind diese beiden Elemente, das Wissen und die Mittel, die unserem Anliegen entgegenkommen. Sie machen die Teilnahme im Markt für viel mehr Menschen möglich als jemals zuvor.

Die Fürsten, die bisher ihr Terrain beherrschten, sehen sich nun einer wachsenden Schar neuer Akteure gegenüber, die das Gebiet ebenfalls beanspruchen und die die Mittel haben, ihren Anspruch zu festigen und auszudehnen. Nicht nur, weil sie den Altfürsten oft technologisch und organisatorisch überlegen sind, sondern auch, weil sie mit Werten antreten, die zukunftsfähiger und sympathischer sind.

Nicht die althergebrachte Macht und der Einfluss der Fürsten entscheiden, sondern die besseren Konzepte und der Markt. Wenn alle die Mittel zur Verfügung haben und der Zugang zum Markt offen ist, hängt die Machtverteilung auch davon ab, in welchem Ausmaß die Chancen für Entrepreneurship tatsächlich wahrgenommen werden. Wir kennen diesen Gedanken aus der Politik: Über die Verteilung der Macht entscheidet letztlich, wie aktiv die Betroffenen ihre Rechte und Möglichkeiten wahrnehmen.

Wird damit nicht die alte Aristokratie durch eine neue Elite ersetzt? Ja, solange die Chancen nur von wenigen genutzt werden. Nein, wenn die aktive Teilhabe auf dem Feld der Ökonomie von vielen wahrgenommen wird, Menschen mit anderen Werten und Sichtweisen, die bisher glaubten, dass für sie der Zugang weder möglich noch wünschenswert sei. Die Zeit ist reif, die Chancen zu erkennen und zu nutzen. Von vielen Menschen, nicht nur ein paar schnellen Jungs.

Eines vorweg: Teilhabe an der Ökonomie kann viel einfacher sein, als Sie glauben. Sie müssen nicht in eine Höhle gehen, sich Löwen aussetzen und einen forschen Auftritt hinlegen. Setzen Sie sich lieber mit Ihren Freunden und Bekannten zusammen und überlegen Sie in entspannter Atmosphäre, welches Produkt oder welche Dienstleistung Sie sich gemeinsam vornehmen wollen. Gehen Sie einen ersten Schritt in Richtung Entrepreneur. Als Freund unter Freunden.

Die Freundschaftsökonomie

Freundschaft ist ein hohes Gut. In der Ökonomie allerdings gilt sie wenig. Von der konventionellen Ökonomie wird sie nicht gewürdigt. Die Beziehung zum Freund wird dort benutzt und kommerzialisiert. Den Freunden ein Produkt aufschwätzen und eine Prämie dafür kassieren – ich nenne das Judaslohn. Die Qualität einer menschlichen Beziehung, der Wert, den Freunde füreinander darstellen, wird dadurch korrumpiert. Einen Freund betrügt man nicht. Menschliche Beziehungen, Freundschaften und das ihnen innewohnende Vertrauen sind viel zu wertvoll, als dass wir sie um eines monetären Vorteils willen leichtfertig riskieren dürfen. Mit Freunden soll man keine Geschäfte machen. Aber bei dem, was ich im Folgenden als Freundschaftsökonomie bezeichne, ist genau das Gegenteil gemeint. Es geht nicht darum, die Freundschaft zu benutzen. Sondern die Freundschaft zu fördern. Erlangen wir gemeinsam mit unseren Freunden die Vorteile, die uns das alte System vorenthält. Wir agieren ökonomisch so, dass unsere Beziehungen davon profitieren. Statt unsere Beziehungen auszunutzen, um ökonomisch zu profitieren. Einem Freund gegenüber verhalte ich mich in Sachen Ökonomie so wie sonst in der Freundschaft auch. Das ist der Grundgedanke der Freundschaftsökonomie.

Unsere Vorstellungen von Business sind überholungsbedürftig. Wir sind viel zu gefangen in Bildern von smarten »Geschäftsleuten« und überarbeiteten Selbstständigen, rücksichtslosem Ellenbogen-Verhalten oder aggressiven Marketingstrategien. Ein kleiner Blick über den Tellerrand genügt schon, um ganz andere Möglichkeiten zu erkennen. Wenn es um Konkurrenz und Überleben im Markt ginge, brächten Männer einen Killerinstinkt mit, behauptet Guy Kawasaki.[134] Frauen hingegen gingen in der Regel anders vor. Sie würden sich gegenseitig viel stärker bei der Gründung unterstützen oder ihre Familienangehörigen und Freunde einladen mitzumachen, um effektiver zu arbeiten.

Mary Godwyn und Donna Stoddard fanden in einer Studie über »Minority Women Entrepreneurship« heraus, dass diese Frauen stärker im Einklang mit ihren sozialen und persönlichen Werten operieren und dass für sie Business nicht eigenen Regeln folgt; Wirtschaft ist für sie ein Teil der ganz normalen menschlichen Interaktion und der darin geltenden Werte.[135] Mehr noch: Sie wiesen einhellig das Verständnis des Unternehmers als eines Akteurs zurück, der nur im Eigeninteresse handle, auf Kosten von öffentlichen Interessen, von Umwelt oder Familie. Die alte Vorstellung sei von gestern, ja würde sich heute sogar desaströs auswirken. Die

Einstellungen dieser Frauen, so die beiden Autorinnen, repräsentierten ein neues Paradigma, das persönliche und soziale Werte ebenso hochhalte wie ökonomischen Erfolg.

Können wir die Studie auch so interpretieren, dass die Innovation darin liegt, ein anderes Mindset, einen anderen Wertekatalog einzubringen und erfolgreich anzuwenden? Und sind Frauen damit die besseren Entrepreneure? Vielleicht.

Ich will mich hier nicht zum Feministen stilisieren, sondern sagen, dass es längst Ansätze gibt, die neue Wege zeigen. Die konventionelle Welt des »Geschäftslebens« ist weder sympathisch, noch erzeugt sie wirklich gute Produkte, und sie ist auch nicht besonders effizient oder preiswert. Sie ist meist nur die einzig verfügbare – und für die meisten von uns einzig denkbare – Weise zu wirtschaften.

Die Alternative lautet: Schließen wir uns zusammen. Werden wir mit unseren Freunden und für unsere Freunde aktiv.

Elemente der Freundschaftsökonomie

Wir haben es im ersten Kapitel bereits gesehen: In der Wirtschaft ist die Herstellung von Waren nicht mehr der Engpass. Aber Käufer zu finden, die Schlacht um den Konsumenten, verschlingt das Geld. Wir können besser und kostengünstiger wirtschaften, wenn wir uns selbst auf den Weg zum Endkunden machen. Ohne zu manipulieren und ohne Kosten für Manipulation. Wir verteilen die Produkte selbst, gehen selbst auf die Bühne. Lassen dem Marketing-Monster die Luft raus.

Wie geht das praktisch?

Ein Student in der Sprechstunde. Er hätte eine Lehrveranstaltung bei mir besucht, jetzt brauche er den Schein. Wann das gewesen sei? Das wisse er nicht mehr. Was denn der Inhalt seinerzeit gewesen sei? Auch das wisse er nicht mehr.

Er muss gespürt haben, dass sich meine Stimmung gefährlich veränderte. Schnell fügte er hinzu: »Aber ein Unternehmen habe ich gegründet.«

»Oh«, – sagte ich. »Erzählen Sie.«
Auf einem italienischen Bauernhof habe er übernachtet. Mit anderen Gästen. Die hätten alle bei der Abreise das Olivenöl des Bauern eingepackt. Es sei gut, hätten sie gesagt, und preiswert. Da hätte auch er ein paar Flaschen mitgenommen. Zum Weiterverkaufen. Seinem Bekanntenkreis hätte das Öl ebenfalls gefallen. Wie den Gästen auf dem Hof. Das Öl sei von besserer Qualität und preiswerter gewesen als das im Handel erhältliche. Nachbestellungen hätte er erhalten. Daraus sei erst ein kleiner Handel entstanden. Die Sache habe sich aber herumgesprochen. Zum Schluss habe er 400 Kunden gehabt. Eines Tages erhielt er ein Angebot von Tengelmann, ihm seine Firma abzukaufen. Für 30 000 Euro. Das habe er angenommen.

Die Geschichte zeigt: Es genügt manchmal schon, die Augen offen zu halten. Es muss kein heroischer Beschluss sein, Entrepreneur zu werden. Und man kann ganz nebenbei anfangen. Und überlegen Sie, wie lange Sie sonst arbeiten müssen, um 30 000 Euro auf die hohe Kante legen zu können. Aber wie die Sache angehen, wenn einem nicht, wie im obigen Beispiel, der Zufall zu Hilfe kommt?
Antwort: Sie machen es wahrscheinlich längst. Im Urlaub. Sie sehen sich Waren an, prüfen die Qualität, vergleichen, ob es preiswerter als bei uns ist. Kaufen ein. Für sich selbst, aber denken Mitbringsel, Geschenke an Ihre Freunde gleich mit.
Gehen Sie einen Schritt weiter. Lassen Sie sich eine Business Card des Herstellers, Händlers oder Verkäufers geben, sodass Sie nachordern können. Für sich wie auch für Ihre Freunde und Bekannten. Ihr eigener Einkauf wird dann zum Prototyp für eine Sammelbestellung. Die Bezugsquelle kennen Sie bereits. Informationen über Einfuhrbestimmungen finden Sie unter www.finanztip.de/einfuhrzoll.
Der Versand wird sinnvollerweise vor Ort von Ihrer Bezugsquelle organisiert.
Die Lieferung müssen Sie beim nächstgelegenen Zollpostamt abholen, wo ein freundlicher Beamter in Ihr Versandgut hineinäugt, ob sich denn

nichts Böses darin verbirgt und Sie sich einigermaßen innerhalb der Freigrenzen bewegen. Allein in Berlin gibt es mehr als 20 solcher Stellen.
Sie sehen: Nichts daran ist schwierig, riskant oder erfordert hohe betriebswirtschaftliche Kenntnisse. Aber es ist ein erster Schritt zum eigenen Unternehmen.[136]

Kann man das Ganze nicht auch systematisch angehen?

Man kann. Mit den folgenden Schritten.

- Recherchieren: Welche Produkte kommen für mich und meine Freunde infrage?
- Ein Produkt auswählen.
- Recherchieren: Was ist der State of the Art für diese Produktkategorie? Welches Produkt hat die beste Qualität?
- Einen Hersteller für das ausgewählte Produkt ausfindig machen.
- Ihn für die Kooperation gewinnen.
- Das Produkt bei ihm herstellen lassen.
- Das Produkt an Freunde und Bekannte weitergeben.

Ein Produkt wählen und sich informieren

Es ist eine Situation, die Ihnen längst vertraut ist. Sie sehen sich Waren an, prüfen Qualität und Preis. Kaufen ein. Für sich selbst. Gehen wir den Schritt zur Freundschaftsökonomie: Denken Sie Ihre Freunde und Bekannten bei Ihren nächsten Einkäufen gleich mit.

Prüfen Sie, bei welchen Waren es Sinn macht, für sich und Ihre Freunde günstiger als bisher einzukaufen. Gehen Sie in Gedanken Produkte durch und fragen Sie sich, wo es Sinn machen würde, eine Einkaufsgemeinschaft zu bilden. Die Idee dabei ist, zu einer so umfangreichen Bestellmenge zu kommen, dass es lohnt, den Hersteller zu finden und dort günstig einzukaufen. Warum diese Anstrengung? Weil wir auf diese Weise hohe Marketingkosten sparen können.

Wenn Sie sich für ein Produkt entschieden haben: Recherchieren Sie, welches Fabrikat die höchsten Qualitätsanforderungen erfüllt. In den meisten Fällen finden Sie die Antwort in den Veröffentlichungen der Stiftung Warentest und bei Vergleichsplattformen im Internet.

Einen Hersteller finden

Wir sind es gewohnt – etwa von den Automarken –, davon auszugehen, dass der Anbieter einer Marke auch selbst der Hersteller des Endprodukts ist. Das ist aber in vielen Bereichen nicht mehr der Fall. Wo Marke und Hersteller des Produkts getrennt sind, eröffnet sich uns die Chance, selbst beim Hersteller einzukaufen und an der Marke vorbeizugehen. In *Kopf schlägt Kapital* habe ich hierfür das Beispiel »Zahnbürsten« gegeben.[137] Das, was als verschiedene Zahnbürstenmarken im Laden steht, stammt in Deutschland fast ausschließlich von einem einzigen Hersteller. Dazu muß man wissen: Die Produktion einer marktüblichen Zahnbürste kostet circa 20 Cent. Discounter wie Aldi oder Lidl versuchen, den Preis auf 19 oder 18 Cent zu drücken. Wir könnten ohne Weiteres 22 Cent zahlen und damit immer noch sehr günstig einkaufen – und sogar dem Hersteller eine deutlich bessere Verdienstmarge bieten.

Der Fabrikant hat selbst einen ökonomischen Vorteil, wenn er direkt an Endkunden verkauft. Er weiß am besten, wie groß die Differenz ist zwischen dem, was die Markenanbieter ihm im Einkauf bezahlen, und dem Endpreis, der beim Verkauf im Laden vom Kunden verlangt wird. Dass er in den meisten Fällen bisher nicht an Endkunden verkauft, liegt daran, dass er unter eigenem Namen nicht als Konkurrent der Marken auftreten kann, die bei ihm einkaufen. Und es liegt daran, dass seine Logistik nicht auf Einzelverkauf ausgerichtet ist. Wenn Sie mit dem Wunsch einer größeren Bestellung an ihn herantreten, sieht das für den Hersteller gleich ganz anders aus. Sie kommen damit näher an seine gewohnten Abläufe heran.

Allerdings müssen Sie eines bedenken: Der Hersteller darf seine bisherigen regulären Abnehmer nicht vergraulen. Daher sollten Sie Ihren Kontakt, wenn Sie ihn hergestellt haben, nicht laut hinausposaunen. Damit würden Sie Ihren Hersteller in Schwierigkeiten bringen. Machen Sie deutlich, dass Sie nur für Ihren Freundes- und Bekanntenkreis einkaufen und die Sache nicht publik wird. Machen Sie auch gegenüber Ihren Freunden deutlich, dass die Aktion, zumindest am Anfang, nicht gleich allgemein bekannt werden darf. Wahrscheinlich wird das der Hersteller sowieso zur Bedingung machen.

Wenn Sie es auf direktem Wege, in direkter Ansprache nicht schaffen, einen Kontakt zu einem Hersteller zu knüpfen, versuchen Sie es mit einem kleinen Umweg. Als ich anfing, über Tee zu recherchieren, habe ich mich als Hochschullehrer zu erkennen gegeben, der für seine Studenten mehr praktische Bezüge in die Lehre einbringen wollte. Damit habe ich nichts Falsches gesagt. Vermutlich hätten es die Teehändler ohnehin nicht für möglich gehalten, dass ich ihr Konkurrent werden könnte. Sie haben ja auch anfangs über die Teekampagne gelacht. Was ich damit sagen will: Vielleicht können Sie einen plausiblen Grund finden, der dem Hersteller einleuchtet. Vielleicht zieht er auch mit, wenn er sieht, dass er von Ihnen immerhin mittelgroße Bestellungen bekommt.

Wie immer Sie vorgehen wollen, Sie brauchen einen Hersteller, und Sie müssen einen Weg finden, ihn anzusprechen und von Ihrem Anliegen des gemeinsamen Einkaufs für Ihren Freundes- und Bekanntenkreis zu überzeugen. Geben Sie nicht auf, wenn Sie Rückschläge erleben und nicht gleich zum Ziel kommen. Da Sie eine Win-win-Situation für die Hersteller und für sich schaffen, sind die Aussichten gut, am Ende einen Hersteller zu finden, der mit Ihnen kooperiert.

Mit dem Hersteller verhandeln

Stellen Sie sich vor, Sie sind mit den Waschmitteln, die wir von den großen Konzernen kaufen, unzufrieden. Sie haben herausgefunden, dass man Waschmittel ökologisch vernünftiger und damit sparsamer zusammensetzen kann. Heißt das, dass Sie die Herstellung des Waschmittels selbst übernehmen müssen? Das würde riesige Investitionen und eine hohe Abhängigkeit von Kapital und Experten bedeuten sowie große eigene Managementleistungen erfordern. Ein Gründer mit Waschpulverfabrik? Völlig unrealistisch. Auch gar nicht wünschenswert.

Wie also vorgehen? Das erwähnte Szenario ist echt, und ich erzähle die folgende Geschichte so, wie sie sich zugetragen hat.

Das Problem war, bei einem Hersteller für Waschmittel Interesse an der Zusammenarbeit zu wecken, ohne gleich allzu detaillierte Informationen zu liefern. Schließlich wollten der Gründer und ich, sein Business Angel, den Kern des Konzepts nicht von Anfang an preisgeben. Wir hatten Sorge, dass uns die einfache und überzeugende Grundidee weggenommen werden könnte. Also bereiteten wir eine Geheimhaltungserklärung vor. Und nahmen Kontakt zu Herstellern auf.

Es hagelte Absagen. Nach monatelanger Suche fand sich schließlich ein Interessent aus dem Osten Deutschlands, ein innovatives mittelständisches Unternehmen mit einem aufgeschlossenen Mann an der Spitze. Es kam zum Gesprächstermin in Berlin. Der Gründer, ein Rechtsanwalt, und ich, ein Hochschullehrer, erklärten dem Betriebsleiter des Unternehmens, einem promovierten Chemiker und Experten für Waschmittel mit jahrzehntelanger Berufserfahrung, dass sie ein eigenes und, wie sie glaubten, intelligenteres Konzept für Waschpulver hätten. Und einen Hersteller dafür suchten.

Eine ziemlich paradoxe Situation, wie Sie sich unschwer vorstellen können. Und dann hatten wir auch noch unsere Geheimhaltungserklärung in der Tasche. Irgendwann mussten wir damit herausrücken. Der Experte sollte vorweg unterschreiben, dass er die Idee des Gründers, eines Laien, so streng vertraulich behandeln würde wie den Lageplan eines Piratenschatzes – ohne zu wissen, worum es sich überhaupt handelte. Wir schafften es, aber es bedurfte schon der *Mother of all Fingerspitzengefühl*, um das hinzubekommen.

Ich beschreibe diese Details so offen, weil dies eine für Freundschaftsökonomie typische Situation sein wird. Sie sind der Laie, stehen einem Experten gegenüber und wollen ihm klarmachen, dass Sie ein gutes oder gar besseres Konzept haben. Da müssen Sie einiges an Skepsis, auch Unmut aushalten. Und trotzdem freundlich reagieren. Sie müssen mit viel Gefühl für die Situation und mit Bescheidenheit, aber einem Ziel vor Augen um Vertrauen und Zustimmung werben.

Das Ganze kann nur dann gut ausgehen, wenn Sie vorher wirklich umfangreich recherchiert haben und Ihr Gegenüber den Eindruck gewinnt, dass er keinen naseweisen Besserwisser mit einem ulkigen Einfall vor sich hat – sondern dass Sie zwar Laie sind, aber erhebliche Vorarbeit geleistet haben und den Vorteil des Nichtexperten einbringen, nämlich eine unvoreingenommene Sicht auf die Dinge. Experten hören nicht gerne, dass sie betriebsblind seien und dass ein Laie ihnen vormachen könne, wo eine vielversprechende Innovation liegt. Sie müssen überzeugen, mit Sachlichkeit und Bescheidenheit, nicht großem Ego und Besserwisserei.

Es ist natürlich nicht so, dass wir das Expertenwissen des Herstellers nicht brauchen, im Gegenteil. Gerade wenn Sie selbst kein Detailwissen haben, sind Sie darauf angewiesen, mit den Experten konstruktiv zusammenzuarbeiten. Am Beispiel Waschpulver: Wenn man den Anteil des Enthärters verändert, welche Probleme wirft das für die Zusammensetzung des Waschpulvers auf? Welche Inhaltsstoffe sind ökologisch bedenklich? Und was kostet es zusätzlich, wenn man sie ersetzen will?

Überhaupt die Kosten. Was ist die Mindestmenge, die Sie abnehmen (und gegebenenfalls vorfinanzieren) müssen, damit die Mischanlagen des Herstellers überhaupt technisch funktionieren? Und dann die Preisverhandlungen. Wie weit gelingt es Ihnen, dass der Hersteller Sie als vielversprechenden Kunden betrachtet, mit hoffentlich wachsenden Umsatzvolumina in der Zukunft? Wenn Sie wirklich ernsthaft gearbeitet und ein gutes Produkt herausgefunden haben, das Sie zu einem günstigen Preis anbieten können, dann wird es sich fast wie von selbst ergeben, dass Ihre Freunde und Bekannten darüber sprechen und Ihre Einkaufsgemeinschaft auf diesem Weg groß genug wird, um für Hersteller attraktiv zu sein.

Alles in allem ist es keine leichte Aufgabe, einen Hersteller zu finden. Sie verlangt ein hohes Maß an Ausdauer, guter Vorbereitung und diplomatischem Geschick. Aber sie ist lösbar. Wir hatten bei unserem Hersteller Erfolg.

Sollten Sie im Inland Ablehnung erfahren, können Sie auch Anbieter im Ausland ansprechen. »Globalisation is no longer just the realm of big business – it is for everyone, from every country«, sagt David Wei von Alibaba, der bekannten Online-Handelsplattform mit Sitz in China.[138] Jeder kann heute die Globalisierung für sein Geschäft nutzen. Wer Partnerschaften mit Herstellern aus dem Ausland eingehen will, kann diese leicht im Internet finden.[139] Dabei hilft Ihnen zum Beispiel die Plattform AliExpress.com. Sie können dort erst einmal ein oder wenige Exemplare als Prototypen bestellen und ausprobieren. Bis 22 Euro ist das Paket sogar zollfrei.[140] So bleibt Ihr Vorgehen einfach und Ihr Risiko gering.

Preise

Ein Indiz dafür, wie viel Luft in den Verkaufspreisen von Markenartikeln ist, sind die sogenannten Outlet-Center. Bei diesen Verkaufsstellen gibt es das ganze Jahr über hohe Rabatte. Ob Armani oder Calvin Klein – Designermarken sind teuer. Abseits der Fußgängerzonen und Boutiquen werden die Stücke der Topmarken aber anders angeboten: Beim Einkauf im Outlet-Center zahlt man oft nur die Hälfte des Preises oder sogar noch weniger. Sie sehen also, wie sich Brüche zeigen, die belegen, dass die extreme Differenz zwischen Herstellung und Verkaufspreis bei solchen Markenartikeln kaum noch durchzuhalten ist. Die Preisnachlässe, die in den Outlets gewährt werden, zeigen, auf welchem schmalen ökonomischen Grat die Betreiber der Marken operieren.

Solange Sie Markenartikel im Handel kaufen, bezahlen Sie die Marke mit. Wenn Sie das gleiche Produkt ohne Markenetikett direkt dort kaufen, wo die Markenmacher herstellen lassen, wird der Preis noch einmal deutlich niedriger. Der Verzicht auf enorme Marketingkosten in der Freundschaftsökonomie ermöglicht es Ihnen sogar, den Herstellern einen besseren Preis zu zahlen, als es die Marken tun!

Das starke Lebensgefühl, das Ihnen Marken geben wollen, erfahren Sie besser, wenn Sie an der Quelle einkaufen und die Ökonomie in die eigenen Hände nehmen. Und zwar als authentisches Erlebnis statt als Markensäuseln. Inzwischen suchen auch manche Hersteller selbst den Kontakt zum Endkunden. Ein Beleg dafür sind die sogenannten Fabrikverkäufe. Wir laufen also mit unserer Strategie in bereits halb offene Türen.

Der direkte Einkauf ist die eine Seite der Medaille. Die andere ist der faire Verkauf. Bieten Sie Ihr Produkt preiswert an. Viel preiswerter sogar als die herkömmlichen Anbieter. Auch das können Sie, weil Sie die Marketingkosten sparen. Weil Sie nicht fremde Menschen bewerben müssen, sondern Freunden und Bekannten etwas sehr Günstiges anbieten.

Und nur so ist es legitim und funktioniert. Nur wenn wir deutlich und erkennbar besser sind als die Angebote der konventionellen Ökonomie, macht die Freundschaftsökonomie Sinn und hat die Chance, einen Durchbruch zu erzielen. Also nicht den Freunden ein Produkt aufschwätzen und eine Prämie dafür kassieren. Sondern etwas außerordentlich Günstiges für die Freunde tun und sie teilhaben lassen. Ihr Freund-Ökonom sein, statt die Freundschaft für sich ökonomisch auszubeuten.

Eigene Marge oder nicht?

Seien Sie transparent. Legen Sie die Konditionen Ihres Herstellers offen. Und auch und gerade, ob etwas für Sie dabei herausspringt. Für die Verauslagung des Geldes, für die vorübergehende Lagerhaltung und – falls Sie das wollen – auch für Ihren Verdienst. Falls Sie nämlich das Gefühl haben, dass Sie viel Aufwand haben, wird Ihnen die Sache ohne Verdienst vielleicht keinen Spaß mehr machen. Das aber sollte sie unbedingt. Die

Marge sollte nachvollziehbar und fair sein. Zehn Prozent könnte so eine Marge betragen. Sie könnte auch ein Puffer sein, falls etwas Unvorhergesehenes passiert.

Aber überlegen Sie es sich gut. Es könnte sein, dass diese Marge die Beziehung zu Ihren Freunden belastet. Es könnte auch sein, dass Sie nun anfangen, über Skalierung nachzudenken und zu rechnen, wie viel Umsatz Sie brauchen, um ein hohes Einkommen zu erwirtschaften oder Ihre Gewinne zu maximieren. Dann sind Sie schnell wieder in der alten Ökonomie, in der Ökonomie der Gegenseite, die wir ja gerade verlassen wollten. Mein Vorschlag: Verzichten Sie auf eine Marge für sich. Riskieren Sie nicht, dass sich ein ökonomisches Kalkül in Ihre Freundesbeziehungen einschleicht. Bleiben Sie dem Grundgedanken von Freundschaft treu. Tun Sie etwas für Ihre Freunde, betrachten Sie es als Gewinn, Ihre Beziehungen zu stärken. Genießen Sie die intensiveren Kontakte zu Ihren Freunden und Ihrem Bekanntenkreis; genießen Sie auch, dass Sie bald ein begehrter Know-how-Geber und geschätzter Gesprächspartner sein werden. Gute Beziehungen aufzubauen und zu pflegen ist unbestreitbar ein wichtiger Teil eines geglückten Lebens. Tun Sie etwas dafür. Tun Sie etwas Nützliches für Ihre Community. Helfen Sie Ihren Freunden, Geld zu sparen und trotzdem bessere Produkte zu bekommen. Setzen Sie auf eine Ökonomie der guten Beziehungen.

Die Verteilung von Waren neu denken

Sagen Sie Ihren Freunden, dass Sie sich ein bestimmtes Produkt sehr genau angesehen haben, dass Sie aufwendig recherchiert und einen kooperativen Hersteller ausfindig gemacht haben. Einen Hersteller, dessen Produktionsprozesse und Arbeitsbedingungen transparent, nachhaltig und, wenn irgend möglich, auch vorbildlich sind. Wir wollen ja nicht irgendeine Ökonomie, sondern erkennbar besser sein als die vorfindbare. Sagen Sie Ihren Freunden, dass man demnächst dieses Produkt bei Ihnen preiswerter kaufen kann als draußen in den Geschäften, ja sogar im Supermarkt.

Machen Sie deutlich, dass es ökologisch und ökonomisch Sinn macht, wenn Ihre Freunde bei Ihnen kaufen. Und dass Sammelbestellungen ökologisch vernünftiger sind als Einzelkäufe. Dass Sie für eine gute Sache stehen: Produkte qualitativ besser und preiswerter zu machen.

Wenn Sie wirklich ernsthaft gearbeitet und ein gutes Produkt herausgefunden haben, das Sie zu einem günstigen Preis anbieten können, dann wird es sich fast wie von selbst ergeben, dass Ihre Freunde und Bekannten am Arbeitsplatz darüber sprechen und Ihre Einkaufsgemeinschaft auf diesem Weg groß genug wird, um für Hersteller attraktiv zu sein.

Kommt Ihnen hierbei oder beim Begriff »Freundschaftsökonomie« Tupperware in den Sinn? Das wollen Sie nicht sein? Das sollen Sie auch nicht. Seien Sie ein ehrlicher Makler. Ein Vertreter der Interessen Ihrer Freunde. Für ein qualitativ hochwertiges Produkt, das Sie durch Recherche und Direkteinkauf besonders preisgünstig machen können. Benutzen Sie die Beziehung zu Ihren Freunden nicht, um sie zu überreden, ein Produkt zu kaufen, für das Sie eine Verkaufsprämie erhalten. Freundschaftsökonomie hat nichts mit dem zu tun, was häufig »Strukturvertrieb« genannt wird.

Wir haben die manipulative Ökonomie mit ihren Tentakeln tief in unsere Beziehungen eindringen lassen. Die schönsten Texte, geradezu Poesie, finden wir in den Werbespots der Unternehmen. Nicht die Liebe, sondern Red Bull verleiht Flügel. Diese Art von Ökonomie gehört aber nicht in unsere Beziehungen – wir sollten uns die Souveränität über unsere Privatsphäre wieder aneignen. Holen wir uns die Beziehungsebene zurück. Gestalten wir unser Verhältnis zu Freunden und Bekannten selbst. Nehmen wir die Ökonomie in die eigenen Hände, statt uns im halbseidenen Spinnennetz von Marketingstrategen einfangen zu lassen.

Sammelbestellungen

Sammelbestellung ist ein gutes Prinzip. Ökonomisch wie ökologisch. Während E-Commerce unter dem Verdacht steht, viele unnötige Einzelfahrten zu produzieren,[141] fällt dies bei einer Sammelbestellung weg. Der Besteller verteilt die Waren – und das in der Regel unaufwendig im Rahmen seiner normalen, ohnehin anfallenden Wege und an den Orten, an denen er sich häufig aufhält, zum Beispiel zu Hause oder im Büro. Diese Art von Logistik spart Transaktionskosten für den Hersteller wie für den Sammelbesteller wie für die Endkunden. Sie ist auch ökologisch vernünftiger als viele Einzeleinkäufe beim Discounter. Daher gibt es auch schon eine Reihe von Initiativen, die Einkaufsgemeinschaften anbieten oder fördern. Warum ich die Sammelbestellungen so betone? Weil sie sich bei der Teekampagne wie von selbst ergeben haben. Wir mussten nichts dafür tun. Sie wurden uns, wenn man so will, geschenkt. Ist das nicht ein Indiz dafür, dass wir richtig damit liegen, Sammelbestellungen ins Auge zu fassen und die Bedingungen dafür – wie mit der Freundschaftsökonomie – zu schaffen?

Und noch ein Punkt: Die Teekampagne hat zweimal einen Anlauf unternommen, Sammelbesteller zu belohnen. Wir haben gefragt, wie wir die Mühe und das Engagement honorieren können, bei seinen Freunden und Bekannten Bestellungen einzusammeln, eine Großbestellung aufzugeben, meistens vorzufinanzieren, das Paket entgegenzunehmen oder abzuholen, die Ware zu verteilen und das Geld einzusammeln. Eine nicht unbeträchtliche Mühe. Könnte man meinen. Die Reaktion unserer Kunden war beide Mal einhellig und deutlich: Wie wir denn auf so eine Idee kämen? Das sei doch selbstverständlich. Das sei doch ökologisch eine gute Sache. Sie würden es merkwürdig finden, dafür belohnt zu werden.

Fazit: Die Sammelbestellung funktioniert ohne monetäre Anreize. Jedenfalls bei einem Teil der Bevölkerung. (Die Teekampagne hat über 200 000 Kunden und einen Umsatz von 10 Millionen Euro, darunter gut ein Viertel durch Sammelbestellungen.)

Ressourcensparende Distribution

Ich habe argumentiert, dass sich die Waren durch sogenanntes modernes Marketing unverhältnismäßig verteuern, dass sich die Marken zwischen Hersteller und Käufer schieben. Halten wir einen Moment inne und fragen uns, ob dies so bleiben muss, wie wir es vorfinden, oder ob wir nicht von den konventionellen Formen der Warenverteilung Abschied nehmen können. Fragen wir uns, ob nicht in einer modernen Ökonomie – und mit »modern« meine ich eine ressourcensparende, intelligentere Ökonomie – die Verteilung von Waren ganz anders gedacht werden kann und muss.

Betrachten wir die ganze Sache einen Moment aus der Sicht des Umgangs mit Ressourcen. Wie könnte – unter Einsatz moderner Mittel und Technologie – Warenverteilung so mittelsparend wie möglich gestaltet werden? So, dass möglichst wenig Aufwand auf allen Seiten entsteht? Entsteht der Hauptaufwand bei den Produzenten? Oder in der Logistik der Verteilung? Wir haben gesehen, dass sich eine andere Dimension eher unbemerkt in den Vordergrund geschoben hat: der Aufwand für Werbung und Marketing, also der Aufwand der Markenbauer und -betreiber. Daher geht es nicht nur um die Frage, wie man das Segment Handel intelligenter handhaben kann. Sondern es geht darum, wie man dem überbordenden Ressourcenverbrauch der Konsumwelten begegnen kann.

Eigentlich liegt es doch auf der Hand: Wir Verbraucher müssen uns mit den Produzenten zusammentun. Vielleicht in Zukunft sogar mit moderner Technologie selbst produzieren. Wir müssen die Kluft zwischen Produzent, also dem reinen Herstellen der Waren, und uns überspringen. Das ist mehr, als nur den Zwischenhandel auszuschalten.

Wenn wir selbst direkt einkaufen, ohne den Aufwand für Marken und kostenfressende Einzelhandelsgeschäfte, und die Waren an unsere Freunde und Bekannten verteilen – dann haben wir den Weg eingeschlagen, der den geringsten Aufwand und Ressourcenverbrauch verursacht. Großeinkauf und Verteilung im eigenen Umfeld. Ohne Ladenlokal und seine Kosten, ohne lange Lagerhaltung und das Risiko, auf unverkäuflicher Ware sitzen zu bleiben.

Wird das funktionieren? Die Antwort heißt: Das gibt es schon. Einige von uns, die sich die modernen Wertschöpfungsketten angesehen haben, sind längst auf das Format gestoßen, das ich hier beschreibe. Aber es sind wenige, es sind Ausnahmen. Wenn wir dies im großen Stil betreiben, haben wir deutlich geringere Lebenshaltungskosten, und die Menschen werden mit ihren vorhandenen Mitteln besser leben können. Gerade die sozial Schwächeren werden davon profitieren, weil wir viele Waren wie Schuhe, Kleidung – auch viele Produkte, die heute von Lebensmittelkonzernen gehandelt werden – deutlich preiswerter haben können.

Das Feld Amazon überlassen?

Stationärer Einzelhandel war in der Vergangenheit eine naheliegende, ökonomisch vernünftige und lieb gewonnene Form des Warenvertriebs. Inzwischen haben sich die Bedingungen völlig verändert. Früher waren die Mieten und die Löhne niedrig. Heute sind die Mieten für gute Shopping-Lagen astronomisch hoch, ebenso die Kosten für den Unterhalt solcher Geschäftslokale. So wie heute die Verteilung der Waren organisiert ist, bietet der Einzelhandel eine breite Angriffsfläche für den Konkurrenten der Zukunft.

Amazon.

Amazon kann die Vielfalt. Und das sogar mit Vorteilen. Anders als ein Einzelhandelsgeschäft, das bei mehr Warenangebot immer größer und unübersichtlicher wird, hat Amazon die Suchlogik im Internet auf seiner Seite. Damit hat die Vielfalt aufgehört, Platz zu belegen. Der Käufer sucht gezielt nach einem Produkt und findet es unmittelbar, und er trifft auf mehr Informationstiefe. Kann zudem im Internet einfacher und schneller vergleichen, als das in der Einzelhandels-Realität draußen möglich wäre.

Amazon kennt die Kunden besser als der Handel. Aus der Analyse der Kundendaten kann Amazon gezielter und effizienter werben. Vor allem aber kann der Online-Händler mit eigenen Labels den großen Marken Konkurrenz machen. Amazon kann deutlich preiswerter anbieten, weil es keine teuren landesweiten Marketingkampagnen alten Stils mehr benötigt.

Die Prognose an dieser Stelle ist nicht schwer: Mit dieser Strategie wird Amazon die Nase vorn haben. Was mit Büchern anfing, wird zum digitalen Großkaufhaus für fast alles. Heute hat der Konzern bereits – eher unauffällig – mehr als 100 Eigenmarken auf seiner Plattform.

Wäre doch schade, wenn wir ausgerechnet einem der ganz Großen das Feld überlassen würden. Wir können es besser als Jeff Bezos. Wir brauchen keinen Konzern als Zwischenhändler, keine neuen Paketpackzentren und umweltbelastende E-Commerce-Logistik. Wir können Sammelbestellungen direkt vom Hersteller organisieren. Das ist einfacher, kostensparender, umweltfreundlicher und sympathischer.

Sharing

Der Gedanke des Sharing hat Sprengkraft, im positiven Sinne. Er schlägt eine Bresche in die Konsumwelten-Gesellschaft. »Mehr Zeit als Zeug« ist der aktuelle populäre Spruch dafür. Zeitwohlstand statt Güterreichtum. Wohlstand kann etwas qualitativ anderes sein als vorrangig materielle Güter. Freude an der Natur, der Kunst, dem Schönen, dem Lernen, gelegentliche Stille, die Fähigkeit des Einzelnen, mit sich selbst etwas anfangen zu können, und nicht zuletzt die Gewissheit, Teil einer lebendigen Gemeinschaft zu sein.[142]

Im Jahr 2000 propagierte Jeremy Rifkin die »Access Society«, die Zugangsgesellschaft. Besitz sei schwerfällig, argumentierte er. Viel intelligenter sei es, die Produkte lediglich zu nutzen. Andere nennen es die »Share Economy« oder »Collaborative Consumption«. Das Automobil-Sharing ist das bekannteste Beispiel dieser Bewegung.

In der Vergangenheit verbanden wir Konsum in der Regel mit dem Besitz von Waren. Diese Art von Konsum verbraucht Ressourcen. Wir wissen, dass der sichtbare Ressourcenverbrauch – also das, was man dem Konsumgut ansieht – nur ein kleiner Teil dessen ist, was wirklich an Ressourcen aufgebraucht wird. Wenn wir den ökologischen Rucksack mitbedenken, ist der Ressourcenverbrauch in Wahrheit um ein Vielfaches höher. Mit intelligenten Nutzungskonzepten sieht die Rechnung dagegen deutlich günstiger aus. Man kann deshalb die These wagen: Früher lagen die unternehmerischen Chancen für Entrepreneure in der Herstellung von Produkten und Dienstleistungen, heute liegen sie – gerade für ökologisch engagierte Entrepreneure – bei der Herstellung von Nutzen. Und der kann auch durch Produkte entstehen, die man sich mit anderen teilt. Volkswirtschaftlich spielt der Gemeinschaftskonsum erst eine geringe Rolle. Aber intelligente Nutzungskonzepte haben Zukunft.

Wenn wir vom Nutzen statt vom Besitzen her denken, bedeutet Teilen nicht Verzicht. Wenn man vom Besitz eines Automobils auf die Nutzung umsteigt, ist damit kein Verzicht auf Mobilität verbunden. »Nutzen statt Besitzen« – eine erste Gruppe von Konsumenten erkennt, dass sie mit einer solchen Handlungsanleitung sogar einen Wohlstandsgewinn erzielt.

Natürlich ist der Gedanke des Teilens nicht neu. Auch die Idee der Wohngemeinschaft gehörte dazu. Allerdings sind WGs in der Regel ein Beispiel dafür, wie es nicht gut funktioniert. Die gemeinsame Küche ist unansehnlich, der Abwasch stapelt sich in der Spüle. Die Wahrnehmung von Schmutz ist bei den Mitgliedern unterschiedlich ausgeprägt – während die einen schon anfangen, sich zu ekeln, sehen andere den Schmutz noch gar nicht. (Ich spreche aus 17 Jahren WG-Erfahrung.)

Die eigentlich innovative Leistung liegt darin, das Prinzip des Teilens so attraktiv zu machen, dass es in seiner Praxis konventionellen Verhaltensweisen überlegen ist. Die Tür tut sich auf, wenn moderne Technologien eingesetzt werden können, die die Nutzung vereinfachen. Es braucht ein Smartphone, leistungsfähige Rechner, Minibezahlsysteme und einiges mehr, was Konzepte wie das Carsharing so sehr erleichtert, dass die Vorteile des Teilens im Vergleich zum Besitzen überwiegen. Früher hätte man Verträge ausfüllen, mit Schecks, Bargeld oder Überweisung bezahlen müssen. Das alles nehmen uns heute im Hintergrund laufende digitale Prozesse ab.

Sharing-Angebote werden zunehmen. Ein Beispiel: Carsharing kennen wir, aber wie sieht es mit Strom-Sharing aus? Während in den letzten 150 Jahren Strom ausschließlich über große Kraftwerke produziert wurde, die Großkonzernen gehören, findet in den letzten Jahren ein Paradigmenwechsel statt. Strom aus Sonnen- und Windkraft wird heute in über zwei Millionen dezentralen kleinen Kraftwerken produziert, von Hausbesitzern. Diese Kleinkraftwerke stellen bereits 35 Prozent des Stroms in Deutschland bereit, und das auf eine umweltfreundliche Weise.

Das Unternehmen Sonnen hat eine Plattform für Strom-Sharing errichtet. So entstand eine Gemeinschaft, die Menschen, die ihren Strom selbst produzieren, zu einem unabhängigen Netzwerk verbindet. Wenn eine Anlage mehr Strom produziert, als momentan gebraucht wird, kann nicht nur Strom in einem Akku gespeichert werden, sondern dank digitaler Technologie werden die Anlagen intelligent miteinander verknüpft. Die Mitglieder der Community teilen also ihren selbst produzierten Strom untereinander – ohne einen Stromkonzern dazwischen.[143]

Auch ohne selbst Stromerzeuger zu sein, ist es sinnvoll, Mitglied der Community zu werden. Mit einem Batteriespeicher sind Sie dabei. Es hat den Vorteil, dass die Community der Erzeuger auch auf Teilnehmer zurückgreifen kann, die unabhängig von den Schwankungen der Stromerzeugung bei Sonne und Wind Speicherkapazität bereitstellen. Die Community ist eine dezentrale Energiegemeinschaft, die auf Grundlage des Teilens die Stromversorgung intelligenter, nachhaltiger und transparenter macht.

Noch ein weiterer Aspekt des Sharing ist wichtig: Es wirkt sich auf die Macht der Marken aus. Wenn jeder sein eigenes Auto kauft, spielt die emotionale Aufladung der Marke eine große Rolle. Entsprechend groß sind die Summen, die ins Marketing gesteckt werden. Kauft stattdessen ein Sharing-Betreiber ein, wird dieser Kauf zu einem B2B-Geschäft, von Unternehmen zu Unternehmen. Und dann spielen die Betriebskosten des Wagens eine entscheidende Rolle, tritt das Preis-Leistungs-Verhältnis in den Vordergrund. Damit werden diejenigen Produkteigenschaften gestärkt, für die Marken einmal standen: Qualität, Lebensdauer, gutes Preis-Leistungs-Verhältnis.

Ich erinnere mich an ein Interview mit einem Unilever-Manager, der als besonderen Ausweis des ökologischen Engagements seines Unternehmens hervorhob, dass mit den neuen Waschmitteln die Wäsche schon bei 20 Grad Wassertemperatur sauber werde – die Energie für das Aufheizen des Waschwassers werde gespart. Auf die Frage, ob es denn nicht noch viel ökologischer wäre, wenn Unilever ein Waschmaschinen-Sharing fördern würde, sodass viel weniger Geräte in den Haushalten benötigt werden, schüttelte er heftig den Kopf. Denn dann würden Waschmittel nicht mehr von Hausfrauen eingekauft, auf die die emotionale Aufladung ziele, sondern von jemand, der professionell nur den Preis und die Waschleistung für die Kaufentscheidung heranziehe, ohne sich von Marken und Werbelyrik beeinflussen zu lassen. Damit aber würden die Investitionen in die eigene Marke entwertet.

Pakt mit den Herstellern

Aus dem oben Gesagten können wir die Elemente ableiten, die die Freundschaftsökonomie kennzeichnen. Die sie abgrenzen von herkömmlichen Formaten von Ökonomie.

Ein zentrales Element sind die Hersteller. Wir brauchen einen Pakt mit den Herstellern. In Startup-Sprech würde man sagen f to c (factory to consumer). Während sie derzeit für die Auslastung ihrer Kapazitäten fast völlig von den Markenbetreibern abhängig sind, können wir ihnen eine Alternative anbieten, die für sie bessere Bedingungen bietet. Erst dies macht die Idee des Pakts realistisch. Der Hersteller verdient an uns mehr als an seinen konventionellen Abnehmern. Allerdings müssen wir an die Auswahl der Hersteller hohe Anforderungen stellen. Denn wir wollen ja haltbare, nachhaltige, preisgünstige Produkte anbieten.

Die Kooperation mit den Herstellern bietet noch weitere Chancen. Wir können in Co-Creation mit dem Hersteller an der Verbesserung der Produkte arbeiten. Ökonomen sind lange davon ausgegangen, dass es die Produzenten sind, die mit neuen Konzepten herauskommen und Produkte entwerfen. Inzwischen aber sind es immer öfter die Kunden, die neue Ideen beisteuern. Diese Beobachtung ist für uns nicht uninteressant, weil wir ja selbst bei der Qualität der Produkte und den verwendeten Rohstoffen mitreden wollen.

Wir müssen nicht vorgegebene Produkte akzeptieren, sondern können aufgrund eigener Recherche und wissenschaftlicher Veröffentlichungen, Foren oder Warenvergleichen im Internet neue Rezepturen ohne schädliche Inhaltsstoffe erarbeiten. Wir müssen und dürfen an der Qualität der Inhaltsstoffe nicht sparen. Der Wegfall von Marketingkosten erlaubt es uns, wählerisch zu sein und gerade nicht die billigsten Materialien einzusetzen.

Ein Beispiel: Ein gebräuchlicher und selbst in teureren Produkten anzutreffender Basisstoff für Shampoos ist Sodium-Laureth-Sulfat. Es ist eine waschaktive Substanz, ein fettlösendes Reinigungsmittel. Dieser Stoff, so erfahren wir bei einer genaueren Recherche im Internet, hat es allerdings in sich: Er ist ein Reinigungsmittel für schwer verschmutzte Industrieböden. Eine aggressive Substanz, die sich leicht verdünnen lässt aber dennoch zu Hautreizungen und -irritationen führen kann. Nicht gerade das, was man sich zum Haarewaschen wünscht.

Es gibt Besseres für unsere Kopfhaut. Das Prozedere: Rezepte mit geeigneteren Inhaltsstoffen für Shampoo recherchieren. Einen Fabrikanten ausfindig machen, der das Shampoo nach unserem Rezept herstellt. Hier geht es also nicht in erster Linie um den Preis, sondern um die Qualität des Produkts. Wir können aber, trotz besserer Qualität, durch Einsparung der Marketingkosten immer noch deutlich preiswerter sein als herkömmliche Shampoos.

Betrachten wir solche Recherchen nicht als Arbeit. Betrachten wir sie als kleine, spannende Kriminalgeschichten. Denken wir daran, dass es täglich viele kleine Tatorte gibt, an denen wir das Opfer sind, unachtsam, unwissend, von Werbelyrik und Markengeschwätz eingelullt. Der technische Fortschritt und das uns heute zugängliche Wissen erlauben es uns, als Entrepreneure bessere Produkte und diese zu niedrigeren Preisen anzubieten, als es die Akteure bisher tun. So kommt der technische Fortschritt *uns* zugute.

Der Pakt mit den Herstellern bedeutet also nicht nur Einsparen der Marketingkosten, sondern auch Einflussnahme auf die Qualität und Herstellung der Produkte.

Eigenproduktion

Freundschaftsökonomie muss nicht heißen, dass ich nur mit Herstellern kooperiere. Es kann auch bedeuten, dass ich selbst zum Hersteller werde. Eigenproduktion klingt ein wenig nach selbst gestrickten Pullovern oder selbst gezogenen Kerzen. Aber es ist weit mehr als das. Das Selbermachen ist in jüngster Zeit geradezu Trend geworden. Wer über den Eigenbedarf hinaus produziert, findet auf Plattformen wie Ebay oder Etsy einfachen Zugang zu potenziellen Interessenten. Eigene Individualität statt Marke. Eigenproduktion kann aber auch in Konkurrenz zu den Marken treten. Wie bei der Laktasekampagne.

Wer unter Laktoseunverträglichkeit leidet, hat ein Problem. Ein teures. Er steht vor der Wahl, laktosefreie Produkte zu kaufen, und die kosten viel Geld. Oder er kauft Laktasepillen, und die sind ebenfalls teuer. 120 bis 150 Euro pro Jahr fließen in Kapseln und Tabletten, nur um Pizza, Milch und Käse beschwerdefrei genießen zu können. Fehlt das Verdauungsenzym Laktase, verursacht der Milchzucker Magenschmerzen, Übelkeit oder Blähungen.
Auch Martin Lipsdorf steht vor diesem Problem – und er beschließt, etwas zu tun. Zum einen, weil die Pillen sein studentisches Budget arg strapazieren, zum anderen, weil er sich grundsätzlich über die hohen Preise laktosefreier Produkte ärgert. Lipsdorf liest viel über alternative Wirtschaftsmodelle. Die Laktasekampagne ist für ihn ein Experimentierfeld, wie man anders wirtschaften kann. »Unternehmen«, so Lipsdorfs Philosophie, »müssten die bestmöglichen Lösungen für die Gemeinschaft liefern.« Sie sollten gute Erzeugnisse anbieten und in die Qualität des Produkts investieren, statt mit geschickter Werbung den Kunden über den Tisch zu ziehen. Produktoptimierung also statt Gewinnmaximierung als oberstes Ziel.
Lipsdorf sucht einen Hersteller für das Laktaseenzym, der ihn beliefern will, und findet ihn auch. Die Tabletten stellt er selbst her, in seinem eigenen »Labor«. Mit dem Enzym eines deutschen Herstellers wird aus den Zutaten eine Art Teig geknetet und ausgewalzt. Daraus werden dann die Tabletten geschnitten. Mehr will Lipsdorf nicht verraten, auch den Lieferanten des Enzyms hält er geheim.

Die Zusatzstoffe, die er dazu braucht, Kakaobutter, Reissirup und Maltodextrin als Bindemittel, wählt er sorgfältig aus. Er sieht sich die Produzenten genau an und lässt die Stoffe untersuchen, ob denn auch alles seine Richtigkeit damit hat. Mit seinem Konzept fallen die Kosten auf 35 Euro im Jahr.
Mittlerweile ist Lipsdorf zu einem Experten für Laktase geworden. »Wir wollen mit unseren Kunden Kontakt halten und als Berater da sein. Das ist bei einem Gesundheitsprodukt extrem wichtig«, sagt er.
Nach kleinem Beginn hat er inzwischen rund 3000 Kunden. Das reicht, um zwei Angestellte halbtags zu beschäftigen, die ihn entlasten. Eine Mitarbeiterin kümmert sich um Versand und Buchhaltung, ein Angestellter um Vermarktung und Online-Auftritt.

Prinzipien der Freundschaftsökonomie

Die Freundschaftsökonomie ist uns längst vertraut. Aber wir nehmen sie nicht wahr. Oder bringen sie nicht mit Ökonomie in Verbindung. Einem Bekannten helfen, günstig zu einem Kühlschrank zu kommen, weil man selbst gerade einen besorgt hat. Einen Sammeleinkauf organisieren, um Versandkosten zu sparen. Die Trainingsanzüge im Sportclub gemeinsam vom Hersteller beziehen. Den Nachbarn beim Umzug helfen. Fahrgemeinschaften für den Kindergarten.
Nichts Besonderes also. Fast Alltägliches. Tätigkeiten mit einem ökonomischen Kern, der als solcher kaum wahrgenommen wird. Das Nichtkommerzielle überwiegt. Das Anreizsystem, um diesen Begriff zu gebrauchen, liegt außerhalb der Ökonomie, liegt in der Stärkung der Beziehung. Niemand wird dafür bezahlt, es gibt keine Preise, stattdessen ein Prinzip von gegenseitiger Hilfe.
Kein Tricksen, weil der soziale Preis dafür hoch wäre. Die Freundesbeziehung oder das Ansehen in der Community ist wichtiger. Nichts muss rechtlich kodifiziert werden, keine Verträge, keine Klauseln, keine Vertragsstrafen. Und trotzdem funktioniert die Ökonomie. Freundschaft ist der Kitt. Einen Freund betrügt man nicht.

Scheinbar paradox: Freundschaft hat damit auch einen hohen ökonomischen Wert für uns. Aber wir beziffern ihn nicht, legen keine Preise fest. Wir gehen nicht in die Falle der Ökonomie.

Authentisch statt anonym

Marken haben nichts wirklich Authentisches. Man kann im Gegenteil argumentieren, dass mit den Marken Anonymität einhergeht. »Müller Gold« und Werbelyrik – was erfahre ich damit? Auch die Angabe des Herstellers auf der Verpackung bedeutet noch nicht wirklich Information. Wissen wir im Normalfall etwas über den Hersteller? Nein. Uns ist ja nicht einmal bekannt, dass Marke und Hersteller auseinanderfallen können. Dass es nicht wenige Fälle gibt, in denen Waren aus der gleichen Fabrikation stammen, aber unter verschiedenen Markennamen auftreten.
Die Produkte in der Freundschaftsökonomie sind keine Markenprodukte – heißt das, sie sind anonym? Keinesfalls. Wir wollen als Kunden den Hersteller kennen, wollen uns vergewissern, dass das Produkt hohen Ansprüchen genügt. Wir wollen Informationen, wollen das Produkt und den Produzenten beurteilen können. Nicht Werbesprüche lesen. Authentizität statt Anonymität. Als Anbieter in der Freundschaftsökonomie müssen wir diesem Anspruch genügen.

Auf keinen Fall ein Billigprodukt

Wir können die Waren zu einem deutlich günstigeren Preis-Leistungs-Verhältnis anbieten, weil wir den Umweg über die Marke nicht bezahlen müssen. Aber wir produzieren keinesfalls Billigprodukte von schlechter Qualität. Wir sparen am Marketingaufwand, nicht an der Qualität. Nicht an den Materialien, nicht an den Arbeitsbedingungen. Wir gehen nicht rücksichtslos mit Ressourcen und Umwelt um. Die Herstellung der Waren selbst wird sogar teurer. Wir sind jetzt in der Lage, auch in die längere Haltbarkeit der Produkte zu investieren.

Lernen wir, was ein Qualitätshemd der Luxusklasse in Sachen besserer Verarbeitung ausmacht.
Die Stichzahl beispielsweise ist ein sicherer Qualitätsindikator. Vier Stiche pro Zentimeter verraten das Billighemd, in der Luxusklasse sind es neun Stiche. Dass nach ein paar Wäschen die ersten Knöpfe abfallen, muss nicht sein. Bei van Laack, einem Hersteller der Luxusklasse, wird jeder Knopf »auf Stiel genäht«, das Garn also noch einmal mit einem extra Nylonfaden umwickelt. Dieser wird erhitzt und legt sich schützend um die Fäden. Und das ist nur einer der speziellen Arbeitsgänge, die sich die Massenhersteller sparen.[144]

Lernen wir, was eine Socke höchster Qualität ausmacht.[145]
Antwort: verstärkte Ferse und Spitze, Spitze handgekettelt, »echte Ferse« (Ferse direkt in die Socke eingestrickt), Sockenbund: guter Halt, aber keine Druckstellen, hoher Baumwollanteil, kleiner Anteil an Kunststofffasern, wenig Pilling/Fusseln, Garnfärbung statt Stückfärbung. Hochwertige Baumwollfasern werden mercerisiert, also chemisch veredelt. Die Baumwolle wird dabei unter Einwirkung von Zugspannung hochkonzentrierter Lauge ausgesetzt. Dadurch ist das Garn glatter und seidiger, lässt sich besser färben und wird formbeständiger. Allerdings verringert sich die Länge der Fasern um bis zu 25 Prozent. Deshalb ist mercerisierte Baumwolle auch deutlich teurer.

Es gibt ökonomisch keinen Grund, warum wir Socken schlechter Qualität kaufen, und das zu einem Preis, der die Herstellungskosten weit übersteigt. Wie bei den Hemden sollten wir Wert auf höchste Qualität legen, an den Produktionskosten nicht sparen und Socken mit langer Haltbarkeit bekommen – dies alles und trotzdem bei niedrigeren Preisen einkaufen.
In gleicher Weise können wir auf umweltschonende Produktionsprozesse und anspruchsvollere, ökologisch vertretbare Inhaltsstoffe setzen.

Ökonomische Vorteile

Wir sollten die ökonomischen Vorteile einer solchen Vorgehensweise nicht unterschätzen. Bei der Teekampagne beispielsweise gelang es, durch den weitgehenden Verzicht auf Marketing, auf Verpackungsmaterial und unnötige Wege so viele Kosten einzusparen, dass wir Darjeeling-Tee hoher Qualität zu sage und schreibe einem Drittel des seinerzeit üblichen Preises anbieten konnten. Und dies trotz intensiver Rückstandskontrollen und fairer Preise für die Hersteller. Wie bei Duttweilers Migros in der Schweiz zwang es die Konkurrenz in Deutschland, die gegenüber den Einkaufspreisen sehr hohen Verkaufspreise zu senken. Darüber hinaus gelang der Übergang zu umweltschonenderen Anbaumethoden, zunächst durch den Rückgang des Einsatzes von Pestiziden und dann zu kontrolliert biologischem Anbau.[146]

Gelingt es uns mit der Freundschaftsökonomie, durch Verzicht auf den Marketingaufwand auch hochwertige Produkte zu einem günstigeren Preis anzubieten, haben am Ende die Käufer mehr Geld zur Verfügung. Eine indirekte Lohnsteigerung.

Eine Senkung der Kosten der Lebenshaltung könnte ein Schritt sein, die Idee des Grundeinkommens weniger kontrovers anzugehen. Statt von der Einkommensseite her zu denken, gehen wir von der Ausgabenseite aus. Was wir dazu brauchen, sind niedrigere Kosten der Grundversorgung. Sinken diese Kosten, sinkt auch die Höhe des erforderlichen Einkommens. Es wäre ein Einstieg. Ein Weg, ein Stück Grundeinkommen zu realisieren, ohne dass der Staat die Finanzierung dafür aufbringen muss.

Fair zu allen Beteiligten

Vor wenigen Jahren hat Michael Braungart, Professor für Verfahrenstechnik und Umweltchemie,[147] gemeinsam mit Philips ein Fernsehgerät entwickelt, das nicht nur zwei Drittel weniger Strom verbraucht, sondern weder PVC noch Flammschutzmittel enthält. Damit wurde das Produkt ökologischer als herkömmliche Fernseher, vor allem aber konnte es kostengünstiger hergestellt werden. Die Idee von Braungart war, dass Philips durch die Einsparungen das Fernsehgerät preiswerter auf den Markt bringen könne. Eine Chance also, nachhaltigen Produkten über einen niedrigeren Preis breitere Märkte zu erschließen. Aber was ist passiert? Philips verkaufte das Gerät 200 Euro teurer.

Was bedeutet das? Ein nachhaltiges Produkt wird teurer verkauft, weil man damit Kunden, die Nachhaltigkeit hoch schätzen, mehr Geld aus der Tasche ziehen kann. Obwohl die Herstellungskosten niedriger sind. Jetzt könnte man sich empören und sagen: Ist das nicht ein Skandal? Schaut her, wie zynisch der Konzern mit dem Thema Nachhaltigkeit umgeht. Brauchen wir nicht andere Manager oder gar ein anderes Wirtschaftssystem? Oder wir gehen als Citizen Entrepreneurs an die Sache heran. Wir suchen einen Hersteller, der mit uns kooperiert. Laden unsere Freunde und Bekannten ein, ihre Fernsehgeräte in Zukunft dort zu kaufen. Organisieren eine Kampagne für dieses Produkt. Es kann gut sein, dass dann auch andere Hersteller in unsere Richtung einschwenken. Gehen wir mit ökologisch vernünftigeren Produkten in den Markt, zu niedrigeren Preisen als die konventionellen Angebote – ja, das ist möglich, wie das Beispiel von Braungart zeigt – und wir werden erleben, dass wir damit deutlich Einfluss nehmen und in die richtige Richtung bewegen können.

Der Marketing-Rucksack

In Analogie zum »ökologischen Rucksack« eines Produkts kann man vom »Marketing-Rucksack« sprechen. Er beziffert die Differenz zwischen Herstellungskosten und Verkaufspreis. Darin stecken all die Ausgaben, die wir im Zusammenhang mit dem Marketing-Monster beschrieben haben. Es geht darum, den Rucksack so klein wie möglich zu halten und unnötigen Ballast herauszunehmen – ganz abschaffen kann man ihn nicht, weil es Kosten des Zu-Markte-Tragens gibt, die unvermeidbar sind.

Lassen Sie uns die Welt der Marken nun unter dem Gesichtspunkt betrachten, welchen Marketing-Rucksack sie uns aufbürdet. Die Herstellung eines Luxushemdes mit besonders guter Verarbeitung braucht – folgen wir den Angaben des Herstellers van Laack – 100 Minuten Arbeitszeit. Discount-Hemden benötigen nach derselben Quelle sogar nur zehn Minuten. Herstellungsland ist Vietnam.[148] Die Arbeitskosten machen nur einen sehr geringen Teil des späteren Endverkaufspreises aus. Bei einem Lohn von umgerechnet rund 100 Euro im Monat[149] sind die Lohnkosten, auf das einzelne Hemd umgerechnet, verschwindend gering.

Der hohe Preis des Hemdes entsteht bei uns, in unserer Wirtschaftssphäre, nicht in Vietnam. Es ist die Logik des »buy low, sell high«, die das kaufmännische Denken dominiert. Ich muss im Einkauf mein Pulver für die Schlacht um den Konsumenten trocken halten. Dort wird über meinen Gewinn entschieden. Wenn ich zu hoch einkaufe, sind meine Ausgangsbedingungen für den Profit schlecht. »Der Gewinn entsteht im Einkauf«, das lernt jeder Kaufmann schon in der Ausbildung. Ich muss möglichst niedrig einkaufen, weil von dort aus ein Multiplikator entsteht. Die alte Kaufmannsregel sagt: Wenn ich für einen Betrag von 1 einkaufe, sollte ich für einen Betrag von 2 verkaufen, um auf der sicheren Seite zu sein, dass alle meine Kosten und auch noch ein Überschuss eingefahren werden. So verteuert sich die Ware durch die Großhandelsstufe, den Markenaufwand und die Einzelhandelsstufe enorm.

Diese Logik ist verhängnisvoll, weil sie eine der Ursachen für die geringe Beachtung ist, die schlechte Arbeitsbedingungen und ökologische Schäden bisher bei uns finden. So als sei es ein Muss, so niedrig wie möglich einzukaufen. Aber wir müssen beim Einkauf nicht sparen. Nicht an den Arbeitsbedingungen, nicht an den Löhnen und schon gar nicht an den Sicherheitsstandards. Es macht Sinn, beim Verkaufszirkus in unserer Hemisphäre zu sparen, statt im Sinne der heutigen Gewinnlogik bei der Herstellung zu sparen und dafür beim Marketing kräftig zuzulegen.

Aus diesen Überlegungen wird deutlich, wie unvernünftig es ist, in Niedriglohnländern Textilien niedriger Qualität herstellen zu lassen. Ökonomisch wie auch ökologisch ist es klüger, hohe, besser noch: hervorragende Qualität zu produzieren. Unter besseren Arbeitsbedingungen als heute. Und trotzdem preiswert anzubieten, indem wir am Marketing-Rucksack sparen, damit sich viel mehr Menschen Produkte hoher Qualität leisten können.

Aber dies wird nicht von selbst passieren. Es braucht Entrepreneure anderer Art.

Schon vor 20 Jahren hat die kanadische Journalistin Naomi Klein in ihrem Buch *No Logo!*[150] auf die wachsende Bedeutung der Marken für die großen internationalen Konzerne hingewiesen. Sie arbeitet heraus, wie groß der Unterschied zwischen Herstellungskosten und Verkaufspreisen der Markenartikel ausfällt, insbesondere wenn in Ländern der Dritten Welt produziert wird. Klein kritisierte dabei vehement unakzeptable Arbeitsverhältnisse in den jeweiligen Ländern.

Wir sollten alles in unserer Macht Stehende tun, an unserem Reichtum und unseren Errungenschaften auch diejenigen teilhaben zu lassen, die nicht das Glück haben, innerhalb der Standards der bereits industrialisierten Länder zu leben. Betreiben wir Citizen Entrepreneurship auch in globalem Maßstab. Geben Sie Ihrem nächsten Urlaub eine unternehmerische Note. Statt sich die Zeit zu vertreiben, unternehmen Sie doch etwas: Recherchieren Sie als Citizen Entrepreneur.

Kaufen Sie Produkte, probieren Sie sie aus, prüfen Sie die Qualität. Gehen Sie in die Fabriken. Sehen Sie sich um. Sprechen Sie mit den Arbeitskräften.

Notieren Sie Ihre Beobachtungen. Nehmen Sie in Kauf, dass Sie hinausgeworfen werden, etwa wenn Sie Bilder von unhaltbaren Zuständen machen. Es ist eine wertvolle Information über die Fabrikanten und die dort einkaufenden Konzerne.

Wenn Sie ein vielversprechendes Produkt gefunden haben und bereit sind, den nächsten Schritt zu gehen, suchen Sie sich vor Ort professionelle Partner. Mit der nötigen Vorsicht. Es gibt freundlich auftretende Personen, die gelernt haben, wie man wohlmeinende Menschen und Hobbyunternehmer ausnimmt. Stellen Sie sicher, dass Sie wirklich gute Qualität kaufen und die Arbeitsbedingungen stimmen.

Schließen Sie einen Pakt mit dem Hersteller. Bei der Herstellung von Textilien ist dank moderner Maschinen der Anteil menschlicher Arbeit gering. Wir müssen weder an der Bezahlung der Näherinnen noch am Arbeitsumfeld oder den Sicherheitsbedingungen sparen. Ganz im Gegenteil: Selbst eine Verdoppelung der Löhne und anständige Arbeitsbedingungen würden sich für uns Endverbraucher im Preis der Textilien nicht nennenswert bemerkbar machen.

Ohne großen Marketing-Rucksack gewinnen wir ökonomischen Handlungsspielraum. Die Herstellung eines Herrenhemdes kostet in Vietnam zwischen 2 und 3 Euro, bei uns wird dasselbe Hemd »preiswert« für 15 Euro und zu 30, 40 oder noch mehr Euro bei den »Herrenausstattern« verkauft. Wer als Tourist in Thailand die lokalen Märkte besucht, trifft zuweilen auf fertig verpackte, schon mit deutschen Preisschildern versehene Oberhemden, die umgerechnet weniger als 3 Euro kosten und mit denen der Händler sogar noch einen Gewinn für sich macht.

Faktor 3

Ein Blick in die Wirtschaftsgeschichte zeigte uns, dass intensiv und lange über die Höhe des gerechten Preises gestritten wurde. Wir sollten nicht zu kleinlich sein, wenn wir uns fragen, welcher Aufschlag auf die Produktionskosten akzeptabel und gerechtfertigt ist. Es geht nicht darum, rigide moralische Maßstäbe zu setzen. Bringen wir eine Zahl ins Gespräch, die Raum lässt und eigentlich alle Akteure zufriedenstellen sollte. Sagen wir, ein »Faktor 3« sollte ausreichen, alle notwendigen Kosten des Zu-Markte-Tragens plus eine durchaus ordentliche Gewinnspanne zuzulassen. Wir sagen also, der Preis einer Ware sollte das Dreifache der Produktionskosten nicht überschreiten.

Mit diesem »Faktor 3«, und das mag für die meisten Menschen völlig überraschend sein, liegen wir deutlich unter den Preisen, mit denen uns sogenanntes modernes Marketing bedient. Ja, es gibt auch umkämpfte Preise, wo der Faktor niedriger liegt, etwa im Handel mit einzelnen Lebensmitteln wie Milch oder Brötchen, es gibt aber auch viele Bereiche, etwa bei Kosmetikartikeln, wo der Faktor höher als 10 liegt.

Zur Erinnerung: Henry Ford hasste die moderne Marketinglehre, weil sie seine Autos unverhältnismäßig verteuert hätte. Gottlieb Duttweiler hatte als Kaffeepflanzer am eigenen Leibe erlebt, wie viel Arbeit in der Herstellung von Kaffee steckt. Ihm leuchtete nicht ein, warum das Über-den-Ladentisch-Schieben zweimal so hoch wie die Herstellung bezahlt werden sollte. Und Duttweiler wunderte sich, wie es den Einzelhandelskaufleuten gelang, mit so hohen Preisen die Bürger ruhig zu halten. Die Teekampagne der 1980er-Jahre war mit dem Faktor 10 konfrontiert.

Nehmen wir das Verhältnis von Produktionskosten zum Endverkaufspreis als Indikator. Ein Faktor 3 mag dem Laien als wirtschaftlich hoch erscheinen. Bleiben wir aber, wie dargelegt, großzügig. Wir haben es in der Praxis mit ganz anderen Größenordnungen zu tun.

Unser Indikator ist ein Maßstab der Ineffizienz und der Verschwendung von Ressourcen der Markenökonomie. Ein hoher Koeffizient misst den Wahnwitz moderner Konsumwelten. Wir haben argumentiert, dass es in Anlehnung an den ökologischen Rucksack auch einen Marketing-Rucksack gibt. Unser Koeffizient zeigt, wie schwer dessen Gewicht ist.

Unser Indikator kann auch ein Maßstab für ökonomische Vernunft werden. Dann nämlich, wenn er den Unternehmen und den Konsumenten als Richtschnur dient. Wenn nur noch Waren angeboten werden, die unter dem Faktor 3 liegen.[151] Und wenn wir keine Waren mehr kaufen, die über dem Faktor 3 liegen.

Die Idee dieses Vorschlags ist es, den weiteren Anstieg der Marketingausgaben zu stoppen. Ein Element davon ist, dass er bewusst macht, dass ein Marketing-Rucksack existiert und größer ist, als die meisten Menschen ahnen.

Natürlich stellt sich die Frage, wie man das Gewicht des Marketing-Rucksacks ermitteln kann. Da wir davon ausgehen müssen, dass die meisten Unternehmen nicht bereit sind, Einblick in ihre Kalkulation zuzulassen, muss man, analog zum Warenvergleich, eine Instanz einrichten, die sachlich fundiert und unparteiisch Berechnungen anstellt. Ähnlich der Vorgehensweise wie beim ökologischen Rucksack. Es wäre eine typische Aufgabe für Social Entrepreneurship oder eine Institution wie die Stiftung Warentest – Akteure also, die sich Unabhängigkeit bei der Bewertung bewahren.

Den Eskalationseffekt stoppen

Von diesem Vorschlag können auch Unternehmen profitieren. Auch solche, denen das Bekanntmachen des Marketing-Rucksacks im ersten Moment eher unverdaulich erscheint. Wir haben dargelegt, dass das Marketing einem Eskalationseffekt unterliegt. Sie erinnern sich: Wenn einer aufrüstet, müssen die anderen nachziehen. Damit wird der Marketing-Rucksack für alle noch schwerer. Gelingt es uns dagegen, den Rucksack in die Kaufentscheidungen einfließen zu lassen, würde dies den Trend, immer neue Eskalationsrunden zu starten, abschwächen. Im Gegenteil: Wir drehen die Logik der Eskalation um. Wer als Erster den Rucksack kleiner macht, hat einen Verkaufsvorteil.

Unser Indikator würde damit zum Signal für ein Umdenken in der Ökonomie werden – für einen verantwortungsvolleren Umgang mit ökonomischen und ökologischen Ressourcen.

Ich höre schon die Kritik der Marketingmanager: »Wir stehen in intensivem Wettbewerb. Es braucht hohe Aufwendungen, um Frau und Mann

davon zu überzeugen, unser Produkt zu kaufen.« Stellen Sie sich vor, ein Arzt würde sagen: »Ich stehe in intensivem Wettbewerb um Patienten. Meine Aufwendungen, Mann und Frau davon zu überzeugen, meine Praxis zu finden betragen ein Vielfaches der Behandlungskosten.« Oder ein Ingenieur würde argumentieren: »Ich stehe in intensivem Wettbewerb für Aufträge von Brücken. Meine Aufwendungen, einen Auftrag zu bekommen, betragen ein Mehrfaches der Herstellungskosten der Brücke!«
Fairness für alle Beteiligten. Fair auch zu den Käufern. Fair zu den Beschäftigten in dem Sinne, dass sie ihre Lebenszeit für vernünftige Produkte einsetzen. Fair zu den Herstellern, für gute Arbeitsbedingungen und Entlohnung. Und natürlich Fairness gegenüber der Natur. Es geht um Transparenz, um Aufklärung, um Produktwahrheit, um Nachhaltigkeit – um die Sinnhaftigkeit unseres ökonomischen Tuns.
Gute Produktqualität, niedrige Preise und fair zu allen Beteiligten.
Messen wir in Zukunft auch die konventionelle Ökonomie an diesen Kriterien.

In die richtige Richtung

Im September 2018 lag den Bürgern der Schweiz eine Initiative zur Abstimmung vor. Sie wollte erreichen, dass es ein größeres Angebot an Lebensmitteln gibt, die von guter Qualität sind und umweltschonend, tierfreundlich und unter fairen Arbeitsbedingungen hergestellt werden. Die Zustimmung in den Umfragen war überwältigend: 78 Prozent der Stimmberechtigten meinten, dass sie sicher oder wahrscheinlich mit Ja stimmen wollten. Dann aber kamen Stimmen auf, die die Vermutung in die Welt setzten, dass die Initiative zu höheren Preisen führen würde. Die Zustimmung ging daraufhin schlagartig zurück. Am Ende stimmten weniger als die Hälfte der Bevölkerung für das Anliegen.
Was wir daraus lernen: Die Forderung nach Qualität, Fairness und Umweltverträglichkeit allein trifft auf hohe Zustimmung. Aber das genügt nicht. Die Sorge vor höheren Preisen bringt das Anliegen zum Scheitern. Wenn wir bessere Qualität – und nicht nur von Lebensmitteln – mit gleich-

bleibenden oder gar günstigeren Preisen verbinden könnten, wäre der Initiative eine überwältigende Zustimmung gewiss. Wir müssen also an die Preise ran. Aber nicht an der Qualität sparen. Das funktioniert, wenn wir uns den Marketing-Rucksack vornehmen.

Konsumieren wir dann nicht noch mehr?

Ich gehe davon aus, dass die meisten von uns wissen, dass wir für viele Produkte – gemessen an den Herstellungskosten – viel zu hohe Preise bezahlen. Warum machen wir das mit?
Eine Erklärung dafür könnte eine Befürchtung sein, die sich aus der Sorge um unsere Umwelt ergibt: Wenn Produkte deutlich preiswerter werden, konsumieren wir dann nicht noch viel mehr? Würden dann die verbliebenen Ressourcen der Erde nicht noch schneller verbraucht und der Planet damit endgültig ruiniert? Eine heimliche Allianz also, an den hohen Preisen festzuhalten oder zumindest nichts Entscheidendes dagegen zu unternehmen.
Aber ist das Argument denn überhaupt richtig, dass wir mehr verbrauchen würden? Jeremy Rifkin[152] hat sich mit diesem Argument auseinandergesetzt. Es sei die Knappheit, die für Konsum sorge, nicht der Überfluss, so der Autor. Das gnadenlose Streben nach immer mehr, bestimmt aus der Angst vor dem, was morgen sein könnte, entfalle in einer Überflussgesellschaft. Auch die Bedeutung des materiellen Status schwinde in einer Gesellschaft, in der Bedürfnisse befriedigt sind. Nicht über Nacht, aber aufgrund des anderen Bedingungsgefüges, das bei Überfluss entstehe. Auch wenn auf den ersten Blick der bloße Gedanke, eine Ökonomie der Knappheit durch eine Überflusswirtschaft zu ersetzen, die Aussicht auf hemmungslosen Konsum der verbleibenden Ressourcen des Planeten heraufbeschwören könnte, sei es der einzige effektive Weg, unserer Spezies eine nachhaltige Zukunft zu sichern.
Preise müssen die ökologische Wahrheit sagen. Darin sollten wir mit Ernst Ulrich von Weizsäcker einig sein, der diesen Ansatz seit vielen Jahren ver-

tritt. Die Preise müssen die wahren Kosten eines Produktes wiedergeben, auch und gerade dann, wenn die Kosten nicht dem Betrieb, sondern der Allgemeinheit aufgelastet werden. Flugpreise sind ein gutes Beispiel dafür. Wenn Flüge durch Ryanair und Easyjet immer billiger werden, weil die reinen Betriebskosten der Unternehmen es erlauben, unterschlägt diese Betrachtung den erheblichen ökologischen Schaden, den Flugreisen anrichten. Ökologen warnen zu Recht: Wenn wir einen Euro maximal umweltschädigend ausgeben wollen, dann mit Flugreisen.[153]

Wir reden also nicht vermeintlich billigen Flügen das Wort oder Textilien, die unter unakzeptablen Arbeitsbedingungen und ökologischen Schäden mit scheinbar geringen Kosten produziert werden. Stattdessen wehren wir uns dagegen, dass über den Marketing-Rucksack Produkte immer mehr verteuert werden. Und wir Marketing dadurch mit den finanziellen Mitteln ausstatten, künstlichen Mangel zu erzeugen und immer neue Bedürfnisse herauszukitzeln. Es ist diese Dynamik des Systems, die zu immer mehr Konsum führt. Diesen Mechanismus, immer neuen Konsum anzufachen, gilt es zu brechen. Auch und gerade bei ökologischer Betrachtungsweise.

Ein Preis, der sich nicht an den wahren Kosten eines Produkts orientiert, sondern an dem, was man den Konsumenten dafür aus der Tasche ziehen kann, ist ein Preis, der lügt. Die Umwelt schützen durch hohe, vom Marketing verursachte Preise? Ist diese Überlegung nicht etwas kurzschlüssig? Sie hieße ja: Besser die Unternehmen werden reich, als dass die Menschen mehr konsumieren. Den Munitionssack des Marketings zu füllen – das kann doch nicht der Weisheit letzter Schluss sein.

Weniger Konsum erreichen wir, wenn wir Produkte mit längerer Haltbarkeit herstellen. Wenn wir auf Qualität setzen, wenn wir den Wegwerfprodukten Alternativen entgegensetzen. Wenn wir den Marketing-Rucksack verkleinern, nehmen wir den Unternehmen auch die Mittel, mit immer schnelleren Modellwechseln Pseudoinnovationen auf den Markt zu werfen. Aber dies wird nicht von selbst kommen. Dafür müssen wir etwas tun.

Vom kleinen u zum großen U

Müssen Sie jetzt ein Unternehmen gründen? Nein. Das müssen Sie nicht. Jedenfalls nicht, solange Sie sich mit Ihren Aktivitäten im Freundeskreis bewegen oder Ihrem Umfeld helfen. Wahrscheinlich haben Sie schon einmal für andere mit eingekauft. Sie sind im Grunde genommen ein Sammelbesteller, allerdings einer mit einer besonderen Note. Sie gehen am Marketingzirkus vorbei, konzentrieren sich auf die Qualität des Produkts und verhelfen Ihrem Freundeskreis zu einem viel preiswerteren und – wo die Chance besteht – sogar besseren Produkt. Sie sind also kein Schnäppchenjäger oder fahren auf der »Billig, billig«-Schiene. Sondern Sie wählen ein Produkt, das Sie und Ihre Freunde wirklich brauchen und das sich durch hohe Qualität und ein gutes Preis-Leistungs-Verhältnis auszeichnet.

Was Sie tun, ist Entrepreneurship. Auf einer zwar noch einfachen, aber durchaus schon Wirkung entfaltenden Stufe. Die Einfachheit hat große Vorteile für Sie. Sie müssen, wie gesagt, noch kein Unternehmen gründen, Sie brauchen nicht so etwas Anspruchsvolles wie Rechnungswesen. Die Schwelle zu eigener unternehmerischer Tätigkeit ist also viel niedriger, als gemeinhin angenommen wird.

Mein Rat: Betreiben Sie Ihre Initiative so lange wie möglich als Hobby. Bauen Sie sich einen Stamm von Freunden und Bekannten auf. Sammeln Sie Erfahrungen. Verbessern Sie Ihr Produkt. Festigen Sie die Kooperation mit Ihrem Hersteller. Produzieren Sie nachhaltiger. Sie bewegen sich immer noch im Rahmen der Freundschaftsökonomie, sind Sammelbesteller. Und auch dies ist ein Vorteil der Freundschaftsökonomie: Ihre Freunde werden Sie nicht gleich verklagen, wenn Ihnen ein Fehler unterlaufen ist, ein Produkt nicht in Ordnung war.

Erst wenn Sie Ihre Tätigkeit über Freunde, Bekannte und Nachbarn hinaus ausdehnen, Rechnungen schreiben und so ein kleines Unternehmen entsteht, wird Ihre Tätigkeit gesellschaftsrechtlich relevant. Selbst dann wird in den meisten Fällen aber die gesetzliche Mindestform eines Unternehmens, die GbR (Gesellschaft bürgerlichen Rechts), ausreichen. Und erst wenn Sie handfeste Risiken eingehen, sollten Sie sich als UG (Unternehmergesellschaft), die haftungsbeschränkt ist, anmelden. Sie ist die Vorform der GmbH, aber einfacher als diese und deutlich preiswerter zu gründen.

Wenn Ihr Unternehmen aus den Dimensionen eines Hobbys herauswächst und Sie überlegen, ob Sie nicht den Sprung zum hauptberuflichen Entrepreneur machen wollen, stellt sich auch die Frage nach der Vergütung neu.

Wie halten wir's mit dem Gewinn?

Was passiert, wenn Ihre Initiative erfolgreich wird und über Weiterempfehlung Ihrer Freunde und deren Freunde und Bekannten immer größer wird? Zunächst einmal: Genau das wünschen wir. Dass die Freundschaftsökonomie möglichst weite Kreise zieht. Sie können mit Ihren Freunden verabreden, dass Sie ein Gehalt für sich erwirtschaften wollen. Ich würde das für angemessen ansehen. Sie sind damit immer noch ein Social Business, wie es Muhammad Yunus nennen würde.

Denken wir die Sache weiter. Wie halten wir es, über ein Gehalt hinaus, mit Überschüssen? Zunächst einmal sollte jeder Sie – und Sie sich selbst auch – beglückwünschen, dass Sie es geschafft haben, eine unternehmerische Aktion zu initiieren, die ein gutes Produkt von hoher Qualität, aber niedrigem Preis zum Erfolg geführt hat. Das ist nach Mainstream-Denke keineswegs selbstverständlich. Sie haben einen Beleg geschaffen, mit dem man einmal mehr zeigen kann, dass es eine Alternative zur Markenökonomie gibt.

Hat nicht derjenige, der etwas Neues ausprobiert und damit Risiken eingeht, ein Recht darauf, für seinen Einsatz belohnt zu werden? Für Pionierleistungen gilt das in besonderem Maße. Eine Gesellschaft, die dem Pionier solche Belohnung nicht gönnt, begeht einen schweren Fehler. Sie verengt den Türspalt für mehr Initiative, statt ihn zu erweitern. Wenn Gewinne verdächtig sind und Scheitern als Versagen interpretiert wird, bleibt nicht viel übrig. Die Bandbreite zwischen Misserfolg bei Scheitern und

Missgunst bei Erfolg macht den Spielraum für Entrepreneure, innerhalb dessen sie Anerkennung finden können, außerordentlich schmal.

Aber noch einmal: Wie halten wir es mit den Überschüssen, die Ihre Unternehmung abzuwerfen beginnt? Sie stehen jetzt vor einer Entscheidung. Und die heißt: Will ich Citizen Entrepreneur im Sinne des Social Entrepreneurship sein? Oder will ich ein richtiges Unternehmen daraus machen? Es geht um Ihr Kind, auf Dauer. Ihr Ideenkind. Es ist Ihre eigene Entscheidung. Aber überlegen Sie es sich gut. Sie entscheiden sich für eine von zwei Welten.

Sehen wir uns zunächst die Welt des Social Entrepreneurship an. Es ist die Welt des Not-for-Profit. Zweck ist und bleibt die Aufgabe, die Sie sich ursprünglich gestellt haben. Zweck ist nicht die Maximierung der Gewinne. Aber gegen Überschüsse aus Ihrem Unternehmen ist nichts einzuwenden – solange sie nicht zum Selbstzweck werden. Überschüsse sind gut, weil sie ein Polster bilden: gegen unerwartete Ereignisse, gegen Risiken, für schlechte Zeiten. Sie sollten also nicht gleich die ersten Überschüsse sofort für andere Initiativen ausgeben, sondern erst Ihr Ideenkind auf eine solide finanzielle Grundlage stellen. Erst danach sind Sie in der glücklichen Situation, auch andere Projekte anpacken zu können. Projekte Ihrer Wahl oder in Abstimmung mit Ihren Freunden und Bekannten. Überschüsse können Mittel sein. Mittel für andere Initiativen, die Ihnen am Herzen liegen, etwa ökologischer, sozialer oder künstlerischer Art.

Sie können sich auch überlegen, in die For-Profit-Welt zu gehen und die Erwirtschaftung von Gewinnen zu einem eigenständigen Ziel zu machen. Nein – damit sind Sie noch nicht gleich für den Gedanken der Freundschaftsökonomie verloren. Erst wenn Sie die *Maximierung* der Gewinne zu Ihrem obersten Prinzip machen, schneiden Sie die Wurzeln ab, aus denen Ihre Unternehmung hervorwuchs. Dann wird die Magie der Nullen für Sie gefährlich. Es wäre schade, wenn dort das Ende Ihrer Initiative läge. Überschüsse ja, Gewinnmaximierung nein.

Die Herrschaft der Nullen sehe ich als ein Extrem. Sie ist zwar in vielen Bereichen der Ökonomie heute die Norm, aber dennoch ein Extrem. Man kann auch Gewinne machen, ohne in dieses Extrem zu verfallen. Auch hier stehen Sie vor der Wahl, ob Sie die Überschüsse für Ihren privaten Konsum verwenden wollen oder für andere Dinge, die Ihnen am Herzen liegen. Und solange Sie wirklich gute Produkte ohne Marketingzirkus zu niedrigen Preisen verkaufen, ist gegen Gewinn auch überhaupt nichts einzuwenden. Wer Initiative ergreift, wer seine Freunde mobilisiert, wer Gutes tut, wer Risiken eingeht, wer Durststrecken überwindet, dem sollten wir nicht als knausrige Moralapostel entgegentreten.

New Entrepreneurs, New Companies

Wenn Sie als »New Entrepreneur« beim kleinen »u« bleiben wollen, also etwas unternehmen, was Ihnen und Ihrem Umfeld nutzt: gut. Dann tragen Sie bitte weiter, was Sie erlebt haben. Erzählen Sie davon. Auch damit verringern Sie den Marketing-Rucksack und entziehen den Nestlés und Unilevers Umsatz und Einfluss. Aber wenn Sie zum großen »U« übergehen und ein Unternehmen gründen wollen, das über den engen Kreis von Freunden und Nachbarn hinausgeht: umso besser. Denn damit beteiligen Sie sich an der Aufgabe, eine Alternative im System zu schaffen. Es wird weiterhin Unternehmen geben – aber dieser Bereich sollte nicht den Gewinnmaximierern überlassen bleiben. Stattdessen benötigen wir »New Companies«.[154] Das sind Unternehmen, die nicht auf Gewinnmaximierung gepolt sind, sondern auf gute Produkte – fair zu allen Beteiligten, und das zu günstigen Preisen.

Wenn Sie eine solche New Company auf den Weg bringen wollen, braucht es dafür noch einiges mehr an Handwerkszeug. Wir bewegen uns damit in das reguläre Gebiet des Entrepreneurship. Es würde den Rahmen dieses Buches sprengen, dies in allen Details auszubreiten.[155] Aber so viel sei an dieser Stelle hervorgehoben: Es ist die Arbeit am Unternehmenskonzept, die den Ausschlag gibt. Es ist die Überlegenheit des Konzepts, die Davids wie uns in der Auseinandersetzung mit mächtigen Goliaths Aus-

sicht auf Erfolg bringt. Und noch ein zweiter Punkt hilft uns: In einer hoch arbeitsteiligen Wirtschaft können wir auf fertige Komponenten zurückgreifen, mit denen wir unser Unternehmen aufbauen.
Kluges Entrepreneurship für Davids heißt »Konzept und Komponenten«. Lassen Sie uns einen Blick in den Werkzeugkasten werfen.

Konzept-kreatives Gründen

Entrepreneurship hat eine kreative Dimension. Wenn wir neue Produkte oder Dienstleistungen auf den Markt bringen, gestalten wir Lebenswirklichkeit und gehen in diesem Moment über ein enges Verständnis von Ökonomie hinaus. Wenn wir Kunden für uns gewinnen wollen, können wir nicht nur deren Geldbeutel im Auge haben. Und wir wären schlechte Entrepreneure, wenn wir ausschließlich in der ökonomischen Dimension denken würden. Wir würden die Welt ärmer machen.
Konzept-kreative Gründungen stellen eine eigene Gattung dar, weil sie gerade nicht aus einem Patent, einem neuen Forschungsergebnis oder einer neuen Technologie entstehen. Dabei kann das unternehmerische Konzept zuweilen auf brillante Weise einfach sein. Unternehmen wie Aldi oder Ikea haben ihre Branche damit revolutioniert, auf teure Geschäftsausstattung zu verzichten oder Möbel vom Käufer zusammensetzen zu lassen. Wenn man beharrlich an einer Ausgangsidee arbeitet, reduzieren sich manche Ideen im Laufe ihrer Entwicklung zum unternehmerischen Konzept immer mehr. Und so wie Picasso ein Porträt mit wenigen Strichen vollendete, kann eine gute Idee zum Schluss ebenso einfach wie formvollendet sein. Vorausgegangen sind dem in der Regel aber endlose Denkschleifen, aus denen sich irgendwann der Kernaspekt herausschälte.
Was folgt daraus als Ratschlag für Entrepreneure? Nutzen wir unseren eigenen Kopf, unsere eigene Kreativität. Es geht um unser Ideenkind. Lassen wir uns von niemandem sagen, wir seien nicht kreativ. Auch nicht von uns selbst. Und gehen wir von unseren Stärken aus. Alles andere, in dem wir nicht so kompetent sind, versuchen wir zu delegieren oder Kompo-

nenten einzusetzen, die uns Dinge abnehmen, die uns nicht leichtfallen und in denen wir nicht fachkundig und urteilssicher sind.

Warum ich das alles sage: Weil ich glaube, dass für uns Normalmenschen der geeignetste Weg und die Aufgabenstellung darin besteht, sich von einem Einfall, von einer Anfangsidee zu einem wirklich gut durchdachten und überzeugenden Konzept durchzuarbeiten. Auch bei einem Film bauen Sie ja den Ablauf nicht auf einer schwachen Geschichte auf, sondern auf einem möglichst ausgefeilten Konzept. Nur dann sind der Kameramann und das gesamte Team, das zur Herstellung eines Films notwendig ist, wirklich gut eingesetzt.

Vor 20 Jahren war es noch eine Außenseitermeinung, auf die Bedeutung des Ideenkonzepts zu pochen. Kapital sei ausschlaggebend, hieß es – und Management. Ideen gäbe es wie Sand am Meer, auf die Umsetzung käme es an. »Ideas are a dime for a dozen«, so ein Kernsatz in der amerikanischen Fachliteratur jener Zeit, »it's execution what matters.«

Lassen Sie uns den Punkt noch etwas vertiefen. Natürlich kann ich mit viel Kapital Dinge bewegen. Man kann sogar ein totes Pferd bewegen. Vier starke Männer können das Pferd hochheben und es bewegen. Kein Problem. Und wenn man das Kapital dazu hat, kann man statt der vier Männer einen Rennwagen kaufen, das tote Pferd auf die Motorhaube schnallen und mit hoher Geschwindigkeit bewegen.

Aber Spaß beiseite. Ist das intelligente Ökonomie? Wo ist hier bitte die Effizienz? Ein totes Pferd mit viel Kapital zu bewegen? Macht es nicht ökonomisch mehr Sinn, ein lebendiges Pferd ins Rennen zu schicken? Oder noch besser: eines, das richtig gut laufen kann? In unserem Kontext gesprochen: ein gutes Konzept ins Rennen zu schicken statt ein nur mittelmäßiges, für das man viel Aufwand und Werbung, sprich: Kapital braucht, um es zum Laufen zu bringen. Am besten sogar ein sehr gutes Konzept ins Rennen schicken. Damit sind wir auch die besseren Ökonomen, weil wir die vorhandenen Ressourcen effizienter einsetzen.

Inzwischen wächst die Einsicht, dass Kapital nicht länger der Engpass ist. Heute gibt es Ideenschmieden, Ideenwettbewerbe, Ideenworkshops.

»Deutschland – Land der Ideen«, so der Name eines Programms der Bundesregierung. Und es gibt ganze Bücher zu diesem Thema. *Business Model Innovation* ist in aller Munde. Das ist gut so, weil es die Bedeutung auf das lenkt, was die meisten Menschen zur Verfügung haben: einen kreativen Kopf.[156]

Dass Sie als Erstes Kapital brauchen – vergessen Sie es. Das wird zwar in der *Höhle der Löwen* so dargestellt, ist deshalb aber noch lange nicht richtig. Im Gegenteil – seien Sie vorsichtig, schnell einen Deal abzuschließen, der einen Investor an Ihrem Unternehmen beteiligt. Solange Ihr Vorhaben erst mehr oder weniger aus einer Idee besteht, sind Sie in keiner guten Verhandlungsposition. Wenn Ihr Konzept dagegen ausgereift ist, die ersten Hürden und Fehler in der Praxis hinter sich hat und Sie bereits zufriedene Kunden vorweisen können, sind Sie in einer viel besseren Position, mit Kapitalanlegern über die Höhe einer Beteiligung und deren Preis zu verhandeln. Und sehen Sie sich die Investoren genau an. Holen Sie Erkundigungen über sie ein, wie sie sich als Business Angel verhalten haben. Sie wären nicht der Erste, der sich statt eines Engels einen Teufel ins Bett holt.

Stimmig zur Person

Viele Theoretiker des Entrepreneurship bauen ihr Argumentationsgebäude auf dem Konzept der *Opportunity Recognition* auf.[157] Man entdeckt eine Gelegenheit, erkennt die Chance in ihr und mobilisiert Ressourcen, diese Gelegenheit zu nutzen. Am besten rasch, bevor andere ebenfalls die Gelegenheit erkennen und handeln. Diese Vorgehensweise ist jedoch nicht unproblematisch, weil sie die Person des Gründers außer Acht lässt. Wollen Sie auf unabsehbare Zeit etwas tun, das keinen Sinn für Sie macht und Ihre Lebensgeister mehr betäubt als weckt? Der hocherfolgreiche Mehrfach-Gründer Holger Johnson[158] sagt: »Ich hasse Gelegenheiten.« Sie verführten dazu, wohldurchdachte Wege zu verlassen, ohne langfristige Perspektiven zu eröffnen. Gelegenheiten seien temporäre Phänomene. Auf diese Weise zu gründen sei jedenfalls kein Weg zu mehr selbstbestimmter Arbeit und einem geglückten Leben.

»Go for a cause«, sagt Guy Kawasaki in seinem Klassiker *The Art of the Start*.[159] Setze dich für ein Anliegen ein. Wichtig dabei ist, dass die Frage der Stimmigkeit zur Person nicht beiseitegeschoben wird. Die große Chance des Entrepreneurship und des Gründers liegt doch gerade darin, sich eine Aufgabe zu wählen, die mit den persönlichen Neigungen und Talenten, aber auch den eigenen Wertvorstellungen im Einklang steht.

Der Gedanke, dass das unternehmerische Konzept stimmig zur Person sein sollte, ist keineswegs selbstverständlich. Bei Förderprogrammen geht es nicht um Sie, Ihre Talente oder Ihre persönlichen Vorlieben. Die staatlichen Programme haben den Beschäftigungseffekt Ihrer Gründung im Auge. Weil man hofft, dass Sie durch Ihre Gründung weitere Arbeitsplätze schaffen.

Auch Kapitalgeber tragen nicht Ihre persönlichen Anliegen im Herzen. Sie wollen Erfolge sehen. Venture Capital setzt Ihnen *milestones*, die Ihnen den Takt vorgeben. Schnelles, hohes Wachstum ist das Ziel. Wehe, Sie schaffen es nicht. Dann wird der 110-Seiten-Vertrag, den gewiefte amerikanische Wirtschaftsjuristen aufgesetzt haben, gegen Sie exekutiert. Ich bedaure die Gründer, die mehr Zeit mit der Vorbereitung von Finanzierungsrunden verbringen als mit der Arbeit an ihrem Konzept.

Und die Gründer selbst? Gehen sie von der eigenen Person aus? Keineswegs. Die Vorstellung, dass erfolgreiches Gründen mit einer zündenden Idee zu tun hat, ist tief verankert. So als käme es auf den Einfall an, so als würde ein genialer Blitz Licht ins Dunkel der Möglichkeiten bringen. Aber damit kommen wir nicht weiter. Das, was wir an genialen Erfindungen oder bahnbrechenden Ideen kennen, ist meist das Ergebnis langjährigen Bemühens und hartnäckig-konsequenten Bearbeitens eines Problems. Dies durchzuhalten setzt voraus, dass das Anliegen Ihnen wirklich am Herzen liegt. Der Genieblitz steht, wenn überhaupt, am Ende, nicht am Anfang eines solchen fordernden Prozesses.

An der Person des Gründers vorbeizudenken wäre ein schwerer Fehler.

Klar – es geht auch um Markt. Es geht darum, etwas anzubieten, was von den Marktteilnehmern gebraucht und nachgefragt wird. Aber widerspricht das notwendig der Auffassung, den Gründer und seine persönlichen Neigungen in die Betrachtung miteinzubeziehen? Wenn es um die Wahl des Berufs geht, gehen wir doch auch von der Person aus, auch wenn im Markt für andere Berufe momentan mehr Nachfrage besteht. In Sachen Berufswahl leuchtet uns unmittelbar ein, dass wir die Persönlichkeit des Wählenden nicht beiseiteschieben sollten. Warum also nicht auch bei der Wahl des Gebietes, auf dem ich mich als Gründer betätigen will? Entrepreneurship ist auch ein Beruf, sogar mit der Chance, näher an die Vorstellung von »Berufung« zu kommen als in abhängiger Beschäftigung. Wenn Sie also nur vom Markt her denken, laufen Sie Gefahr, ähnlich fremdbestimmt zu arbeiten wie als Angestellter. Wenn Sie aber nur von der Person her denken, laufen Sie Gefahr, eine Art Künstlerdasein zu führen, mit Elementen von Selbstverwirklichung zwar, aber wenig wirtschaftlichem Erfolg. Sie sollten also immer beide Perspektiven im Blick haben. Der Markt ist das Kraftfeld, aus dem Ihr geplantes Unternehmen seine Energie bezieht. Ihre Kunden sind Ihre Energielieferanten – und das Lebenselixier Ihres Unternehmens. Aber wenn das Gründungskonzept nicht auch stimmig zur Person des Gründers ist, gehen Sie ein hohes Risiko ein, dass Ihre Energie, Leidenschaft und Ausdauer nicht ausreichen, den langen Weg vom ersten Einfall zum ausgereiften Konzept, zur erfolgreichen Markteinführung und schließlich zum Aufbau und Wachstum eines erfolgreichen Unternehmens gehen zu können.

Malcolm Gladwell hat die These bekannt gemacht, dass es mindestens 10 000 Stunden Beschäftigung mit einem Thema braucht, um Meisterschaft in einem Fachgebiet zu erreichen.[160] So viele Stunden – wie soll man die Zielstrebigkeit und Selbstdisziplin aufbringen, wenn das gewählte Gebiet nicht den eigenen Neigungen entspricht und keine Freude macht? Überfordern wir uns als Gründer dann nicht zwangsläufig? Die meisten Menschen glauben, dass man als Gründer eiserne Disziplin mitbringen müsse. Das ist nur halb richtig. Ja, Disziplin braucht es, aber noch wichtiger ist Begeisterung. Wenn es nur Disziplin ist, die uns zur Arbeit bringt, halten selbst willensstarke Menschen nicht lange durch. Begeisterung ist das wirkungsvollere Element.[161] Es lässt uns die Mühen und Anstrengungen – wie beim Sport – leichter wegstecken, ja oft gar nicht als solche empfinden.

Von Konfuzius stammt der Satz: »Wenn du das tust, was du gerne tust, musst du dein Leben lang nicht arbeiten.« Ein wundervoller Gedanke. Aber schwer umzusetzen. Als abhängig Beschäftigter richtet sich die Arbeit, die Ihnen vorgegeben wird, nicht danach, ob sie Ihnen gefällt, ob sie Ihre Talente und Neigungen zum Klingen bringt. Anders beim Entrepreneurship. Es sind *Sie*, der das Metier wählt, auf dem Sie antreten wollen. Und es sind Sie als Gründerin oder Gründer, die entscheiden können, welche Arbeit Sie abgeben und welche Tätigkeiten Sie selbst erledigen wollen. Damit eröffnet sich für Sie die Chance, tatsächlich einen »Beruf« auszuüben, der Ihrer Berufung nahekommt. Im Englischen klingt es noch prägnanter und eindrucksvoller als im Deutschen: »Earn your living by living your dream«.[162] Erst auf diese Weise wird der Satz von Konfuzius zu einem Ferment, das unser Leben – und wie wir darin arbeiten – radikal verändern kann.

Gründen mit Komponenten

Streichen wir bitte die herkömmliche Sichtweise aus unserer Vorstellung, dass ein Unternehmen ein Gebilde sein muss aus Räumen, Arbeitsplätzen und Mitarbeitern. Die Frage, die wir uns in einer hoch arbeitsteiligen Gesellschaft stellen können, heißt vielmehr: Kann ich mein Unternehmen nicht aus bereits vorhandenen Komponenten zusammenstellen?[163] Ob es dazu Räume braucht, Angestellte, welche Ressourcen auch immer, ist in diesem Moment noch eine völlig offene Frage. Die entscheidende Arbeit passiert im Kopf des Gründers. Ein modernes, arbeitsteiliges Wirtschaftssystem enthält viele Angebote, die man als Komponenten nutzen kann. Der Baukasten, der uns zur Verfügung steht, nimmt täglich an Bauteilen und Varianten zu. Man kann in diesem Sinne den Gründer mit der Figur des Komponisten vergleichen, der die – bereits vorhandenen – Instrumente eines Orchesters in neuer Weise zum Klingen bringt. So gesehen besteht die Aufgabe des Entrepreneurs darin, sich erstens ein Konzept auszudenken, zweitens die Partner zu finden, die die erforderlichen Komponenten anbieten, und drittens das Zusammenspiel der Komponenten zu koordinieren und zu kontrollieren. Die Gefahr, den Gründer mit einer Vielzahl von Aufgaben zu überlasten und zu überfordern, wird dadurch drastisch geringer.

Die Erfahrung zeigt: Professionalität ist entscheidend. Es ist das zentrale Stichwort, wenn es um Komponenten geht. So wie die Zähne von technisch guten Zahnrädern perfekt ineinandergreifen, müssen auch die Komponenten zusammenpassen. Professionelle Partner kennen das Problem, die einzelnen Komponenten aufeinander abzustimmen. So muss eine professionelle Shop-Software Schnittstellen zur Rechnungserstellung, Liquiditätsplanung, Lagerhaltung bis hin zur Bilanzerstellung und Steuererklärung zur Verfügung stellen. Professionelle Anbieter beherrschen das und werden dem Gründer entsprechende Angebote machen.[164]

Professionalität einzukaufen ist teuer. Aber Unprofessionalität ist am Ende noch viel teurer. Die Schlussfolgerung daraus: Wenn Sie sich Professionalität nicht leisten können, ist Ihr Unternehmenskonzept nicht ausgereift, es erwirtschaftet nicht ausreichend Erträge. Arbeiten Sie weiter an Ihrem Konzept. So lange, bis Sie sich professionelle Komponenten leisten können.

Groß werden und dabei klein bleiben

Gründen mit Komponenten hat aber noch weitere Vorteile. Es ist bekannt – und in der wissenschaftlichen Literatur beschrieben –, dass junge Unternehmen nach der Gründung mehrere Phasen wachsender Komplexität durchlaufen, in denen sie in typische Krisen geraten und nicht selten daran scheitern.[165] Mittels Komponenten verringern sich die Gründungsrisiken wesentlich, denn der Gründer greift mit ihnen auf etablierte, routinierte Einheiten zu, die bereits mit großen, effizienten Betriebsgrößen

und hoher Professionalität arbeiten. Auch profitiert er von deren Wissen. Das eigene Unternehmen kann wachsen, aber der vom Gründer selbst betriebene Kern bleibt klein – und damit überschaubar und bewältigbar.
Die Vorteile des Komponentenmodells sind enorm. Statt zu überarbeiteten Einzelkämpfern zu werden, ermöglicht es den Gründern, sich auf das unternehmerische Konzept zu fokussieren und es den Marktveränderungen anzupassen. Es sind weniger Investitionen erforderlich und damit weniger Kapital. Der Gründer arbeitet durch seine Komponenten hochprofessionell – und das von Anbeginn an. Kosten treten im Grundsatz nur auf, wenn auch wirklich Bestellungen eingehen. Finanzierungsaufwand und Risiken reduzieren sich für den Gründer ganz erheblich. Im Vergleich zu den konventionellen Formen können Gründungen rascher, einfacher und mit mehr professioneller Kompetenz erfolgen.
Am Beispiel Medien:

Sie wollen eine Zeitschrift gründen mit internationaler Präsenz? Früher brauchten Sie dafür viel Kapital, umfangreiche Erfahrungen im Verlagswesen, Redakteure in teuren Büros, In- und Auslandsvertretungen und vieles mehr. Heute können Sie ganz anders vorgehen. Sie finden Experten auf Plattformen wie Freelance, Upwork oder Expertlead, die für Sie Texte schreiben und die Sie anhand ihrer bisherigen Arbeiten beurteilen und auswählen können. Und das gilt nicht nur für den journalistischen Teil, sondern auch für Grafiker, Bildredakteure oder Korrektoren. Bezahlen Sie gute Preise, damit Sie motivierte Mitarbeiter gewinnen, die gerne für Sie arbeiten. Die fertigen Beiträge lassen Sie bei DeepL kostenlos übersetzen und von einem Fachübersetzer nachbearbeiten. Auch Ihr Web- und App-Design können Sie als Komponente zukaufen – mit einem erfahrenen Designer, der die Suchmaschinenoptimierung mitdenkt.

Ziemlich anders als früher. Kein Verlagsgebäude, keine Druckerei im Erdgeschoss, kein Verladen, keine Lieferwagen auf dem Firmenhof. Was von Ihnen kommen muss, sind die Relevanz des Themas und die Begeisterung dafür.

Den Ausschlag gibt dabei der Grad der Professionalität der Komponenten; er ist für das Gelingen der Delegation entscheidend. Die Unerfahrenheit vieler Gründer wird durch den Einsatz professionell geführter Komponenten abgefedert. Der Aufbau eines Unternehmens aus Komponenten macht eine Gründung schneller und flexibler in der Überwindung von unerwarteten Hindernissen.

Auch hier ist der Vergleich mit der Geschichte der Bildung erhellend. Bildung wurde zugänglich und erschwinglich für alle, weil die Eltern nicht selbst für ihre Kinder zusammenstellen und finanzieren müssen, was für deren Bildung notwendig ist: das Schulgebäude, die Lehrer, die Bücher, die Ausstattung mit Geräten für den Physik- und Chemieunterricht. Was Alexander und Wilhelm von Humboldt als Kinder genossen – von den Eltern organisierter und bezahlter Privatunterricht –, wollte der Bildungsreformer Wilhelm von Humboldt allen Menschen zugänglich machen. Das von ihm auf den Weg gebrachte Bildungssystem arbeitet, so könnte man es ausdrücken, mit Komponenten.

»Gründen mit Komponenten« eröffnet viel mehr Menschen als bisher die Chance, am Wirtschaftsleben aktiv teilzuhaben. Natürlich bleibt ökonomisches Denken und Handeln – verstanden als sparsamer Umgang mit Mitteln – zentral, aber vieles aus dem Ablauf eines Unternehmens, von der Produktion über die Verwaltung bis zur Logistik, wird von den Komponenten und der darin eingebetteten Professionalität der Dienstleister übernommen. Als Gründer müssen Sie sich auf die Führung Ihres Unternehmens konzentrieren, statt sich im Tagesgeschäft aufzureiben und sich zu verzetteln. Die Vorstellung, dass der oder die Gründer alles selbst können und selbst tun müssen, stammt aus dem letzten Jahrhundert, eigentlich noch aus dem vorletzten. Es ist an der Zeit, diese Vorstellung aufzugeben.

»Open Organization«

Wir können den Ansatz des Gründens mit Komponenten weiterspinnen. In Sachen Innovation ist der Gedanke, sich nach außen zu öffnen, fast schon Standard: Interessante Ideen für ein Unternehmen entstehen auch außerhalb seiner Räume, etwa bei den Kunden oder den Zulieferern. Das Unternehmen ist daher gut beraten, sich solche Ideen und Innovationen zunutze zu machen. Ein Sachverhalt, den man inzwischen mit *open innovation* beschreibt.

So wie wir von *open innovation* sprechen, sollten wir auch das Thema Organisation »öffnen«. Betrachten wir »Unternehmensorganisation« nicht länger als etwas Starres: Mit dem Einsatz von Komponenten werden die Grenzen zwischen dem »innen« und »außen« der Organisation fließend. Wir operieren damit in einer »open organization«. Dies eröffnet eine ganz neue Dimension der Gestaltung unternehmerischen Handelns. Der Gedanke, so zu arbeiten, fällt der heutigen Gründergeneration sehr viel leichter als den etablierten Konzernen mit ihren hierarchischen Strukturen.

Die Wiederentdeckung der Commons

Zu dem Aspekt, dass uns heute viel mehr Mittel zur Verfügung stehen, die den Aufbau und das Betreiben eines Unternehmens wesentlich erleichtern, gehört auch die Zunahme von Ressourcen, die der gemeinschaftlichen Nutzung aller offenstehen. Auch sie können wir als Komponenten begreifen. Das bekannteste Beispiel dafür ist die Entwicklung des Sektors der Open-Source-Software.

Aber es ist ein Phänomen, das sich auf viel mehr als nur Software bezieht. Jeremy Rifkin nennt die Entwicklung den »Aufstieg der kollaborativen Commons«.[166] Es ist die Wiederentdeckung der Idee der Allmende, also des gemeinschaftlichen Eigentums. Die Ökonomen hatten diese Idee, weil angeblich untauglich, begraben, nachdem Garrett Hardin, Professor für Ökologie an der University of California, die »Tragedy of the Commons« postuliert hatte.[167] Der Grundgedanke von Hardin: Bei freiem Zugang zu einem Gut tendieren die Nutzer dazu, dieses Gut zu stark zu nutzen. Allmenden seien der Trittbrettfahrer wegen zum Scheitern verurteilt. Hardin wählt das Beispiel einer Gemeinschaftswiese, auf die alle Mitglieder einer Gemeinschaft ihre Schafe treiben können. Das Ergebnis sei, dass die Wiese überweidet werde.

Eine Generation aber nach Hardins vernichtendem Urteil gruben zwei Frauen die totgesagte Allmende wieder aus. Die Juraprofessorin Carol Rose und die Politikwissenschaftlerin Elinor Ostrom kritisierten, dass Hardin den Aspekt übergangen habe, dass Allmenden strengen, oft jahrhundertealten Regeln folgten.

Ostrom verglich Feldstudien zu gemeinschaftlichem Management in aller Welt – etwa von Bewässerungssystemen in Spanien, Nepal und Indonesien, von Weideland in der Schweiz und Ackerland in Japan, von Fischbeständen in Kanada oder von Gemeindewäldern in Bolivien und Mexiko. Aufbauend auf dieser empirischen Forschung entwickelte sie die Designprinzipien, die eine erfolgreiche Bewirtschaftung gemeinschaftlicher Güter ermöglichen.[168] Dafür wurde Ostrom 2009 als erste Frau in der Geschichte mit dem Nobelpreis für Wirtschaftswissenschaften ausgezeichnet.

Gegen das Denken der Ökonomen, die Wirtschaftssubjekte würden gewinnmaximierend agieren, setzt Ostrom die Beobachtung, dass Individuen im Umgang mit den Allmende-Ressourcen weit öfter das Interesse der Gemeinschaft über das eigene Interesse stellten. Es sind die sozialen Bande, es ist das Sozialkapital, das die Allmende zusammenhält. Oft würde ein Regelverstoß zu enormen Vorteilen für den Einzelnen führen. Ein Wasserdiebstahl während einer trockenen Saison in den spanischen Huertas könnte eine ganze Ernte vor der Vernichtung retten. Dennoch seien solche Verhaltensweisen sehr selten. Der Grund dafür: Der Nachteil des Vertrauensbruchs gegenüber Nachbarn, Freunden oder der Dorfgemeinschaft wiegt schwerer als der Vorteil des Regelverstoßes.

Die 2001 ins Leben gerufene Rechtsform der »Creative Commons« basiert auf der Idee der Gemeingüter. Sie umfasst verschiedene Standard-Lizenzverträge, mit denen ein Autor der Öffentlichkeit auf einfache Weise Nutzungsrechte an seinen Werken einräumen kann. Die meisten Creative-Commons-Werke können von jedem genutzt werden, solange damit kein eigenes kommerzielles Interesse verfolgt und der Urheber genannt wird. 2018 waren weltweit schon mehr als eine Milliarde Werke mit einer Creative-Commons-Lizenz zugänglich.

Wem gehört das Wissen der Welt?
Keine selbstverständliche Frage. Vieles davon, werden Sie sagen, steht bei Wikipedia und ist uns allen zugänglich. Aber so selbstverständlich ist das keineswegs. Hätte der Gründer von Wikipedia, Jimmy Wales, es nicht als Non-Profit-Unternehmen aufgebaut und sich den Creative Commons verpflichtet, müssten wir heute noch die *Encyclopedia Britannica* teuer kaufen.
Und nicht alles finden wir bei Wikipedia. Viele Informationen sind Eigentum von Personen oder Unternehmen und nicht zur freien Verwendung zugänglich. Für ihre Nutzung muss bezahlt werden, oder sie ist schlicht nicht möglich, weil als Betriebsgeheimnis gehütet.
Mariana Mazzucato, Professorin für Economics of Innovation am University College London, hält dagegen, dass ein großer Teil unseres technologischen Wissens in öffentlichen Einrichtungen, Universitäten oder Forschungsinstituten generiert und mit öffentlichen Steuermitteln finanziert wurde. Sollten diejenigen, so fragt sie, die solches Wissen in profitable Businessmodelle umsetzen, nicht stärker zur Kasse gebeten werden?
Mazzucato nennt Apple als Beispiel. Das Unternehmen, das im August 2018 die Unternehmensbewertung von einer Billion Dollar überschritten hat, generiert einen nicht geringen Teil seiner Gewinne aus dem iPhone. Genau dieses Gerät aber, so Mazzucato, beruhe im Kern auf Schlüsseltechnologien, die aus öffentlich finanzierter Forschung stammten.[169]
Kate Raworth, die Autorin der *Donut-Ökonomie*, fordert, dass öffentlich geförderte Forschungsvorhaben in öffentliches Wissen überführt werden, indem vertraglich festgelegt wird, dass die Erkenntnisse der Allgemeinheit zugänglich sind, statt zuzulassen, dass sie in privaten Patenten und Urheberrechten enden.[170]
An den Staat appelliert Raworth, öffentliche Kreativräume einzurichten – sogenannte Makerspaces, »in denen sich Technologie-Innovatoren treffen und mit 3-D-Druckern und Werkzeugen zur Hardwarekonstruktion experimentieren können«. Auch die Ausbreitung von Bürgerorganisationen wie Innovationsclubs soll gefördert werden, aus denen dann Peer-to-Peer-Netzwerke entstehen können.[171]

Was mich an solchen – im Grunde plausiblen – Forderungen stört: Der Staat soll es richten! Nehmen wir das Beispiel der 3-D-Drucker im Makerspace. Warum die Sache nicht in Eigeninitiative angehen? Ein 3-D-Drucker kostet unter 1000 Euro. Das lässt sich gemeinsam finanzieren. Ein Küchentisch mit Freunden genügt als Einrichtung. Oder eine Ecke im Café. Schnell würde sich entpuppen, dass der Engpass gar nicht in der öffentlichen Finanzierung liegt, sondern im Konzept: Was, bitte schön, wollen wir mit dem 3-D-Drucker machen? Und damit sind wir beim Entrepreneurship. Wie kann ich die Mittel nutzen – und das Wissen, das uns zur Verfügung steht –, um etwas Brauchbares, Nützliches, Sinnvolles daraus herzustellen? Und das besser und preiswerter als die Produkte der Goliaths.

Proof of Concept

Wir können und sollten ein unternehmerisches Konzept als ein Bündel von Annahmen betrachten. Und wir tun gut daran, diese Annahmen in der Praxis zu testen. Es ist keineswegs sicher, ob wir mit unseren Annahmen auch richtigliegen. Ist für unser Produkt auch tatsächlich Nachfrage vorhanden? Wird das Design akzeptiert? Wird der Preis akzeptiert? Wird mein Vertriebsweg angenommen? Viele zentrale Annahmen also. Die Erfahrung zeigt: Ein nicht geringer Teil aller in Businessplänen gemachten Annahmen ist falsch. Solche Annahmen werden nicht realistischer, weil man sie aufschreibt, in ansprechender Form präsentiert oder mit Excel-Tabellen und Drei-Jahres-Projektionen unterlegt.

Für ein etabliertes Business machen solche Projektionen Sinn. Die Nachfrage nach Waschmaschinen in den nächsten Jahren basiert auf einer Reihe von bekannten Säulen: Das Produkt ist bekannt wie auch das grundlegende Design. Man weiß, dass die Kunden es akzeptieren. Das Gleiche gilt für Preis, Vertriebsform und vieles mehr.

All dies aber ist beim Start-up nicht der Fall. Vom neuen Produkt ist nichts bekannt, gerade wenn es um eine Innovation geht. Stattdessen handelt es sich, wie dargelegt, um ein Bündel von Annahmen. Im Grunde um

Hoffnungen, von denen wir uns wünschen, dass sie doch bitte zutreffen mögen. Wenn wir in dieser Situation eine Projektion machen, sind die Zahlen das Papier nicht wert, auf dem sie stehen. Sie eignen sich nicht als Planungsgrundlage. Sie sind Luftschlösser. Wahrscheinlich trägt dieser Sachverhalt auch zur hohen Quote des Scheiterns von Neugründungen bei.

Wir dürfen daher nicht bis zu unserem Markteintritt warten, um festzustellen, ob wir mit unseren Annahmen richtigliegen. Dieser »Proof of Concept« muss viel früher erfolgen. Am besten gleich, wenn wir die Annahmen treffen. Wenn sich herausstellt, dass unsere Annahmen nicht zutreffen, muss das Konzept korrigiert werden. So lange, bis der Proof of Concept realistische Ergebnisse zeitigt. Bei diesem Vorgehen handelt es sich also nicht um eine einmalige Angelegenheit, wie die deutsche Übersetzung als »Machbarkeitsnachweis« suggeriert – so als würde man zuerst die Arbeit am Konzept ganz abschließen und erst danach in die Überprüfung einsteigen.

Sven Ripsas hat Pionierarbeit auf dem Gebiet des Proof of Concept geleistet.[172] Er, der die Idee des Businessplans Mitte der 1990er-Jahre nach Deutschland brachte, erkannte als einer der Ersten die Defizite in der praktischen Anwendung von Businessplänen. Der Proof of Concept verlange, richtig verstanden, ein ganz anderes Vorgehen, als wir es vom Denken in Businessplänen gewohnt seien,[173] nämlich einen Prozess des Ausprobierens und Testens an der Wirklichkeit – nach dem Motto: Nur was dem Realitäts-Check standhält, geht in die weitere Planung ein. Die Entwicklung eines Unternehmenskonzepts wird als laufender Lernprozess verstanden, in dem es mit Experiment und Intuition um die Entdeckung derjenigen Strategie geht, die Kunden gewinnt und zufriedenstellt. Im Kern also: ausprobieren, was und wie es funktioniert. Erst dann haben Sie ein überschaubares Risiko und eine plausible Grundlage, Geld in die Hand zu nehmen und zu investieren.

Sehen wir uns im Folgenden zwei Beispiele an, wie mit den Mitteln des David sogar der Wettbewerb mit Weltkonzernen möglich ist.

Einfach, preiswert, zeitgemäß – ein Professor baut das E-Mobil der Zukunft

»Es braucht jetzt uns alle. Ich brauche die Mutigen, die jetzt schon verstanden haben, worum es in der Zukunft gehen wird«, sagt Günther Schuh.[174] Der Professor für Produktionssystematik an der Technischen Hochschule in Aachen nimmt es mit den großen Pkw-Herstellern auf. »Mein Ziel war es, ein Elektroauto zu bauen, das sich jeder leisten kann.« Mit seiner Firmengründung will er nichts weniger als die Autoindustrie revolutionieren. Der Professor weiß, wovon er spricht. Schließlich hat er mit seinen Studenten bereits erfolgreich den E-Kleinlaster Streetscooter für die Deutsche Post konzipiert und damit gegen Hersteller wie VW oder Mercedes aufbegehrt, die nicht willens waren, der Post ein solches Auto zu bauen, weil das Projekt aus Konzernsicht zu wenig Gewinn abgeworfen hätte.

Schuh hat ein robustes Fahrgestell entwickelt, das über 100 Jahre alt werden könne, ohne Rost anzusetzen. »Das Auto können Sie später einmal vererben«, sagt der Professor. Das Interieur ist schlicht gehalten und auf das Nötigste reduziert. Genau diese Einfachheit ist es, die dem Fahrzeug und damit der Elektromobilität zum Durchbruch verhelfen soll. Während das günstigste Modell von Volkswagen, der E-Up, 27 000 Euro kostet, verlangt Schuh für das einfachste Modell seines e-Go einen Preis von 15 900 Euro.

Warum tut sich der Professor den Spagat zwischen seiner Hochschultätigkeit und einer strapaziösen Firmengründung an? Eigentlich wollte er die deutschen Autohersteller von seiner Idee überzeugen, sagt Schuh. Aber keiner der Großen habe an sein Konzept glauben wollen. Man habe es abgetan nach dem Motto »Jugend forscht«. Aus Ehrgeiz und Kränkung, ja fast aus Zorn sei er daraufhin mit seinem Team einen Schritt weiter gegangen.[175]

Günther Schuh geht von einem Anliegen aus. Er will Elektromobilität durchsetzen. Und formuliert daraus einen Kampfpreis. Zehntausend Euro niedriger als die Konkurrenz. Würde er gewinnmaximierend agieren und den konventionellen Marketingstrategien folgen, würde der Wagen so teuer wie die Angebote der Konkurrenz.

Ökologisch vernünftiger – ein Laie nimmt es mit den Waschmittelkonzernen auf

Die Geschichte beginnt damit, dass sich ein Münchner Rechtsanwalt über die Umweltbelastung durch Waschmittel Gedanken machte. »Ich half meiner Frau beim Wäsche zusammenlegen«, sagt Wolfgang Kunz, »und fragte mich, warum Procter & Gamble, Henkel und Unilever nur standardisierte Waschpulver verkaufen, egal ob das Wasser weich oder hart ist und man damit entweder zu viel Enthärter oder zu viele Tenside verwenden muss. Mir kam die Idee, ein eigenes Waschmittel herzustellen. Eines, das für den jeweiligen Härtegrad passt.«

So einfach es klingt, die großen Hersteller, die standardisierte Markenprodukte verkaufen, machen genau das nicht. Ihre Waschmittel halten nur eine einzige Mischung bereit, egal ob Sie weiches oder hartes Wasser haben. Da zum Waschen aber weiches Wasser benötigt wird, ist allen Waschmitteln Enthärter beigefügt. Je härter das Wasser ist, umso mehr Waschpulver muss verwendet werden, um ausreichend Enthärter bereitzustellen. Dabei würde es völlig ausreichen, nur die Menge des Enthärters zu erhöhen. Weil aber herkömmliche Waschmittel hier nicht differenzieren, dosiert der Verbraucher automatisch auch die waschaktiven Substanzen zu hoch, obwohl gar keine höhere Menge gebraucht wird. Viele dieser sogenannten Tenside landen damit ungenutzt im Abwasser.

Bei Kunz ist das anders. Sein Waschmittel stimmt die Menge des Enthärters auf den jeweiligen Härtegrad des Wassers ab. Statt eines einzigen Waschmittels gibt es drei. Weil man auf diese Weise die richtig dosierte Menge an Enthärter bekommt, verwendet man nur noch die tatsächlich benötigte Menge Waschmittel. Das spart bei hartem Wasser sage und schreibe 41 Prozent der Tenside. Wolfgang Kunz ärgerte sich über die Unzulänglichkeit der herkömmlichen Waschmittel. Sein Anliegen ist ökologischer Natur. Damit bietet er den Waschmittelkonzernen die Stirn.

Elektroauto und Waschmittel: zwei Kampagnen, wie Ökonomie sein sollte. Beispiele einer neuen Ökonomie von unten. Günther Schuh ist ein viel gefragter Mann – als Wissenschaftler, als Teilnehmer auf Podien und Redner bei Tagungen. Wolfgang Kunz ist ein viel beschäftigter Anwalt. Beide Gründer, Professor wie Rechtsanwalt, gehen weiter ihrer Haupttätigkeit nach. Entrepreneurship betreiben sie bisher als Nebenbeschäftigung. Auch dies ein Beleg dafür, dass aktive Partizipation am Wirtschaftsgeschehen heute nichts mehr mit dem musealen Klischee von Unternehmertum zu tun hat.

Dass es eine wachsende Zahl von Gründern gibt, die gleich mehrere Unternehmen ins Leben rufen und leiten (sogenannte Serial Entrepreneurs), ist ein weiterer Beleg dafür, dass man heute Unternehmen in ganz anderer Form aufbauen und führen kann, als es früher denkbar war.

Für eine neue Marketingkultur

Solange wir uns noch in einer totalen Marketingwelt befinden, ist es für anders Wirtschaftende naturgemäß schwer, Aufmerksamkeit auf sich zu ziehen. Wenn man Marken mit Skepsis gegenübersteht: Wie soll man sein Produkt im Feuerwerk des Marketings bemerkbar machen? Betrachten wir zunächst das Beispiel Teekampagne. Statt eines eigenen Logos verwendet das Unternehmen das Schutzzeichen der Teepflanzer für reinen, unverfälschten Darjeeling. Mit Rückverfolgbarkeit des Produkts und Offenlegung der Kalkulation. Die Teekampagne wollte sich eben nicht in eine Reihe mit den üblichen Kunstmarken-Begriffen stellen. Nicht »Teezauber Gold« – sondern sagen, was drin ist. Ross und Reiter nennen: Anbaugebiet. Lage. Erntejahr. Blattqualität. Um Messlatten zu geben, Überprüfbarkeit zu ermöglichen. Ja, wir brauchen auch eine neue Begriffskultur: erklären statt verklären.

Ist dies ein realistischer Ansatz, oder bleibt es eine idealistische Forderung, wie so vieles im Chor der Kritik an der herrschenden Ökonomie? Hat der

Ansatz Aussicht auf Erfolg? Hat Aufklärung Zukunft? Es gibt Beispiele dafür. Allerdings brauchen wir ein wenig Mut, in Abwandlung eines Satzes von Kant, uns der Aufklärung zu bedienen. Noch sind wir in der Minderzahl. Aber Unternehmen wie die Teekampagne haben sich nicht trotz, sondern gerade wegen ihres aufklärenden Charakters durchgesetzt. Das Beispiel der Teekampagne zeigt, dass es auf Dauer belohnt wird, wenn man sich konsequent auf die Seite der Hersteller, der Natur und der Kunden stellt.

Anita Roddicks Body Shop als Vorbild

Das ist die Kosmetikindustrie, wie wir sie kennen: ein brillant inszeniertes Marketingfeuerwerk, bestechende Bilder, Ästhetik in Potenz. Und ein riesiges Versprechen: »Wir machen Sie jung, wir machen Sie bezaubernd, wir bewirken Wunder. Mit unserem XY-Faktor, einer Weltneuheit, von führenden Dermatologen wissenschaftlich erforscht. Teuer? Nein – weil Sie es sich wert sind!«

Mitten in diese Show hinein tritt auf: Anita Roddick. Ihre Voraussetzungen sind denkbar schlecht. Der Mann weggelaufen, zwei Kinder am Hals, zweimal schon etwas gegründet, erst ein Bed and Breakfast, dann ein Restaurant. Beides schiefgegangen. Jetzt sind die finanziellen Reserven aufgebraucht.

Aber Anita Roddick hat eine Idee.[176] Sie ist so einfach wie bestechend: Aufklärung, Klartext sprechen. Die Kosmetikindustrie sei ein Milliarden-Dollar-Geschäft, das auf Lügen aufbaue und die Ängste von Frauen vor dem Älterwerden ausbeute. Man könne Haut schützen, aber nicht ihren Alterungsprozess aufhalten. Was helfe, seien Öl-Wasser-Emulsionen, um die Haut feucht zu halten, mehr aber auch nicht. Und die müssten nicht teuer sein. Man könne sie sogar richtig preiswert herstellen und anbieten.

Es findet sich ein kleiner, feuchter und heruntergekommener Laden in der Nähe zweier Bestattungsunternehmen. Der Name Body Shop ist wenig attraktiv und leicht mit den Bestattern zu verwechseln. Anita Roddick wählt grüne Farbe, weil sie als einzige die Schimmelflecken an den Wänden überdeckt. Sie kauft Plastikflaschen – die wenig kosten und sonst für Urinproben verwendet werden – in fünf verschiedenen Größen und füllt ihre Produkte darin ab. Sie will, dass Käuferinnen die leeren Flaschen nachfüllen lassen. Und noch etwas ist ihr wichtig: Versuche an Tieren, um an ihnen mit neuen Substanzen zu experimentieren, sind ihr ein Gräuel.

Das ist Gründen, wie es nicht im Lehrbuch steht: der Name, die Geschäftsausstattung, die Produkte, finanzielle Reserven – alles ziemlich dürftig. Wo sind die überzeugenden Werbeversprechen? Worin besteht das Marketing? Wie gegen eine machtvolle Konkurrenz bestehen? Würde es für Gründen vorweg Noten geben, das Ergebnis schiene klar: Setzen, sechs. Durchgefallen.

Wäre da nicht etwas anderes. Anita Roddick trifft einen Nerv, international und in allen möglichen Käuferschichten – und ohne »Marketing-Unsinn«, wie sie es selbst nannte. Niemand vor ihr hat es gewagt, die Aussagen der Kosmetikindustrie Lügen zu nennen und mit einer eigenen Gründung dagegenzuhalten. Es ist wie im Märchen von des Kaisers neuen Kleidern. Alle wissen eigentlich, dass der Kaiser nackt ist, aber es braucht jemanden, der es laut ausspricht. Und Anita Roddick tut das mit Nachdruck. Deutliche Worte statt Werbelyrik. Produkte in Plastikflaschen anzubieten, auf elegante Verpackung zu verzichten und zugleich viel preiswerter zu sein als die großen Kosmetiknamen stellt sich als wirksamer Angriff auf die schier übermächtige Konkurrenz heraus. Käufer sachlich zu informieren, ihnen nicht zu versprechen, was Produkte nicht halten können, setzt auf Aufklärung statt Vernebelung. Vor allem aber schafft es Glaubwürdigkeit. Body Shop wird zum Modell. Viele Frauen wollen einen Laden führen wie Anita Roddick und werden Franchisenehmer. Ein kometenhafter Aufstieg beginnt.

Der ausschlaggebende Faktor: die Person Anita Roddick und ihre Haltung. Ihre Anti-Position zur Kosmetikindustrie, zu deren falschen Versprechen und hohen Preisen. Mit der Courage, als einfacher Mensch gegen eine derart mächtige Industrie anzutreten. Glaubwürdigkeit statt Werbelyrik, Authentizität statt Marke – Body Shop ist eine Anti-Marke, ein David, der Goliath schlägt.

Lassen wir Anita Roddick selbst zu Wort kommen: »In terms of power and influence, you can forget the church, forget politics. There is no more powerful institution in society than business.« Business als *moral leadership*. »The business of business should not be about money, it should be about responsibility. It should be about public good, not private greed.«[177]
Weil Business so mächtig ist, sollte es eingebunden sein in ein Wertesystem. Es sollte um das Wohl aller gehen und nicht um individuelle Gier.

Aber die Geschichte hat kein Happy End. Der Erfolg wird verspielt.

Body Shop will wachsen.

Die Logik des Wachstums schlägt zu. Vielleicht auch die Versuchung, selbst eine Weltmarke werden zu können. Das Unternehmen geht an die Börse, um mehr Kapital aufzunehmen. Das Erscheinungsbild ändert sich. Jetzt gibt es in jeder der großen Flaniermeilen der Welt plötzlich einen Body Shop. Es ist der Anfang vom Ende. Die Fans sind verunsichert. Das Eigenwillige, Herausragende, das Besondere wird schwächer oder verliert sich. Der Nimbus, die Glaubwürdigkeit, das Einzigartige, Andersartige, von nichtkommerziellen Gedanken Getragene wird schwächer. Die Ladeneinrichtung ist nicht mehr wie früher, Flaschen zum Nachfüllen wirken nur noch wie ein Alibi. Die Aura verblasst. Es schwindet die Begeisterung gerade der treuesten Kundinnen. Die Unternehmensgröße und die Lage der Filialen passen nicht mehr zum ursprünglichen Bild der Firma. Die Unterscheidbarkeit von der Konkurrenz geht verloren.

Jetzt schlägt die Marketinglogik zu. Body Shop muss plötzlich um Kunden werben wie andere Marken auch. Aus den Glaubenssätzen »keine falsche Versprechungen« und »keine Tierversuche« werden Werbeaussagen. In diese Situation platzt ein Artikel eines amerikanischen Journalisten, der Anita Roddick vorwirft, mit falschen Aussagen zu arbeiten. Die Argumentation trifft das Anliegen des Body Shop nicht im Kern, hat aber Wirkung. Die Glaubwürdigkeit, schon vorher angekratzt, leidet jetzt massiv. Der Angriff trifft auch die Gründerin persönlich. Sie überreagiert. Schlägt im Vorfeld der Veröffentlichung des Artikels um sich. Vielleicht hat sie erkannt, dass ihr Nimbus dahin ist. Dass es nur noch einer kleinen Sache bedurfte, sie in eine Reihe mit den anderen zu stellen, sie wie einen der anderen Kosmetikkonzerne auch erscheinen zu lassen. Das war das Ende. Jedenfalls der Geschichte der Anti-Marke.

Hinterher stellt sich heraus, dass der Artikel schlecht recherchiert und in der Sache übertrieben war. Zu spät. Der Schaden ist entstanden, der Nimbus ist dahin. Body Shop hat seine beste Zeit hinter sich. Anita Roddick verkauft ihr Unternehmenskind schließlich an den Kosmetikkonzern L'Oréal.

Anita Roddick war eine Marketingrebellin. Der Aufstand gegen die Dreistigkeit der Marken war erfolgreich. Glaubwürdigkeit und Authentizität siegten gegen verdummende Markenwelten. Aber dann gewannen Gegenkräfte an Boden. Body Shop geriet in die Nähe der Normalmarken. Es sollte der Expansion dienen. All die herrlichen Marketinginstrumente sollten den Erfolg noch größer machen. Das war der Tod. Der Tod der Glaubwürdigkeit.

Anita Roddick – die Unvollendete. Ihr Ansatz schreit geradezu nach einer Weiterführung.

Mäntel verbrennen

Burberry ist ein angesehenes Fashion-Label, bekannt vor allem für seine Trenchcoats. Das Unternehmen verbrannte im Jahr 2017 Waren im Wert von 32 Millionen Euro. In der Absicht zu verhindern, so die britische Zeitung *The Times*, dass die Produkte mit Preisnachlass oder an die »falschen Leute« verkauft werden.[178] Es waren Artikel, von denen für Burberry mehr Ware hergestellt worden war, als verkauft werden konnte. Eine verbreitete Praxis im High-End-Fashion-Business, um die Marke zu schützen. Die *Times* berichtet weiter, dass in den letzten fünf Jahren Produkte im Wert von mehr als 100 Millionen Euro von Burberry vernichtet wurden.

Warum macht das Unternehmen so etwas?

Maria Malone, Principal Lecturer für Modebusiness an der Manchester Metropolitan University, erklärt es: »The reason they are doing this is so that the market is not flooded with discounts. They don't want Burberry products to get into the hands of anyone who can sell them at a discount and devalue the brand.«

Moralische Entrüstung über eine solche Praxis ist eine Sache. Wichtiger noch ist es, die Logik hinter der Aktion zu verstehen. Unter der Maxime Gewinnmaximierung betrachtet, verhält sich das Unternehmen absolut folgerichtig. Die hohen Aufwendungen, die in den Aufbau der Marke gesteckt wurden, sind gefährdet, wenn seine Produkte »unter Wert« (sprich: unter dem Markenwert) verkauft würden. Oder gar von den falschen Leuten getragen werden. Stellen Sie sich vor, ein Obdachloser liegt in einem Burberry-Mantel auf der Straße. Ein Schreckbild. Für die Marke und das Unternehmen. Es erklärt, warum das Unternehmen solche Waren nicht an Bedürftige spendet.

Auch dies ist ein Beispiel dafür, wie die Logik von Marken das Gegenteil dessen bewirkt, was wir erwarten würden: dass der technische Fortschritt zu höheren Qualitäten und niedrigeren Preisen führt und möglichst vielen Menschen zugutekommt.

Gewinnmaximierung gegen Wertesystem. Welche Seite wird die Zukunft gewinnen?

Es geht auch anders

Die Geschichte von Sankt Martin[179] kommt mir in den Sinn. Es ist die Gegengeschichte zu Burberry. Mit seinem Schwert, so die Legende, teilt Martin seinen kostbaren Purpurmantel in zwei Teile und schenkt die eine Hälfte einem Bettler. Eine beispielhaft edle Tat.

Wir Schulbuben, in der katholischen Kleinstadt nicht ganz so fromm und gläubig, wie der Herr Pfarrer es gerne gehabt hätte, machten uns ein paar unfromme Ge-

danken. Wenn zwei sich einen Mantel teilen, jeder also nur eine Hälfte hat, frieren dann nicht beide? Wir Kinder in der Nachkriegszeit wussten noch, was es heißt zu frieren. Wir hatten unzureichende Kleidung, und Winter hieß: frieren. Und weiter: Lief Sankt Martin für den Rest seines Lebens mit einem halben Mantel herum? Hatte er vielleicht zu Hause einen zweiten Mantel? Oder ließ er sich schnell wieder einen neuen machen? Also, so krittelten wir Kinder, war der heilige Sankt Martin überhaupt so heilig, wie uns der Herr Pfarrer erklären wollte?

Wäre es nicht auch eine edle Tat, wirklich gute Mäntel für viele Menschen erschwinglich zu machen? Ist es nicht wert, zwei Geschichten zu erzählen? Die des Sankt Martin und die des tüchtigen Ökonomen, der vielen Menschen hilft?

Gesucht wird der Entrepreneur, der Mäntel in Luxusqualität preiswert anbietet. Keine Billigware, sondern ein Meisterwerk an Funktionen, Materialien, Design und Preis. Nicht so teuer wie möglich im Verkauf, sondern so qualitativ hochwertig wie möglich, unter Verzicht auf teures Marketing und Modezirkus, lange haltbar und im Preis so niedrig wie irgend möglich. *Entrepreneurship at its best.*

Würden Sie einen solchen Mantel kaufen? Sie haben Angst, Ihre Mitmenschen könnten glauben, Sie könnten sich einen modischen, teuren Mantel nicht mehr leisten? Ja, der Wechsel auf die andere Seite macht Angst. Außenseiter zu sein ist keine leichte Sache. Ich kann Ihre Sorge verstehen.

Aber sind wir wirklich noch Außenseiter? Als die Aktion von Burberry bekannt wurde, erzeugte sie einen Aufruhr, einen Shitstorm in den sozialen Medien. Die Autorin Tara Button formulierte eine Petition an die Regierungen der Welt, solche Praktiken zu verbieten.[180] Gewinnmaximierend machte Burberry alles richtig. Aber es passt nicht mehr in unsere Zeit. Das Unternehmen hat sich mit seinem Kalkül verschätzt. Es regt sich Widerstand, ja Empörung.[181]

Zur Zeit des Sankt Martin war es schlicht unmöglich, Luxusmäntel preiswert in großer Stückzahl herzustellen. Heute stehen uns die Türen dazu offen. Gäbe es »Sankt Martin« als Anti-Marke – ich wäre gern der erste

Kunde. Gesucht sind Menschen, die solche Gründungen unterstützen und begleiten, nicht zuletzt, indem sie einen solchen Mantel mit Stolz tragen. Die den Marken-Nasen um sie herum freundlich begegnen und sie mit trefflichen Argumenten für eine überzeugendere Ökonomie gewinnen.

Die neue Marketingkultur – woran erkennt man sie?
An der Qualität wird nicht gespart. Keine problematischen Rohstoffe, keine Ausbeutung, keine Abbruchkante der Qualität, kein Suggerieren, dass hoher Preis auch hohe Qualität beinhaltet, keine Ausgaben für Markenimage und Manipulation. Von den Herstellungskosten ausgehen und fragen: Wie kann ich bei Nutzung aller technologischen und organisatorischen Mittel so preiswert wie möglich sein? Und damit den entgegengesetzten Weg der Marken gehen, die sich an der Kaufkraft der Kunden orientieren und davon so viel abschöpfen, wie sie können.

Entrepreneurship als Volkssport

Die etablierten Unternehmen werden nicht aufhören, künstlichen Mangel zu erzeugen. Sie werden auch nicht ihre Markenstrategien aufgeben und die Produktpreise näher an die Herstellungskosten bringen. Sie bleiben als Goliaths auf dem Kampfplatz stehen. Wenn wir daran etwas ändern wollen, müssen wir selbst als Davids, als Entrepreneure tätig werden. Müssen Alternativen bieten, die den Goliaths die wirtschaftliche Macht streitig machen.
Wir haben dargelegt, in welchen Formen dies möglich ist: als Citizen Entrepreneur, als Freundschaftsökonom, als Social Entrepreneur und als Anti-Marke. Keiner dieser Ansätze ist unrealistisch oder verlangt Außergewöhnliches: Entrepreneurship ist heute, anders als früher, jedem Menschen zugänglich. Die Entwicklung unserer Gesellschaft kommt unserem Anliegen entgegen. Wir haben dargelegt, wie in der digitalen Gesellschaft die ökonomischen Chancen neu verteilt werden, dass Kapital nicht län-

ger der Engpass ist und auch der Zugang zu Wissen nicht mehr. In einer hoch arbeitsteiligen Wirtschaft können wir auf Komponenten zurückgreifen, die es uns erlauben, von Anfang an professionell und auf Augenhöhe mit den Großen zu agieren.

Alle hier genannten Elemente sind in der Praxis bereits vorhanden. Wir können an kleinen und größeren Beispielen betrachten, wie sie funktionieren. Worauf es jetzt ankommt, ist, diese bereits in Ansätzen erkennbare Bewegung in großem Maßstab umzusetzen.

Entrepreneurship for the many, not the few. Wir kämpfen für die Erfüllung eines Menschheitstraums. Nichts weniger als das.

Als David gegen Goliath.

Small is beautiful – aber wenn wir die historische Chance erkennen und sie nutzen, wird daraus: *Small is powerful.* Entrepreneurship der vielen. Entrepreneurship als Volkssport.

Wenn wir uns die Milliarden der Großen in kleinen Portionen vorstellen, wird es realistisch. Sich auf ein Produkt konzentrieren, ein gutes Angebot ausarbeiten – damit sind Sie auf der sicheren Seite. Wenn 10 000 Menschen das tun und jeder 100 000 Euro Umsatz einfährt, dann sind wir schon bei einer Milliarde Umsatz. Einen Umsatz von 100 000 Euro erhalten wir mit 100 Kunden, die für 1 000 Euro im Jahr kaufen, oder – wenn Sie wollen – 400 Kunden, die für 250 Euro bestellen. Die vielen »Kleinen« können durchaus, wenn sie einfach und schlank bleiben, zunächst sogar weiter ihrer bisherigen Beschäftigung nachgehen. Sie können es als Hobby betreiben – und es ist zweifellos spannender als viele der Hobbys, denen wir sonst frönen.

Ein solches Szenario hat große Vorzüge. Es partizipieren viel mehr Menschen mit viel mehr Ideen und mit anderen Werten als der Gewinnmaximierung. Wir übertragen damit die Idee der Partizipation in der Politik auf die Partizipation in der Ökonomie. Gerade weil sich die Machtverhältnisse immer mehr von der Politik in die Ökonomie verschieben, ist es wichtig, in diesem Bereich aktiv zu werden. Langfristig wird sich dies auch positiv auf die Einkommens- und Vermögensverteilung auswirken.

Entrepreneurship als Widerstand gegen das Herauskitzeln immer neuer Bedürfnisse. Pakt mit den Herstellern für Preise, die die Wahrheit über die Herstellungskosten wiedergeben. Unternehmerisch aktiv werden, um Alternativen zu schaffen: durch mehr Vielfalt, durch andere Sichtweisen, andere Werte, intelligente, nachhaltige Produkte, fair zu allen Beteiligten. Für eine Ökonomie, die uns die Früchte des technischen Fortschritts gewinnen lässt, statt sie uns vorzuenthalten.

Die Zeit ist reif. Die Voraussetzungen sind vorhanden.

Ja, wir haben die Chance, eine bessere Welt zu gestalten. Liebevoller, witziger, feinfühliger und künstlerischer, als es je zuvor möglich gewesen war. Aber wir müssen selbst in den Ring steigen, es selbst in Gang bringen, es selbst unternehmen. Es nicht den Aristokraten überlassen oder den schnellen Jungs. Wir müssen selbst aktiv werden. Als Entrepreneure, als genügsame, aber als zukunftsfähig Handelnde. Bescheidener, was den Verbrauch an Ressourcen angeht. Anspruchsvoller, wenn es um geglücktes Leben geht.

Ausblick:
Renaissance der Werte

Jenseits der Gier

»Es mag bald ein Punkt erreicht sein«, so John Maynard Keynes in seiner Prognose von 1930, »vielleicht viel eher, als wir uns alle bewusst sind, an dem unsere absoluten Bedürfnisse in dem Sinne befriedigt sind, dass wir es vorziehen, unsere weiteren Kräfte nicht-wirtschaftlichen Zwecken zu widmen.«[182] Zum ersten Mal werde der Mensch damit vor seine wirkliche, seine beständige Aufgabe gestellt sein – wie seine Freiheit von drückenden wirtschaftlichen Sorgen zu verwenden sei, damit er weise, angenehm und gut leben könne. In Zukunft gehe es darum, eine »höhere Perfektion der Lebenskunst [zu] kultivieren«.[183]

Der Kapitalismus sei hervorragend für die Entwicklung der Produktivkräfte gewesen, so Keynes, aber katastrophal für die Entwicklung der menschlichen Werte. Die Gier nach Profiten beflügelte den technischen Fortschritt und seine ökonomische Umsetzung. Nicht Bescheidenheit als klassischer Wert war angesagt, sondern das Gegenteil. Dass die alten, in Jahrtausenden geprägten Werte aufgegeben wurden, sei die Voraussetzung gewesen für ein explosionsartiges Wachstum des Sozialprodukts. Die immateriellen Werte seien aufgegeben worden, um materielle Werte zu schaffen.

Gerade durch die Entwicklung der Produktivkräfte aber, so Keynes, könne in Zukunft ein Zustand entstehen, in dem Gier und Geiz als nicht mehr weiterführend, als nicht mehr nützlich angesehen werden: »Wenn die Akkumulation des Reichtums nicht mehr von hoher gesellschaftlicher Bedeutung ist, werden sich große Veränderungen in den Moralvorstellungen ergeben. Wir sollten imstande sein, uns von vielen der pseudomoralischen Grundsätze zu befreien, die uns seit zweihundert Jahren peinigen und durch die wir einige der unangenehmsten menschlichen Eigenschaften zu höchsten Tugenden gesteigert haben.«[184] Damit eröffne sich die Chance wiederzuentdecken, was man aufgegeben hatte. »Einige der sichersten und zuverlässigsten Grundsätze« und althergebrachte Werte könnten wiedererstehen und zurückgewonnen werden.[185] Die Zwecke

würden wieder höher gewertet als die Mittel und das Gute dem Nützlichen vorgezogen.
Versuchen wir, uns in der Denkweise von Keynes zu bewegen.

Ein Dialog

In einer Szene seines Romans *Die Brüder Karamasow* konfrontiert Fjodor Dostojewski den auf die Erde zurückgekehrten Jesus mit dem spanischen Großinquisitor. Der Autor setzt die Argumente konservativer Systemerhaltung gegen die Gebote der Liebe und Demut. Der Inquisitor beschuldigt Jesus, gefährliche Irrlehren zu verbreiten.
Denken wir uns eine zeitgemäße Version.

Draghi, Chef der Europäischen Zentralbank:[186] *»Du bist nicht nur ein Spinner, du bist ein gefährliches Subjekt.«*
Jesus: »Meine Botschaft ist die Liebe. Wie kann ich ein gefährliches Subjekt sein?«
Draghi: »Du redest von immateriellen Werten. Wir müssen die Nachfrage nach Gütern ankurbeln, nicht abwürgen.«
Jesus: »Ich predige die Nächstenliebe, was könnte daran falsch sein?«
Draghi: »Nächstenliebe muss heute heißen: Arbeitsplätze schaffen. Deshalb brauchen wir mehr Wachstum.«
Jesus: »Unser Amt ist es, die Schöpfung zu bewahren, nicht zu zerstören.«
Draghi: »Wir brauchen mehr Arbeitsplätze und mehr Wohlstand, damit die Menschen ein würdiges Leben führen können.«
Jesus: »Lebe ich nicht ein würdiges Leben?«
Draghi: »Du solltest vernünftige Schuhe tragen. Und auch dein Gewand ist elend.«
Jesus: »Es sind nicht die äußeren Dinge, die Würde ausmachen.«
Draghi: »Sieh deinen Nachbarn an! Er fährt einen neuen Wagen, und sieh, wie stolz er darauf ist.«
Jesus: »Das Anhäufen von Gütern, das Streben nach immer mehr Besitz ist ein Irrweg.«

Draghi: »Ich habe gehört, dass du die Händler aus dem Tempel vertrieben hast. Welch ein Unsinn! Lass die Händler in den Tempel hinein, mehr davon. Organisiere eine Messe! Zeige den Menschen, wie schön die Welt sein kann, im Hier und Jetzt. Lass sie selbst frei entscheiden, wenn sie all die schönen Dinge sehen.«
Jesus: »Der Glanz der Dinge blendet. Was wirklich wichtig ist, sind Freundschaft und Liebe.«
Draghi: »Die Menschen hängen an materiellem Besitz.«
Jesus: (schweigt)
Draghi wendet sich ab, murmelnd: »Konsumscheues Gesindel.«

Materielle gegen immaterielle Werte. Wachstum sei wichtig, Nachfrage schaffe Arbeitsplätze, so die vorherrschende Erzählung. Alles, was darüber hinausgeht – Fragen nach dem Sinn, Zweifel daran, das Glück im Besitz von Gütern finden zu können –, wird ausgeblendet.

Gehen wir zurück auf Erich Fromm, der diesen Gegensatz in den Begriffen Haben und Sein in unsere Zeit übertragen und unser Empfinden dafür neu geschärft hat.[187] Fromm sieht im Seins-Modus die höher entwickelte Daseinsform. Im Haben-Modus sei man auf Dinge fixiert, die beteiligten Menschen, auch man selbst, seien nur Mittel zum Zweck. Im Seins-Modus geht es dagegen um die Menschen, und die Dinge sind nur Hilfsmittel.

Das Paradox: Werbung mit dem Seins-Modus

Nun klingt es ja wie eine verwegene These, zu behaupten, dass wir Menschen uns in Richtung Seins-Modus bewegen würden. Wer will schon – außer ein paar Esoterikern – etwas vom Seins-Modus wissen? Haben wir nicht alle ganz andere Probleme?

Es gibt allerdings einen Sachverhalt, der uns stutzig machen sollte: Die Werbeindustrie verwendet fast ausschließlich Begriffe und Bilder aus dem Seins-Modus.

Erinnern wir uns an den »Geschmack von Freiheit und Abenteuer«, an die »Fackeln der Freiheit«, an Anmutungen wie Sehnsucht, Geborgenheit,

Vertrauen. Und ganz besonders: Glück. Glück als zentrales Versprechen. Glücksempfinden, das bis in die letzten Banalitäten hinein strapaziert wird: die glückliche Familie am Frühstückstisch, wo das Glück aus dem Brotaufstrich kommt, sei es als Margarine oder Marmelade. Die Wahl der richtigen Waschpulvermarke, mit der die Hausfrau den heimkehrenden Ehemann glücklich macht. Schon der Begriff Werbung ist ein hochgradig vom Seins-Modus geprägter Begriff. Der Reklameindustrie ist es gelungen, mit dem Begriff »Werbung« einen emotionalen, positiv besetzten Begriff an die Stelle der übel beleumdeten »Reklame« zu setzen. In »Werbung« klingt das Werben um die Angebetete mit, die Hoffnung, Liebe zu finden. Wenn wir davon ausgehen, dass die Werbeprofis mit wissenschaftlichen Methoden die Menschen gründlich ausleuchten und herausgefunden haben, wonach wir uns sehnen, tragen wir doch offenbar den Wunsch nach dem Seins-Modus bereits in uns. Die Sehnsucht nach dem Seins-Modus, so die Autorin Barbara von Meibom,[188] werde von der Werbung benutzt, um den Haben-Modus zu stimulieren. Unsere Sehnsucht nach Anerkennung, Geborgenheit und Liebe werde vom Marketing genutzt, uns auf den Kauf von Gegenständen zu lenken, deren Besitz Anerkennung und Status versprechen. Etwas so Banales wie Waschmittel, das man besser von seiner Waschleistung und den Schäden für die Umwelt her beurteilen sollte, wird mit dem Versprechen emotional aufgeladen, dass das Familienglück mit der richtigen Markenwahl gefördert würde. Ja, man kann sogar behaupten, es werde metaphysisch aufgeladen, wenn die »Weißheit« und »Reinheit« in der Werbung herausgestellt werden.

Kann man nicht sagen, dass das Beharren im Haben-Modus die weniger normale Lebensauffassung darstellt? Treffen wir hier nicht, und das nicht zufällig, ein Substrat aller Weisheitslehren wieder: dass das »Immer-mehr-haben-Wollen« kein geeigneter Weg zu mehr Glück ist? Zurrt uns die vorfindbare Ökonomie nicht auf den Haben-Modus fest, obwohl wir ihn aus vielen Gründen langsam verlassen wollen und können?

Die Schlussfolgerung liegt nahe, dass die bedürfnisweckende Industrie und ihre Marken Fortschritt an dieser Stelle ausbremsen. Vielleicht lässt sich so auch die antiökonomische Haltung vieler Menschen verstehen. Die ganze Richtung liegt ihnen nicht: das Primat der materiellen Werte, die Wucht und Dynamik des Systems, mit der es materielle Werte durchsetzt.

Wenn ich mich für nichtmaterielle, nichtmonetäre Anliegen einsetze, bin ich dann ein Gutmensch? Einer, über den alle lachen, offen oder heimlich, ihn geradezu peinlich finden? Ein hoffnungslos naiver Idealist? Und wieder fällt auf: Die ganze Werbemaschinerie versucht nichts anderes, als das jeweilige Unternehmen als Gutunternehmen und die darin handelnden Personen als Gutmenschen darzustellen. Zu zeigen, dass ihnen Gutes wichtig ist und was sie Gutes tun.

Aber es gelingt ihnen nicht. Meistens jedenfalls nicht. Oder noch nicht. Und wir können auch froh sein, dass es so ist. Sonst würden wir wirklich nur noch in einer zynischen Welt leben. Will sagen: Wenn sich blanke Gewinnmaximierung so in Szene setzen kann, dass sie auch noch als sympathisch und vorbildhaft herüberkommt, dann haben wir den Kampf verloren.

Wir leben über unsere Verhältnisse

Wir haben bisher argumentiert, die vorfindbare Ökonomie sei auf einem zerstörerischen Kurs, verhindere den Übergang zu einer intelligenteren Lebensweise, halte uns am Boden, obwohl wir längst die Mittel hätten, uns weiterzuentwickeln. Sehen wir uns das Bedingungsgefüge genauer an.

Wir leben über unsere Verhältnisse, ökonomisch, ökologisch und sozial. Der derzeitige Lebensstil in den Industrieländern als Modell für die bevölkerungsreichen Staaten Asiens und Afrikas führt, egal welches Klimamodell man anwendet, in die ökologische Katastrophe. Wir müssen einen Konsumstil, ja einen Lebensstil des einfühlsamen, sanften Umgangs mit der Biosphäre entwickeln. Einen Lebensstil, der nachhaltig, weil genügsam ist – auch im Weltmaßstab.

Dazu brauchen wir eine Avantgarde, die diesen neuen Lebens- und Konsumstil entwickelt und praktiziert. Und das in einer überzeugenden

Form – nicht als Verzicht, sondern als lustvollen Lebensentwurf. Als Ausdruck von Lebensfülle.

Erste positive Entwicklungen gehen in diese Richtung. Der Besitz eines Automobils verliert in der jungen Generation an Reiz. Auch ihr Konsum von Fleisch liegt deutlich niedriger als bei den Eltern. Wo die ältere Generation schlechte Erfahrungen mit einem erzwungenen und unkomfortablen Teilen machte – etwa in Form der gemeinsamen Waschküche nach dem Krieg –, nutzt die junge Generation freiwillig und gerne IT-gestützte, einfachere, konfliktfreie und komfortable Sharingangebote.

Wir müssen nicht auf Konsum allgemein verzichten, sondern tun gut daran, denjenigen Teil von Konsum kritisch zu betrachten und möglichst zu verringern, der sich in materieller Weise ausdrückt. Es gibt aber auch Konsum, den wir bisher eher mit Anführungszeichen versehen haben, weil wir auf Warenkonsum getrimmt sind. Wenn wir uns vor Augen halten, was uns die Werbung ja schon verspricht, sehen wir dessen Bedeutung für uns. Es geht um immaterielle Werte, immateriellen Konsum. Das Erleben von Gemeinschaft, Geselligkeit, Freundschaft. *A smile gives more light than electricity.*

Oder auf unser Thema angewandt: Unsere Beziehungen zu Menschen sind wichtiger und bedürfnisbefriedigender als Beziehungen zu Waren. Vor allem dann, wenn man sich mit den wichtigsten Waren, die man für den Alltag braucht, bereits umgeben hat. Schon Keynes drückte die Erwartung aus, dass die notwendigen Güter des Alltags in ausreichender Weise bereitgestellt werden können. Es seien, wenn überhaupt, die Statusbedürfnisse, die theoretisch unersättlich seien.

Keynes wie auch Rifkin argumentieren, dass in einer Welt des Überflusses von Waren auch die Relevanz der Waren zur Darstellung von Status abnehme. Was nicht mehr knapp ist, verliert an Bedeutung. Wer hungrig ist, sucht Nahrung. Wer satt ist, sucht nach anderem.

Wenn Waren an Bedeutung verlieren, öffnet sich das Tor, anderen Dimensionen mehr Beachtung und Gewicht zu schenken.

Ich folge einer Einladung nach Yogyakarta in Indonesien. Shanti, die Gastgeberin, ist die Frau eines Kollegen und stammt aus einer Familie mit großer Tradition. Sie verspricht ihren Gästen den Kontakt zu einem der wichtigsten weisen Männer des Landes. Am nächsten Morgen treffen wir uns wie verabredet an einem Friedhof. Niemand zu sehen. Shanti scheint sich zu verspäten. Außer uns sitzt nur noch ein Bettler in Unterhose am Eingangstor des Friedhofs. Shanti erscheint nicht, und der Weise auch nicht. Schließlich kommt Shanti doch noch. Aber sie geht nicht auf uns zu, sondern auf den fast nackten Menschen am Tor. Begrüßt ihn herzlich, beide nehmen sich in die Arme. Der vermeintliche Bettler wird uns vorgestellt als der weise alte Mann. Er ist in seiner Community hoch angesehen, trotz oder gerade wegen seines einfachen Äußeren.

Status kann sich anders ausdrücken als durch Kleidung, er kann anders entstehen als durch materiellen Besitz. Zum Beispiel durch unsere Fähigkeit, Empathie zu zeigen. In *The Art of Happiness* beschreibt der Dalai-Lama die Kunst, ein geglücktes Leben zu führen, und stellt den englischen Begriff *compassion* in den Mittelpunkt seiner Überlegungen. Diese (wörtlich übersetzt) Mit-Leidenschaft, das Sich-verbinden-Können und Mitfühlen mit dem Anderen, sei ein zentrales Element von Lebensfülle.[189]
Darauf deute auch die Geschichte der menschlichen Entwicklung hin. Sie zeige, so argumentiert Jeremy Rifkin, dass Glück nicht in materiellen Dingen zu finden sei, sondern im empathischen Engagement. Wenn wir im Herbst unseres Lebens auf unsere persönliche Geschichte zurückblickten, hätten die herausragenden Erinnerungen kaum mit materiellen Dingen zu tun. Empathie für unser Gegenüber zu empfinden zähle zu den glücklichsten Augenblicken unseres Lebens.[190]

Unsere Vorstellungskraft – der unbegrenzte Rohstoff

»Unser wahres Analphabetentum ist das Unvermögen, kreativ schöpferisch tätig zu sein«, sagte der österreichische Künstler Friedensreich Hundertwasser. Unsere Vorstellungskraft, unsere Ideen, die Kombination von Gedanken sind unbegrenzt. Bislang gibt es keinen Beleg dafür, dass unserer Kreativität Grenzen gesetzt sind.
Wir wissen nicht wirklich, was menschlicher Geist vermag. In einzelnen kurzen Abschnitten der Weltgeschichte konnte man es vielleicht erahnen. Im »Goldenen Zeitalter« Athens im fünften Jahrhundert vor Christus etwa, dem wir die Einführung der Demokratie, drei der größten Dichter und zwei der größten Philosophen aller Zeiten verdanken. Oder in der Epoche der Renaissance, als in Europa ein alle Lebensbereiche und alle Künste umfassender Aufbruch gelang.
Unsere Kreativität führt dazu, dass unser Wissen an Umfang zunimmt, wenn man es mit anderen teilt. Anders als konventionelle Waren wird Wissen durch das Teilen mit anderen nicht verbraucht. Daher die Rede vom unbegrenzten Rohstoff Wissen. Aber nicht nur sein Umfang ist unbegrenzt, auch der Zugang zu ihm ist es. Spätestens mit Wikipedia ist das Wissen, das früher einer Elite vorbehalten war, im Prinzip allen Menschen zugänglich. Wissen allein reicht jedoch nicht. Erst die Verarbeitung des Wissens, die Kraft unserer Vorstellungen, die Anwendung auf Problemstellungen und die Neukombination des Wissens sind der Rohstoff für konzept-kreatives Arbeiten.
Dann können Situationen entstehen, in denen nicht einfach Bekanntes weitergeschrieben oder im Kleinen verbessert, sondern eine neue Stufe erreicht wird. Es ist diese Dimension, dieses Streben nach höherer Qualität, die *entrepreneurial spirit* so außerordentlich wertvoll macht.
Der Kapitalismus sei ein lernfähiges System, heißt es. Ist es »der Kapitalismus«? Nein – es ist sein Motor: die Unternehmer. Aber auch davon nur

ein kleiner Teil. Besinnen wir uns auf Schumpeter und seine Unterscheidung von den »Wirten«, die Besitzstände bewahren wollen, und den »Angreifern«, die mit besseren Lösungen antreten und sie durchzusetzen versuchen.

Der wahre Motor sind letztere, es sind die Entrepreneure. Sie sind die eigentlich bewegenden Kräfte, die eigentlich verändernden Kräfte im Getriebe der Ökonomie. Dieser kleine Kreis von Agenten des Wandels ist es, der neu formt und gestaltet. Sie sind es, die nicht einfach nur Kunden befragen, sondern in Dimensionen der Zukunft denken. Wir können ihnen zutrauen, Probleme zu erkennen und auf sie zu reagieren.

Gehen wir in diesen Kreis hinein. Aber bringen wir unsere eigenen Werte, Sichtweisen und Ideen mit. Denken wir uns als Entrepreneure, die ein besonderes Gespür für Bedürfnisse des Seins-Modus entwickeln. Im alten System werden neue Bedürfnisse herausgekitzelt, wird Mangel künstlich erzeugt, was den Haben-Modus stabilisiert. Stellen wir uns vor, dass es Entrepreneure eines neuen Typs gibt, die für Entwicklungen sensibel sind, die den Seins-Modus begünstigen. Dass sie uns helfen, ohne weiteres Konsumwachstum auszukommen, besser noch: den materiellen Konsum zu reduzieren. Dies wäre ein wichtiger Schritt. Das System der Wachstumsdynamik würde verlassen. Ansätze dazu sind schon heute erkennbar.

»Ich kann es nicht ertragen«

Yvon Chouinard, der Gründer der Outdoormarke Patagonia, will lieber die Umwelt schonen als Gewinne machen. Vor einigen Jahren hat Patagonia mit einer »Don't buy this Jacket«-Kampagne Furore gemacht. Ausgerechnet am »Black Friday«, dem wichtigsten Einkaufstag des Jahres in den USA, forderte das Unternehmen seine Kunden auf, möglichst keine neuen Produkte von Patagonia mehr zu kaufen. Das Erstaunliche: Danach war der Umsatz 30 Prozent höher. Wie das? Chouinard erklärt es so: »Wir wollten unsere Kunden dazu bringen, zweimal darüber nachzudenken, bevor sie etwas kaufen. Am Ende haben sie mehr gekauft – aber wenigstens von uns und nicht von Unternehmen, die keine Verantwortung für ihre Produkte übernehmen.«[191]

Was er mit »Verantwortung für seine Produkte« meint, erklärt Chouinard so: »Wir haben versprochen: Wenn unsere Produkte repariert werden müssen, reparieren wir sie. Wir haben das größte Textilreparaturzentrum in Amerika aufgebaut. Wir haben einen Truck mit Mitarbeitern, die von College zu College touren und Kleidung ausbessern: gratis, egal welche Marke. Ich kann es nicht ertragen, dass Kleidung ständig neu gekauft und weggeworfen wird. Wir profitieren von solchen Aktionen. Es ist eine Art Karma für Patagonia. Jedes Mal, wenn wir das Richtige tun, machen wir am Ende damit ein gutes Geschäft und gewinnen so neue, loyale Kunden.«[192]

Ein erstes Indiz dafür, dass man Ökonomie auch radikal anders betreiben kann – und dass die Menschen als Kunden mitgehen. Ja vielleicht geradezu eine solche Alternative ersehnt haben.

Was können wir weglassen?

Von allen Lebewesen ist nur dem Menschen ein schöpferisches Potenzial gegeben. Heute benötigen wir es dringender denn je, weil eine Fortsetzung der momentanen Entwicklung uns in die Katastrophe zu führen droht. Wir brauchen nicht mehr, sondern bessere, intelligentere Produkte. Achtzig Prozent Einsparung von Ressourcen müssen das Ziel sein, so Ernst Ulrich von Weizsäcker.[193] Wenn diese Berechnungen zutreffen, werden Citizen Entrepreneure absolut überlebenswichtig. Sie müssen uns Wege weisen, mit deutlich weniger Konsum auszukommen, ohne dies als schmerzhaften Verzicht zu erleben. Die Aufgabe kann dann nicht mehr heißen, neue Produkte zu erdenken und auf den Markt zu werfen, sondern die Bedingungen zu schaffen, unter denen man auf die Produkte verzichten kann.

Die Frage lautet: Was können wir weglassen? Wo können wir Dinge radikal vereinfachen? Wie können wir sparsamere Lösungen attraktiver machen? Wir würden damit anknüpfen an die von Wolfgang Sachs in die Diskussion gebrachte und im zweiten Kapitel dargestellte Suffizienz-Innovation.

Konsum de-materialisieren

Vielleicht kommt uns die digitale Technologie entgegen, um die Welt des Konsums vom Ressourcenverbrauch abzukoppeln. Vielleicht werden wir später einmal sagen, der Startpunkt des de-materialisierten Konsums liege beim Beginn des World Wide Web. Einer Epoche, in welcher der Haben-Modus zurückgetreten ist, weil die Virtualität eine viel größere Rolle spielte als bisher. Weil Virtualität in aller Regel mit De-materialisieren, also weniger Verbrauch an Ressourcen, einhergeht.

Ein bekanntes Beispiel dafür ist Musik. Früher war Musikhören an Tonträger gebunden. Der Musikhörende war gleichzeitig auch immer Tonträger-Besitzer. Die Tonträger waren nur ein notwendiges Begleitmaterial, das mit der Digitalisierung der Musik zu großen Teilen wegfiel.

Ein weiteres Beispiel ist die Zeitungsbranche. Zellstoffproduktion, Papierherstellung, Druck und Vertrieb fallen durch die Digitalisierung weg. Qualitativer Journalismus ist wichtig, wichtiger als je zuvor. Aber er ist nicht notwendig an das Bedrucken von Zeitungspapier gebunden. Der Content ist das Bleibende, die bisherigen Träger verschwinden, einer nach dem anderen. Der Verkaufsladen, das Vehikel des stationären Einzelhandels, ist ebenfalls eine Trägersubstanz, die in der virtuellen Welt immer mehr wegfällt.

Man kann die These aufstellen, dass in einer virtuellen Welt auch Statussymbole in ihrer Bedeutung abnehmen. Wir kommunizieren mit unseren Freunden und Bekannten virtuell, durch Fotos oder neuen Content. Die Selfies zeigen, wie man ist, zeigen die momentane Befindlichkeit; weniger, was man hat, welche Statussymbole man besitzt (»Wir sind zusammen, wir haben Spaß«). Sie zeigen vor allem Gefühle.

Ist der Haben-Modus ein Durchgangsstadium? Kommt nach Kühlschrank, Waschmaschine und allen heute praktisch selbstverständlichen Einrichtungsgegenständen ein qualitativer Sprung? »Wie kann ich neue Bedürfnisse wecken bei Konsumenten, die schon alles haben – damit ich mehr Produkte verkaufe?« So lautet die Aufgabe des Marketings. Eine Alternative dazu könnte sein: »Wir befreien den Nutzen vom Träger des Nutzens und von dessen Besitz.« Musik benötigt keinen Tonträger mehr. Ein Auto kann man auch teilen. Der Nutzen bleibt.

Das »Internet der Dinge« tut ein Weiteres. Jedes Ding wird ansprechbar. Was sich in meinem Kleiderschrank befindet und selten genutzt wird, kann mit erprobten Verfahren im Internet angeboten werden. Ich selbst kann zum Entrepreneur meines Inventars werden. Ich mache mit meinem Kleiderschrank das, was Airbnb mit Zimmern macht.

Damit werden interessante neue Fragen aufgeworfen. Die gängige ökonomische Denkweise jedenfalls wird der Vielfalt der neuen Formen einer *entrepreneurial economics* nicht mehr gerecht. Wie können wir unseren Reichtum intelligenter nutzen? Sprich: unsere ungenutzten Kapazitäten, die wir häufig genug als Ballast empfinden, besser auslasten. Das müsste eigentlich auch die Betriebswirtschaftslehre aufgreifen können. Bessere Kapazitätsauslastung ist ihr Thema.

»Wenn wir unsere Wirtschaft de-materialisieren, erleiden wir dadurch keinen Qualitätsverlust«, sagt der Umweltwissenschaftler Friedrich Schmidt-Bleek. »Wir können Leistungen mit der gleichen Qualität anbieten, wie es heute der Fall ist – ohne Verlust an Lebensqualität.« Und er fährt fort: »Ich kann mir durchaus vorstellen, dass meine Urenkel eines Tages sagen werden: Das, was ihr damals für Lebensqualität gehalten habt, das möchten wir gar nicht haben, uns geht's doch heute viel besser.«[194]
De-materialisierter Konsum klingt zunächst etwas weltfremd. Ob in den Schaufenstern des Einzelhandels oder im Online-Katalog – immer sind es Gegenstände, also Waren, die wir sehen. Andererseits sind unsere Zimmer voll davon. Zu voll. Wir leben nicht nur in einer vollen Welt, sondern auch in vollen Wohnungen.

Abschied von der Stapelei

Wir stapeln ununterbrochen. Wir stapeln hoch und stapeln tief – vom Dachboden bis in den Keller –, bis die Erben kommen und das meiste Gestapel entsorgen. Bringt uns das Stapeln etwas? Ist das geglücktes Leben? Es ist Stapelei.

Warum lassen wir uns auf solch ein verrücktes Spiel ein? Weil es geschickt gespielt wird. Weil alle Register gezogen werden. Weil es einen Sektor der Gesellschaft gibt, der davon ungemein profitiert. Der so gut spielt, dass die anderen Sektoren immer mehr ins Hintertreffen geraten. Dass Politik, Sport, Kirche, Bildung, Kunst und Kultur selbst immer stärker Teil des Spiels werden.

Das Spiel macht vordergründig Spaß. Hat hohen Unterhaltungswert. Wird ästhetisch brillant befeuert. Wird so raffiniert inszeniert, dass wir es kaum noch als schlechtes Spiel erkennen. Aber der Preis ist hoch. Wir bezahlen mit unserer Lebenszeit.

Tun wir etwas dagegen. Die Zeit ist reif, sich langsam aus dem verrückten Spiel zu verabschieden. Sag dem Stapeln leise Servus.

Weniger ist mehr

Es spricht vieles dafür, dass wir in Zukunft mit weniger materiellem Konsum auskommen müssen. Die Kunst wird darin bestehen, das Weniger so attraktiv zu machen, dass die Menschen es gerne annehmen. Eine absolut neue Aufgabe für Ökonomen. Weil bis heute in den Köpfen die Vorstellung des Mehr als Glücksbringer sitzt.

Zukunftsfähiges Entrepreneurship setzt auf weniger. Schaffen wir zeitlose Designs, seien wir stolz darauf, gerade keinen Modellwechsel zu propagieren. Sagen Sie nicht, das sei eine utopische Forderung. Die Teekampagne hat seit 30 Jahren das gleiche Design und die gleichen Produkte. Ich bin fest davon überzeugt, dass dies einen Teil unseres Erfolges ausmacht. Eine gegebene Menge an Bedürfnissen so exzellent wie möglich zu befriedigen, statt immer mehr und immer neue Bedürfnisse herauszukitzeln. Eine Ökonomie, die sich den Herausforderungen der Zukunft stellt, wird es sich zur Aufgabe machen, die Bedürfnisse des Schlaraffenlandes so exzellent wie möglich zu erfüllen – aber nicht, die Definition des Schlaraffenlandes immer weiter auszudehnen. Das gäbe uns als Nebeneffekt den ökonomischen Spielraum, denen zu helfen, die noch nicht die materielle Not hinter sich gelassen haben. Und es gäbe uns die Möglichkeit, uns auf Dinge zu besinnen, die für uns Menschen bedeutsamer sind als ökonomisches Wachstum.

»Wir werden sogar mit Sicherheit dahin gelangen, dass zu Recht die Frage gestellt wird, ob es noch immer richtig und nützlich ist, mehr Güter, mehr materiellen Wohlstand zu erzeugen, oder ob es nicht sinnvoll ist, unter Verzichtleistung auf diesen Fortschritt mehr Freizeit, mehr Besinnung, mehr Muße und mehr Erholung zu gewinnen.«

Sie denken, das sei ein Zitat aus dem frühen Marx? Leider daneben! Dieses Zitat aus dem Jahre 1957 stammt aus Ludwig Erhards Buch *Wohlstand für alle*.

Wertschöpfung der anderen Art

Die Aufgabe heißt: Wie kann ich als Entrepreneur auf Bedürfnisse reagieren, die von der herkömmlichen Ökonomie – aber auch von der Politik – als unrealistisch oder irrelevant abgetan werden? Könnte es sein, dass die Werbemenschen, weil sie meist einen künstlerisch-kreativen Hintergrund haben, die Bedeutung der Bedürfnisse aus dem Seins-Modus erkennen, aber die im konventionell ökonomischen Denken verhafteten Manager nicht anders als in konventionellen Haben-Produkten denken können? Gibt es nicht längst eine Ökonomie, die den Haben-Modus fast unbemerkt verlassen hat und ohne den Verkauf von Produkten oder anderen materieverhafteten Dingen auskommt? Ja, es gibt sie. Und sie betreibt Wertschöpfung der anderen Art.

Unter Ökonomen herrscht im Grunde Konsens, dass eine Stunde Therapie oder Massage ebenso viel Wert darstellt wie eine Stunde Industriearbeit. Dennoch fremdeln wir nach wie vor mit der Wertschöpfung im Seins-Modus. So wie man früher einzig der landwirtschaftlichen Produktion Wert zusprach und es erst der Gewöhnung bedurfte, auch Fabrikarbeit als wertschöpfend zu betrachten, haben wir heute Schwierigkeiten zu verstehen, dass der technische Fortschritt Raum für Tätigkeiten ganz anderer Art schafft. Mehr Möglichkeiten etwa für Menschen, sich in emotiven (sozial-emotionalen) Berufen zu engagieren. Warum sollten wir uns nicht einen Wohlstand im Seins-Modus vorstellen können? Immerhin sieht selbst der liberale *Economist* »a world of artists and therapists, love counsellors and yoga instructors« entstehen.[195] Für die Zukunft könnten solche auf der Befindlichkeits- und Beziehungsebene angesiedelten Tätigkeiten genauso wichtig werden, wie es Schmiedearbeit zu Beginn der Industrialisierung war.

Die Geschichte von der Neugier und ihrem Segen

Stellen wir uns ein Dorf vor. Normale Menschen, die sich die Neugier bewahrt haben – und ein Gefühl für Glück.

Die Geschichte beginnt damit, dass alle Einwohner arbeiten müssen, um ihren Lebensunterhalt zu erwirtschaften. Im ersten Jahr unserer Geschichte ist die Dorfgemeinschaft voll beschäftigt. Ein paar Einwohner des Dorfes haben Spaß daran, nach Feierabend Ideen zu spinnen. Darunter auch welche, die die Arbeit, die sie tagsüber tun, vereinfachen. Ein paar Einfälle lassen sich tatsächlich praktisch umsetzen. Nehmen wir an, dass sich damit im nächsten Jahr 2 Prozent der Arbeit einsparen lassen. Was passiert? Im zweiten Jahr unserer Geschichte sind nur noch 98 Prozent der Arbeit von vorher notwendig. Auch im folgenden Jahr gibt es wieder Einfälle und Ideen, wie man Arbeit einsparen kann. Im dritten Jahr haben wir noch knapp 96 Prozent der Arbeit des ersten Jahres. So geht es jedes Jahr weiter. Den Dorfbewohnern fällt auf, dass sich etwas verändert. Immer mehr freie Zeit steht ihnen zur Verfügung.

Wie werden sie mit der neuen Situation umgehen? Die Vermutung liegt nahe, dass die Bewohner sich freuen, dass sie jedes Jahr weniger arbeiten müssen. Allerdings kann es sein, dass es Streit gibt. Wer kommt in den Genuss der gewonnenen Freizeit? Alle Dorfbewohner gemeinsam? Oder werden sie debattieren, nach welchen Kriterien Freizeit verteilt wird? Etwa mehr Freizeit für Alte und Kranke? Es sieht alles danach aus, dass man eine verträgliche Lösung findet für das Geschenk des Himmels, jedes Jahr weniger arbeiten zu müssen. Dass man einfallsreich damit umgeht, weniger arbeiten zu müssen. Schließlich gibt es ganz andere Probleme als solche angenehmer der zusätzlichen Muße und der freien Zeit.

Bleibt zu hoffen, dass die Dorfbewohner einen klaren Blick behalten, sich des Segens der Neugier bewusst sind und sich daran erfreuen. Ein Blick in die Geschichte scheint zu zeigen, dass das in vielen Kulturen auch der Fall war. Die Menschen akzeptierten ihr Glück, feierten Feste über die gute Ernte, dankten den Göttern, damit sie ihnen auch weiterhin ein gutes Leben und noch mehr Arbeitserleichterungen schenkten.

In unserem Beispiel nimmt die Arbeit durch Einsatz von technischem Fortschritt immer mehr ab. Die Dorfgemeinschaft nutzt den Fortschritt zur Erhöhung ihrer Lebensqualität. Die freigesetzte Arbeit trägt die Dorfbewohner auf eine höhere Stufe.

Das Reich der Freiheit ist kein nebulöser, utopischer Entwurf, sondern eine naheliegende greifbare Alternative.[196] Nur weil wir mit dem Segen der Freisetzung von Arbeitskraft nicht umgehen können, opfern wir auf dem Altar des Wachstums unsere Werte und unsere Träume. Ja wir sind sogar bereit, die Zukunft unseres Planeten zu riskieren.

Zukunft der Arbeit? Es gibt keine. Jedenfalls nicht auf lange Sicht. Der postindustriellen Gesellschaft geht die industrielle Arbeit aus. Die Ma-

schinen übernehmen die Arbeit, befeuert und beschleunigt durch Digitalisierung und künstliche Intelligenz.
Ein Menschheitstraum geht in Erfüllung.

Akzeptieren wir es doch endlich.

Ökonomie als Nebensache

Wenn die materielle Versorgung einer Gesellschaft mit Gütern gelöst ist – was kommt dann? Wenn wir Marx' Weg in die Freiheit, die Keynes'sche Prognose und Ludwig Erhards »Wohlstand für alle« erreicht haben – was kommt danach? Womit beschäftigen wir uns dann?
Um es drastisch zu sagen: Es ist das Ende der Ökonomie, wie wir sie kennen. Die Ökonomie hat ihre Aufgabe erfüllt, sie hat den Mangel beseitigt. Wir können uns anderer Beschäftigung zuwenden, als weiter der konventionellen Ökonomie die Haupt- und Gestaltungsrolle in unserer Gesellschaft einzuräumen. »Lasst uns die Bedeutung der wirtschaftlichen Aufgabe nicht überbewerten oder ihren vermeintlichen Notwendigkeiten andere Dinge von größerer und beständigerer Bedeutung opfern«, sagt Keynes.[197]
Wo die materiellen Bedürfnisse erfüllt sind, wird die Ökonomie zur Nebensache. Keynes rät uns, »sachte Vorbereitungen für unsere Bestimmung zu treffen«.[198] Gutes Leben sei wichtiger als Ökonomie. Wir sollten unser Augenmerk auf die »Lebenskunst« richten. Dabei geht es ihm nicht darum, die Lebenskunst in kleine Freizeit-Pakete zu packen, sondern ihr einen zentralen Platz im Leben einzuräumen.
Erinnern wir uns an Thales. Er nutzte die Erträge aus seinem unternehmerischen Auftritt, um danach ungestört philosophieren zu können. Aristoteles kommentierte die Geschichte des Thales von Milet, er »habe damit bewiesen, dass es für Philosophen leicht sei, reich zu werden, wenn sie nur wollten, es jedoch dies nicht sei, wonach sie strebten«.[199]

Ökonomie wie selbstverständlich eine Nebensache. Früher war das ein Privileg der Oberschicht. Die für den Lebensunterhalt notwendige Arbeit erledigten im antiken Griechenland die Sklaven. Durch den technischen Fortschritt kann Ökonomie auch für uns zur Nebensache werden – die für den Lebensunterhalt notwendige Arbeit erledigen die Maschinen.
Werfen wir einen Blick auf die Frage, wie wir uns die Welt des Danach vorstellen können. Der unternehmerische Geist, die Lust, etwas zu unternehmen – *the entrepreneurial spirit* –, werden nicht verschwinden. Aber sie werden für andere Aufgaben frei. Wir können experimentieren, wie wir mit der frei gewordenen Energie Lebensverhältnisse einrichten, die – man wagt das Wort ja kaum noch zu verwenden – glücklicher machen.

Es ist ein uralter Gedanke der Philosophie. Ein sinnstiftendes, erfüllendes Leben führen – ohne den Druck der Ökonomie. Arbeit genoss im Griechenland der Antike nicht das Ansehen, das wir ihr in den letzten 200 Jahren zuerkannt haben. Auch im antiken Rom galt Arbeit als negativ. Der lateinische Begriff dafür, *negotium*, ist die Verneinung von *otium*, der Muße. Sie ist der eigentlich erstrebenswerte Zustand. Auch die englische »Arts & Crafts«-Bewegung Mitte des 19. Jahrhunderts war der Versuch, der zerstörerischen Kraft und der Hässlichkeit der frühen Industrialisierung eine Alternative – und mehr Ästhetik – entgegenzusetzen.
Es gibt heute schon Lebensbereiche, die sich von der Ökonomie entfernen. Die neuen Technologien ermöglichen uns, Beziehungen zu anderen Menschen lebendiger zu unterhalten und intensiver zu pflegen. Nie zuvor in der Geschichte konnten wir so gut mit Freunden an jedem Ort der Welt Kontakte halten, zu Kosten, die gegen null gehen. Und wenn ich meine Beziehungen nicht danach ausrichte, wer mir nützlich sein könnte, wenn ich mich aus dem ökonomischen Geflecht lösen kann, gewinne ich neue Handlungsspielräume. Ich bin frei, mich nur noch mit Menschen zu verbinden, die ich sympathisch, liebenswert oder anregend finde.

Das Streben nach Glück

Allen Weisheitslehren ist gemeinsam, dass das einseitige Streben nach immer mehr Güterbesitz kein Pfad zum Glück ist. Selbst bei den Gründervätern der USA ist der *Pursuit of Happiness*, das als Menschenrecht angesehene Streben nach Glück, nicht einseitig an die Maximierung des materiellen Besitzes gebunden. Dies wird zwar regelmäßig wie selbstverständlich unterstellt, ist aber nicht zutreffend. In seinem Buch *The Epic of America*[200], das den Begriff »American Dream« popularisierte, legte James Truslow Adams den Nachdruck auf Ideale, nicht auf materielle Güter: »A dream of a land, in which life should be better and richer and fuller for every man.« Der Traum von einem Land also, in dem das Leben für jeden besser, reichhaltiger und erfüllter sein sollte. Und Adams ergänzte: »It is not a dream of motor cars and high wages merely, but a dream of a social order, in which each man and each woman shall be able to attain to the fullest stature of which they are innately capable.« Der Traum also nicht nur von Besitz und Geld, sondern von einem Gemeinwesen, das den Menschen die Chance zu ihrer bestmöglichen Entfaltung gibt. »American Dream« ersetzte die bis dahin geläufigeren Begriffe wie »American Character« und »American Principles«. Er war das Versprechen auf eine verheißungsvolle Zukunft, »in giving respect and equal opportunity to all people«.[201]

Wer sich daran versucht, den Weg zu dauerhaftem Glück beschreiben zu wollen, wird schnell als Utopist abgetan. Wir befinden uns also auf vermintem Gelände. Und in der Tat sollte man die Ziele realistisch setzen. Aber ist es wirklich so schwierig, Koordinaten zu legen, die unsere Lebensumstände deutlich verbessern könnten?

Wir fühlen uns in der Natur zu Hause. Fühlen uns dort wohl, wie von selbst. Wir fühlen uns in Beziehungen zu Hause, die auf Freundschaft basieren, auf Humor, auf Toleranz, auf Neugier und Interesse am anderen. Wir fühlen uns gut, wenn wir von schönen Dingen umgeben sind, statt der Hässlichkeit ins Gesicht zu sehen. So schwer ist es also gar nicht, Zustände zu beschreiben, die uns dem dauerhaften Glück ein Stück näher bringen. Man gewinnt sogar den Eindruck, dass vor lauter Fortschritt, schnelleren Produktzyklen, mehr Digitalisierung unsere naheliegendsten Wünsche immer mehr aus dem Blickfeld geraten. Nichts beschreibt das so treffend wie dieser Aphorismus des dänischen Philosophen Søren Kierkegaard:

> »Die meisten Menschen hasten so sehr dem Genusse nach, dass sie an ihm vorüberhasten. Es geht ihnen wie jenem Zwerg, der eine entführte Prinzessin in seinem Schloss bewachte. Eines Tages hielt er ein Mittagsschläfchen. Als er nach einer Stunde erwachte, war sie fort. Geschwind zieht er seine Siebenmeilenstiefel an; mit einem Schritt ist er weit an ihr vorüber.«[202]

Zu schnell, zu unangemessen, zu technologisch.
Wir haben die Chance, ja die Pflicht, eine Zäsur zu wagen. Wenn wir nach mehr Glück streben, müssen wir es nicht auf dem Weg eines Mehr an materieller Güterversorgung suchen.

Mehr Muße

Wird sich die Attraktion der ständigen Flut von Aufmerksamkeitsheischern nicht abnutzen? So, dass wir allmählich Geschmack an mehr Muße finden werden? So, dass wir vom *information overload* wegkommen, hin zu mehr Ruhe, zu Besinnung, zu Klarheit. Und so, dass wir Zeit finden für die Beschäftigung mit den großen persönlichen Fragen: Was ist mir wichtig? Was will ich aus meinem Leben machen? Was gibt meinem Leben Sinn? Welche Dinge, welche Freundschaften, welche Beziehungen sind mir wichtig?
Ist es nicht auffallend, dass die großen Denker der Menschheitsgeschichte, die Weisheitslehrer, immer die Einsamkeit gesucht haben? Dass sie aus der Stille und der Besinnung auf sich selbst heraus zu Einsichten gelangten? Einsichten, die die Ablenkungen des Alltags, Stürme und Verwerfungen überdauerten.

Könnte es sein, dass wir in Zukunft Geschmack finden am Seins-Modus und die Geschäftemacher und Gewinnmaximierer hinter uns lassen? Dass Maschinen, Digitalisierung und künstliche Intelligenz uns die Arbeit abnehmen und ein Menschheitstraum der Muße, Kontemplation oder auch des Lebens im Sinne der Vita activa möglich wird – eines tätigen Lebens in der Gemeinschaft und für die Gemeinschaft?

Könnte es sein, dass wir die Potenziale entdecken und entwickeln, die in uns stecken? Den göttlichen Funken spüren. Zu unserer inneren Kraft finden. Zu einem geglückten Leben.

Die Vision

Wir haben die Barriere der materiellen Not und des Mangels hinter uns gelassen. Ein Menschheitstraum geht in Erfüllung.
Wir werden mehr Zeit für uns selbst, für unsere Lieben und Vorlieben haben. Weniger Arbeit wird uns Raum und Muße geben für die Versöhnung mit der Natur, für unsere eigene Bildung und Entwicklung, für die Beschäftigung mit Kunst und Kultur.
Niemand hat die Vision, die heute am Horizont erscheint, besser formuliert als Wilhelm von Humboldt:

»Die Bestimmung des Menschen
ist die Ausbildung seiner Individualität
zu dem harmonischen Kunstwerk
einer in all ihren Anlagen entwickelten Persönlichkeit,
die zu allen Seiten der Welt
ein positives Verhältnis hat.«

Humboldt stand am Anfang der industriellen Epoche. Seine Worte drücken die Hoffnung aus, dass die Mittel des technischen Fortschritts helfen werden, den Menschen zur vollen Entfaltung seiner Potenziale zu bringen.
Jetzt, am Ende des industriellen Zeitalters, können wir feststellen: Der technische Fortschritt hat seinen Beitrag geleistet – einen größeren Beitrag, als Humboldt und seine Zeitgenossen jemals träumen konnten.

Aber Humboldts Vision geriet im Getriebe der Ökonomie aus dem Blick. Sie bleibt einer neuen Epoche vorbehalten.
Wir stehen an ihrem Anfang.

Anmerkungen

1 Aber sie hat auch in den armen Ländern Fortschritte bewirkt. In einer Untersuchung errechneten Maxim Pinkovskiy vom MIT und Xavier Sala-i-Martín von der Columbia University, dass der Anteil der Menschen, die am Tag nicht mehr als einen Dollar zur Verfügung haben – inklusive der Nachkorrektur für Inflation –, zwischen 1970 und 2006 um 80 Prozent gesunken ist. Es sei der größte armutsbekämpfende Erfolg der Weltgeschichte, so die Autoren. Vgl. Pinkovskiy, Maxim/Sala-i-Martín, Xavier: »Parametric Estimations of the World Distribution of Income«, in: *NBER Working Paper* No. 15433, Oktober 2009.
2 Für globale und nationale Daten und Zeitreihen siehe Max Roser: Our world in data. https://ourworldindata.org
3 Rifkin a.a.O., S. 341.
4 Keynes, John Maynard: »Economic Possibilities for our Grandchildren«. In: *The Nation and the Atheneum*, Oktober 1930. Deutsche Übersetzung in: Reuter, Norbert (Hg.): *Wachstumseuphorie und Verteilungsrealität. Wirtschaftspolitische Leitbilder zwischen Gestern und Morgen*, Marburg: Metropolis 2007, S. 135–147.
5 A.a.O., S. 139.
6 A.a.O., S. 141.
7 A.a.O., S. 141.
8 A.a.O., S. 13.
9 Wohlgemerkt: So wie wir die Herstellungskosten bisher betrachtet haben, ist der Prozess der Herstellung gemeint – derjenige Teil der Güterproduktion, in dem Maschinen und mit ihnen der technische Fortschritt in die Produktion eingehen. Wenn aber von Produktionskosten insgesamt die Rede ist, dürfen wir nicht allein auf die betriebswirtschaftliche Kostenrechnung schauen. Wir müssen uns schon die Mühe machen, die tatsächlichen, gesamtgesellschaftlichen Produktionskosten zu betrachten – also auch die Kosten, wie sie etwa bei der Gewinnung von Rohstoffen durch Umweltschäden verursacht werden. Darüber hinaus können Kosten durch Ausbeutungsverhältnisse verfälscht sein. Das Hauptargument, dass die Grenzkosten der Fabrikation durch technische und organisatorische Rationalisierung immer geringer werden und gegen null tendieren, bleibt indes erhalten.
10 A.a.O., S. 15.
11 A.a.O., S. 18.
12 Beide Bücher lesen sich im Vergleich zu dem, was heute passiert, eher wie Heimatromane.
13 Ich beziehe mich hier auf Klaus Wiegandts Vortrag im Rahmen der von ihm ins Leben gerufenen Stiftung »Forum für Verantwortung« in Saarbrücken im Oktober 2011.
14 Vgl. Hansen, Klaus: *Die Mentalität des Erwerbs*, Frankfurt am Main 1992.

15 Auch in anderen Punkten wirken Fords Gedanken noch sehr modern: lange Haltbarkeit, einfache Reparaturen, geringer Verbrauch und eine breite Anwendbarkeit (Neusprech: Usability) des Fahrzeugs.
16 Allein der Gewinnaufschlag stieg bei US-Unternehmen von 18 Prozent im Jahr 1980 auf 67 Prozent im Jahr 2014 – nachdem er zwischen dem Zweiten Weltkrieg und 1980 relativ konstant geblieben war. Vgl. Jan de Loecker, Jan Eeckhout: »The Rise of Market Power and the Macroeconomic Implications«, NBER, August 2017, www.nber.org/papers/w23687.pdf. Dieser enorme Zuwachs zeigt auch, dass es mit der Redeweise von der gnadenlosen Konkurrenz nicht weit her sein kann. In einem Markt mit tatsächlich funktionierendem Wettbewerb wäre es wohl kaum möglich, derart hohe Aufschläge durchzusetzen.
17 Noll, Bernd: *Grundriss der Wirtschaftsethik*, Stuttgart 2010.
18 Godin, Seth: *Free Prize Inside! The Next Big Marketing Idea*, New York: Penguin 2004.
19 Dieser Test fand im Rahmen einer Studie mit 578 Teilnehmern statt, durchgeführt von Psychologen der britischen Universität in Hertfordshire. Vgl. https://www.welt.de/wissenschaft/article13184570/Wer-teuren-Wein-kauft-betreibt-Selbstbetrug.html (Abruf 13.11.2018).
20 Er wird dann auch einen Sicherheitsabstand mit festlegen, damit man bei der Herstellung nicht versehentlich über die Abbruchkante hinausrutscht.
21 Das ist nur der Anfang eines Prozesses der kontinuierlichen Warenverschlechterung. Am Ende stehen Produkte wie Analogkäse, Tomaten, die wie schnittfest gemachtes Wasser schmecken, Pressschinken, von dem niemand weiß, was drin ist, oder Brotsorten, bei denen nur noch Experten die Entwicklung der Enzyme verfolgen können, mit denen das »Brot« hergestellt wird. Fast nichts ist mehr echt, authentisch.
22 So Lena Blanken von der Organisation Foodwatch, in: Kröger, Michael: »Wenn nur das Fett vom Huhn kommt«, in: *Spiegel Online*, 02.09.2014 (Abruf 06.06.2018).
23 Kreiß, Christian: *Werbung – nein danke*, München 2016.
24 Bittner, Uta; Koch, Brigitte: »Düfte im Handel: Mit der Nase einkaufen«, in: *FAZ* vom 07.05.2012.
25 A.a.O.
26 Ich danke Bernd Kolb, ehemaliges Vorstandsmitglied für Innovation der Deutschen Telekom, mich auf Bernays hingewiesen zu haben.
27 Miller, Mark Crispin: »Introduction«, in: Bernays, Edward: *Propaganda*, New York 2005, S. 18.
28 A.a.O., S. 71.
29 A.a.O., S. 37.
30 Die Aussage »Red Bull verleiht Flügel« ist natürlich Unfug. Im Jahr 2014 musste das Unternehmen deshalb in den USA 13 Millionen Dollar bezahlen, um einer Verurteilung wegen irreführender Werbung zu entgehen. Aus: »Red Bull verleiht gar keine Flügel«, in: *Die Welt*, 07.10.2014, www.welt.de/wirtschaft/article160309020/Red-Bull-verleiht-gar-keine-Fluegel.html (Abruf 13.11.2018).
31 Fürweger, Wolfgang: *Die Red Bull Story*, Wien 2016.

32 Foodwatch, September 2008, https://www.foodwatch.org/de/informieren/werbeluegen/produkte/verbesserung-verweigert/unilever-bertolli-pesto-verde/ (Abruf 13.11.2018). Die Stiftung Warentest kam im Jahr 2012 zu ähnlichen Ergebnissen für industriell hergestellte Pesto-Produkte.
33 Foodwatch, a.a.O.
34 Breuer, Ingeborg: »Ein Blick ins Hirn der Konsumenten«, Deutschlandfunk, 10.12.2009, http://www.deutschlandfunk.de/sonderangebote-schalten-verstand-aus.1148.de.html?dram:article_id=180479 (Abruf 13.11.2018).
35 Artikel »Neuromarketing«, in: *Wikipedia*, https://de.wikipedia.org/wiki/Neuromarketing (Abruf 13.11.2018).
36 Kasniewski, Nicola: »Das zynische Geschäft mit Säuglingsnahrung«, in: *Spiegel Online*, 17.05.2018, www.spiegel.de/wirtschaft/service/saeuglingsnahrung-danone-und-nestle-bewerben-ihre-produkte-in-entwicklungslaendern-massiv-mit-folgen-a-1208128.html (Abruf 13.11.2018).
37 *The Lancet*, Volume 387, No. 10033, 21.05.2016, S. 2064.
38 Der Bericht kann hier heruntergeladen werden: https://www.aktiongegendenhunger.de/gegen-profitgier-fuer-kinderleben (Abruf 13.11.2018).
39 Kröger, Michael: »Wenn nur das Fett vom Huhn kommt«, in: *Spiegel Online*, 02.09.2014 (Abruf 06.06.2018).
40 Irle, Matthias: »Wir hatten Glück, denn uns ging das Geld aus«. In: *Brand Eins*, 11/2017.
41 Vgl. https://www.finanzen.net/rohstoffe/kaffeepreis.
42 http://earthlink.de/2015/07/nestles-eiskaltes-geschaeft-mit-dem-wasser (Abruf 13.11.2018).
43 Vgl. https://www.welt.de/wirtschaft/article9082943/Deutsche-sind-Weltmeister-im-Mineralwasser-trinken.html (Abruf 13.11.2018).
44 Vgl. https://utopia.de/stiftung-warentest-leitungswasser-mineralwasser-26788/ (Abruf 13.11.2018).
45 https://www.verbraucherzentrale.de/wissen/umwelt-haushalt/wasser/kann-man-leitungswasser-trinken-34836
46 Verzeihen Sie mir die Ironie, die beiden zu Unrecht verurteilten Anarchisten Sacco und Vanzetti in eine Reihe mit den Markennamen zu stellen.
47 J. W. v. Goethe, Brief an H. Jacobi, 18.08.1792.
48 Ein Beispiel: Immer mehr Verbraucher klagen über unerwünschte Telefonwerbung. 2017 hat die Bundesnetzagentur bis Dezember rund 290 000 Verbraucherbeschwerden zum Telekommunikationsbereich erhalten. Das ist ein Rekord. Zum Vergleich: 2016 gingen 220 000 Beschwerden ein, 2015 waren es 178 000 und 2014 »nur« 139 000. Vgl. https://www.bundesnetzagentur.de/SharedDocs/Pressemitteilungen/DE/2017/28122017_Telekommunikation.html (Abruf 13.11.2018) sowie http://www.spiegel.de/wirtschaft/service/bundesnetzagentur-rekord-bei-beschwerden-im-telekommunikationsbereich-a-1146693.html (Abruf 13.11.2018).
49 In einer Studie des Marktforschungsunternehmens Edelman mit 15 000 Teilnehmern in 15 Ländern wurden Konsumenten befragt, was sie als stärkste Bedrohungen ihrer

Privatsphäre durch das Internet einschätzen. 51 Prozent der Befragten entschieden sich für die Bedrohung, die vom Datenverkauf durch Unternehmen ausgeht. Mit weitem Rückstand folgten die Bedrohung durch Hacker und Geheimdienste auf Platz 2 und 3. Zitiert nach Lohr, Steve: »The Privacy Paradox, a Challenge for Business«, in: New York Times, 12.06.2014. Vgl. https://bits.blogs.nytimes.com/2014/06/12/the-privacy-paradox-a-challenge-for-business/ (Abruf 23.10.2018).

50 Man kann es mit sarkastischem Humor nehmen wie Karl Valentin: »Schön war's, und kracht hat's oft. Aber stinken tut's nach einem Feuerwerk furchtbar.« In unserem Fall: Die Verschwendung stinkt zum Himmel.

51 Privater Konsum im Jahr 2017 lt. Destatis: 1,64 Billionen Euro. Vgl. https://web.archive.org/web/20180314224715/https://www.destatis.de/DE/Publikationen/Thematisch/VolkswirtschaftlicheGesamtrechnungen/Inlandsprodukt/KonsumausgabenPDF_5811109.pdf?__blob=publicationFile (Abruf 13.11.2018).

52 https://de.statista.com/statistik/daten/studie/2526/umfrage/entwicklung-der-oeffentlichen-bildungsausgaben/ (Abruf 13.11.2018).

53 Es wäre wünschenswert, hier mit exakten Zahlen arbeiten zu können. Aber meines Wissens gibt es keine belastbaren Daten, die eine Berechnung oder auch nur eine Abschätzung des Marketingaufwands erlauben. Die Daten der Werbewirtschaft sind unzureichend. Sie geben nur die Spitze des Eisbergs wieder, weil vieles, was in Markenaufbau und -pflege fließt, davon nicht erfasst wird. Die tatsächlichen Mittel und Ressourcen, die in Werbung gesteckt werden, sind in Wirklichkeit wesentlich höher. Das betrifft vor allem Ausgaben in den Unternehmen selbst, die unter anderen Budgetposten geführt werden. Red Bull ist ein Beispiel dafür, dass ein gesamtes Unternehmen eine reine Marketingveranstaltung ist.

54 Daten vom September 2018.

55 Vgl. http://www.spiegel.de/netzwelt/gadgets/apple-iphone-xs-max-so-viel-kostet-das-smartphone-in-der-herstellung-a-1230095.html (Abruf 13.11.2018).

56 Prahalad, C.K.; Mashelkar, R. A.: »Innovation's Holy Grail«. In: Harvard Business Review, July 2010.

57 Prahalad, Mashelkar, a.a.O.

58 Financial Times Weekend, 3rd February/4th February 2018.

59 Vgl. Janszky, Sven Gabor: »Trendanalyse: Das Markensterben beginnt«. http://www.trendforscher.eu/en/trendstudie/trendanalyse/detail/trendanalyse-das-markensterben-beginnt/

60 Boorman, Neil: Good bye Logo. Wie ich lernte, ohne Marken zu leben, Econ 2007.

61 Aristoteles: Politik, Reinbek 1994.

62 Rainer Manstetten: »Die Einheit und Unvereinbarkeit von Ökologie und Ökonomie«, in: GAIA 4 (1995) no. 1, S. 41.

63 Schultz, Stefan: »Kapitalismus ist die Neurose der Menschheit«, in: Spiegel Online, 24.06.2013.

64 Vgl. https://www.kleinezeitung.at/oesterreich/5405103/Bis-zu-90-Euro-pro-Kilo_So-teuer-ist-Kaffee-in-Kapseln-und-Pads (Abruf 13.11.2018).

65 Vgl. Weizsäcker, Ernst Ulrich von; Wijkman, Anders u.a.: *Wir sind dran. Was wir ändern müssen, wenn wir bleiben wollen*, Gütersloh 2017.
66 Cordes, Walter (Hg.): *Eugen Schmalenbach. Der Mann – sein Werk – die Wirkung*, Stuttgart: Schäffer Verlag 1984.
67 Faltin, Günter (Hg.): *Handbuch Entrepreneurship*, Wiesbaden 2018.
68 Raworth, Kate: *Die Donut-Ökonomie*, München 2018, S. 117.
69 A.a.O., S. 123.
70 A.a.O., S. 124.
71 Sen, Amartya: *On Ethics and Economics*, Malden 1987.
72 Interview in: *Der Spiegel*, Nr. 04/2016, http://www.spiegel.de/spiegel/print/d-141826695.html
73 Zitiert aus Reuter, a.a.O., S. 143.
74 Nicht alle betreiben Schönfärberei. Es gibt Unternehmen, die ernsthaft, mit Nachdruck und glaubwürdig positive Geschäftsprinzipien durchzusetzen versuchen. Aber sind sie die Mehrheit? Oder wenigstens die Vorhut, die einen Wandel einleitet?
75 Rainer Traub: »Die verworfene Revolution«, in: *Spiegel Geschichte* 5/2012, S. 36.
76 Vgl. http://www.ipg-journal.de/kommentar/artikel/gefaehrlichster-zeitpunkt-der-menschheitsgeschichte-1779/ (Abruf 13.11.2018).
77 Uwe Jean Heuser: »Wir statt Gier«, in: *Die Zeit* vom 25. Oktober 2017, http://www.zeit.de/2017/44/altruismus-empathie-mitgefuehl-kapitalismus (Abruf 13.11.2018).
78 A.a.O.
79 Vgl. Fritz Fleischmann: »What is Entrepreneurial Thinking«, in: Faltin 2018, a.a.O., S. 39 ff.
80 In: *Wirtschaftswoche*, Nr. 45/2017, S. 66.
81 Singer, Tania, Ricard, Matthieu: *Caring Economics*, Picador 2015.
82 Heuser, a.a.O.
83 »Fünf Millionen Deutsche haben innerlich gekündigt«, in: *FAZ*, 29.08.2018.
84 Wer sich dafür interessiert, dem sei Frédéric Beigbeders Buch *Neununddreißigneunzig* empfohlen, eine erschreckend realistische Innenansicht der zynischen Welt der Werbung (Reinbek 2001).
85 Laloux, Frédéric: *Reinventing Organizations: Ein Leitfaden zur Gestaltung sinnstiftender Formen der Zusammenarbeit*, München 2015.
86 https://de.statista.com/statistik/daten/studie/214816/umfrage/ansichten-ueber-die-soziale-marktwirtschaft/ (Abruf 13.11.2018).
87 Dies gilt sogar für Institutionen wie die Universität. Etablierte und bislang erfolgreiche Theorien sterben oft erst zusammen mit dem Professor, der sie entwickelt hat. Die nächste Generation bringt die treffendere Sichtweise zum Durchbruch.
88 Zeichnung von Eduard Joseph Brenzinger.
89 Renner, Tim: »Warum verkaufen Autobauer keine Fahrräder?« In: *GDI Impuls* 01.2009, Rüschlikon 2009.
90 Guy Kawasaki, der Autor von *The Art of the Start*, sagte auf die Frage, wie viele Kunden man für eine Gründung mindestens brauche: einen Kunden. Einen einzigen. Aber der müsse so begeistert sein, dass er als Evangelist die Botschaft in seinem Umfeld bekannt mache.

91 Noch eine weitere Analogie lässt sich anführen. Früher war es keineswegs selbstverständlich, dass Gewichte und Maße korrekt waren. Erst das Eichwesen und seine Kontrolleure setzten dem ein Ende. Was früher weit verbreitet war, würde heute Empörung hervorrufen. Es ist also nicht so unrealistisch, auf Fairness und ihre Akzeptanz zu setzen.

92 Der Begriff »Citizen Entrepreneurship« ist im Gespräch mit meinem Freund und Kollegen Fritz Fleischmann entstanden. Ausgangspunkt war mein Konzept des »Entrepreneurship für alle«. »Citizen Entrepreneurship« ist insofern eine Weiterentwicklung dieses ursprünglichen Konzepts, als damit auch die Idee des gesellschaftlichen Engagements, der Sorge um das Gemeinwohl, mit eingeschlossen ist.

93 Wenige Themen sind in der noch relativ jungen Entrepreneurship-Forschung so gut untersucht wie die Frage nach den typischen Charaktereigenschaften eines Unternehmers. Eine ganze Forschungsrichtung, der »Traits-Approach«, beschäftigte sich damit. Es gibt sie nicht, die typischen Merkmale. Unternehmerischer Erfolg kann aus vielen Eigenschaften erwachsen; in der Realität finden sich Unternehmer aller Couleur.

94 Kollmann, Tobias (Hg.): *Gabler Kompakt-Lexikon Unternehmensgründung*, Wiesbaden 2005.

95 Schumpeter, Joseph: *Kapitalismus, Sozialismus und Demokratie*, Bern 1946.

96 Fleischmann, a.a.O., S. 39 ff.

97 Vgl. Yunus, Muhammad: *Building Social Business: The New Kind of Capitalism that Serves Humanity's Most Pressing Needs*, New York 2011.

98 Vgl. de Soto, Hernando: *The other path. The invisible revolution in the third world*, New York 1989.

99 Martin, Roger L.; Osberg, Sally: »Social Entrepreneurship: The Case for Definition«, in: *Stanford Social Innovation Review*, Vol. 5, No. 2, 2007.

100 Pädagogen und Soziologen sprechen von vier Bildungsrevolutionen: der mittelalterlichen um 1200 (durch Verschriftlichung), der humanistischen um 1500 (Buchdruck), der modernen um 1800 (Schulpflicht, Universität) und der gegenwärtigen (Digitalisierung).

101 Etwa der Gedanke, Gründer in den Anfangsjahren von Bürokratie freizustellen.

102 Sachs, Wolfgang: »Die vier E's: Merkposten für einen maßvollen Wirtschaftsstil«, in: *Politische Ökologie*, Nr. 33, 1993.

103 http://www.nfte.com

104 Vgl. Schwarzer, Ursula: »Manager tun mir leid«. In: *manager magazin* 4/2002 vom 01.04.2002.

105 www.laufmamalauf.de/

106 Sascha Lobo in einer Kolumne in *Spiegel Online*, 03.09.2014.

107 Vgl. *New York Times*, 20.08.2014.

108 Nachzulesen im alten Gästebuch des Klosters Valldemossa auf Mallorca.

109 Rilke, Rainer Maria: *Das Stundenbuch*, Hamburg 2012.

110 https://www.entrepreneurship.de/artikel/keynote-von-heini-staudinger-entrepreneurship-summit-2013-in-berlin/
111 Hüther, Gerald: *Was wir sind und was wir sein könnten*, Frankfurt 2011
112 Brown, Les: *How to live your dreams* (Part 1), Video auf YouTube, deutsche Übersetzung in Anlehnung an: http://powerdeinleben.de//?p=617 (Abruf 13.11.2018).
113 Interview im Labor für Entrepreneurship am 02.07.2008, https://www.entrepreneurship.de/artikel/50-jahre-lichterfahrung-johannes-dinnebier/ (Abruf 13.11.2018).
114 Die Geschichte stammt aus der Arbeit meiner Doktorandin Qiuning Yang: *The Development of Entrepreneurship in China*, Dissertation Berlin 2012; im Original: »The eight-kings episode«.
115 *Global Times*, 16.07.2018. http://www.globaltimes.cn/content/1111026.shtml
116 Weizsäcker, Ernst Ulrich von; Wijkman, Anders u. a., a.a.O.
117 A.a.O., S. 17.
118 Raworth, Kate: *Die Donut-Ökonomie*, München 2018.
119 Felber, Christian: *Die Gemeinwohl-Ökonomie – Das Wirtschaftsmodell der Zukunft*, Wien 2010.
120 Yunus, Muhammad: *Ein anderer Kapitalismus ist machbar*, Gütersloh 2018.
121 A.a.O., S. 23.
122 A.a.O., S. 21.
123 A.a.O., S. 33.
124 Yunus geht es um Beseitigung der Armut, nicht um den Kampf gegen die Goliaths. Einerseits sieht er es als Skandal, dass ein verschwindend kleiner Teil von Menschen mehr als die Hälfte des Weltvermögens besitzt, andererseits sieht er die Großen als Partner zur Finanzierung des Social Business.
125 In Anlehnung an Joseph Schumpeters Alterswerk *Kapitalismus, Sozialismus und Demokratie*.
126 Gemeint sind insbesondere die Anhänger einer extrem expansiven Geldpolitik, wie sie vor allem vom Euro-Zentralbankchef Mario Draghi in seiner Amtszeit seit 2011 betrieben wurde. Mit ihr sollte einer Abwärtsspirale der Nachfrage vorgebeugt werden.
127 Miegel, Meinhard: *Exit – Wohlstand ohne Wachstum*, Berlin 2010.
128 Als Indiz dafür kann man auch die Renaissance des Teilens sehen, die wir momentan erleben.
129 Vgl. Helbing, Dirk; Pournaras, Evangelos: »Build digital democracy«, in: *Nature*, November 2015, S. 33 f.
130 Vgl. Helbing, Pournaras, a.a.O.
131 Dort, wo hohe Kapitalmittel investiert werden, geht es in der Regel um Aufmerksamkeit für die Plattform, geht es um Marktanteilsgewinne oder um Geschwindigkeit, den First-Mover-Vorteil – um die Finanzierung von Marketing also.
132 Tom Goodwin: »The battle is for the customer interface«, Techcrunch, 03.03.2015, https://techcrunch.com/2015/03/03/in-the-age-of-disintermediation-the-battle-is-all-for-the-customer-interface/

133 Wir kommen auf diese Art des Gründens im Abschnitt »Gründen mit Komponenten« noch ausführlich zurück.
134 Kawasaki, Guy: *The Art of the Start*, München: Vahlen 2014.
135 Vgl. Godwyn, Mary; Stoddard, Donna: »Minority Women: (In)Visible Entrepreneurs. Why They are Better for Business and Society, and What We Can All Learn from Them«, zitiert nach: Fleischmann, Fritz: *What Is Entrepreneurial Thinking?*, in: Handbuch Entrepreneurship 2018.
136 Bleiben Sie zunächst im Rahmen der Nachbarschaftshilfe. Damit wird rechtlich weder ein Arbeitsverhältnis noch eine Unternehmereigenschaft begründet. Wenn Sie darüber hinausgehen, müssen Sie sich einen Gewerbeschein holen. Den gibt es in der Regel beim kommunalen Ordnungsamt, in manchen Bundesländern auch schon elektronisch.
137 Faltin, Günter: *Kopf schlägt Kapital*, aktualisierte Neuausgabe, München 2017, S. 135 f.
138 https://resources.alibaba.com/article/268568/Small_firms_go_global_thanks_to_e_commerce.htm (Abruf 13.11.2018).
139 Bitte winken Sie nicht gleich ab, wenn es um Einkaufen in Asien geht. Verfallen Sie nicht in den Fehler, ganz Asien gleichzusetzen mit Kinder- oder Gefangenenarbeit, schlechten Arbeitsbedingungen oder schlechter Produktqualität. Gerade China verfügt in vielen Bereichen über die momentan modernsten Fabriken mit neuesten Technologien.
140 https://www.bezahlen.net/ratgeber/bestellen-bei-aliexpress/ (Abruf 13.11.2018).
141 Gegen den Online-Handel wird nicht selten eingewandt, dass durch hohe Rücksendungen ein ökologisch nicht zu vertretender Aufwand betrieben wird. Im Jahr 2018 sind allein in Deutschland 280 Millionen Pakete zurückgesandt worden. Aber die Schlussfolgerung halte ich für falsch. Es ist nicht der Online-Handel generell schuld, sondern das Geschäftsmodell bestimmter Firmen. Die Retourenquote wird hoch, wenn ich Retouren kostenlos anbiete – aus Angst, sonst die Kunden zu verlieren. Wer seinen Kunden so wenig bieten kann, dass er bei kostenpflichtigen Retouren diese Kunden verliert, hat offenbar unattraktive Produkte oder ein schlechtes Preis-Leistungs-Verhältnis. Wenn das Geschäftsmodell aus nicht mehr besteht, als Waren einfach nur online anzubieten, steht es auf schwachen Beinen. Dass solche Unternehmen überhaupt die Startphase überleben, liegt daran, dass ihre Kapitalgeber Millionenbeträge einsetzen, weil sie vom *next big thing* à la Amazon träumen. Kapital statt Kopf, könnte man sagen. Die Teekampagne übrigens, mit ihren über 200 000 Kunden, hat eine Retourenquote von unter 0,1 Prozent.
142 Miegel, Meinhard, a.a.O.
143 Vgl. https://sonnen.de/sonnencommunity (Abruf 13.11.2018).
144 Weiguny, Bettina: »Was kostet ein Hemd?«, in: *FASZ*, 16.12.2007.
145 Vgl. https://www.neuemasche.com/gute-socken-qualitaet/ (Abruf 13.11.2018).
146 Heute sind mehr als die Hälfte aller Teeplantagen in Darjeeling auf Bioanbau umgestiegen.
147 Prof. Braungart leitet das Hamburger Umweltforschungsinstitut EPEA. Im Herbst 2013 erschien sein Buch *The Upcycle*. Zusammen mit seinem US-Kollegen William McDo-

nough plädiert er darin für ein vollkommen neues Verständnis von Nachhaltigkeit. Vor Jahren prägten die beiden Vordenker den Begriff »Cradle to Cradle« (von der Wiege bis zur Wiege) für eine Welt ohne Abfall.
148 Weiguny, Bettina, a.a.O.
149 Germany Trade & Invest, Angaben für Vietnam und 2017.
150 Klein, Naomi: *No Logo*, Toronto, 2000.
151 Die Teekampagne startete 1985 mit einem Marketing-Rucksack von 3 und liegt heute bei knapp unter 2.
152 A.a.O., S. 413.
153 Für Billig-Flugreisen gilt das in besonderem Maße: Für einen Euro bekommen wir mehr Flugkilometer und richten größeren Schaden an.
154 In Anlehnung an Frithjof Bergmanns *New Work, New Culture*, in dem der Gedanke entwickelt wird, dass neue Technologien selbstbestimmtes Arbeiten und neue Formen des Wirtschaftens ermöglichen, die uns näher zu unseren wirklichen Bedürfnissen bringen.
155 Eine ausführliche Darstellung dieser Vorgehensweise finden Sie in Faltin, Günter: *Wir sind das Kapital*, Kapitel 3.
156 Eine wesentlich umfangreichere Beschreibung der Vorgehensweise für angehende Gründer findet sich in Faltin, Günter: *Kopf schlägt Kapital*, a.a.O.; ders.: *Wir sind das Kapital*, a.a.O.; Ries, Eric: *The Lean Startup*, New York 2011; Kawasaki, Guy: *The Art of the Start*, a.a.O.
157 Zum Beispiel Bygrave 1994 und Fueglistaller u. a. 2012.
158 Seine bekannteste Gründung ist die Ebuero AG, ein hocherfolgreicher Bürodienstleister.
159 Kawasaki, Guy: *The Art of the Start*, a.a.O.
160 Malcom Gladwell: *Überflieger. Warum manche Menschen erfolgreich sind – und andere nicht*, Frankfurt am Main 2009. Die sogenannte 10 000-Stunden-Regel wurde ursprünglich von K. Anders Ericsson, Ralf Th. Krampe und Clemens Tesch-Römer unter dem Titel »The Role of Deliberate Practice in the Acquisition of Expert Performance« in *Psychologica Review* 1993 formuliert.
161 Vgl. den Beitrag von Gerald Hüther: »Freude am selber Denken und Lust auf gemeinsames Gestalten als Grundlage für gelingende Unternehmungen«, in: Faltin 2018, a.a.O.
162 So der Titel des Buchs von Mia Sage: *The New Entrepreneurship I – Earning your living by living your dream*, Thousand Oaks, CA 2013.
163 Eine ausführliche Darstellung des Gründens mit Komponenten findet sich in Faltin 2018, a.a.O.
164 Eine Auswahl an professionellen Komponenten findet man unter www.komponentenportal.de.
165 Zu dieser Thematik vgl. den Beitrag von Georg Schreyögg, in: Faltin 2018, a.a.O.
166 Rifkin 2014, a.a.O., S. 227 ff.
167 Hardin, Garrett: »The Tragedy of the Commons«, in: *Science*, Nr. 162, 1968, S. 1243–1248.
168 Ostrom, Elinor: *Governing the Commons: The Evolution of Institutions for Collective Action*, Cambridge 1990.

169 Mazzucato 2015, S. 7, Mazzucato 2013a, S. 109.
170 Raworth, a.a.O., S. 240.
171 Raworth, a.a.O.
172 Eine ausführliche Darlegung dieser Thematik finden Sie bei Ripsas, Sven et al.: »A Startup Cockpit for the Proof of Concept«, in: Faltin 2018, a.a.O.
173 A.a.O.
174 Frahm, Christian: »Günther gegen Goliath«, in: *Spiegel Online*, 22.07.2018, http://www.spiegel.de/auto/aktuell/elektroauto-e-go-erste-testfahrt-mit-dem-elektro-mini-a-1218824.html (Abruf 13.11.2018).
175 »Ein Professor revolutioniert den E-Auto-Markt«, in: *Stuttgarter Zeitung*, 13.07.2018.
176 Roddick, Anita: *Body and Soul*, New York 1991.
177 Roddick, Anita: *Business As Unusual*, London 2000.
178 Vgl. https://www.thetimes.co.uk/article/luxury-brands-burning-stock-worth-millions-zxxscjcmj (Abruf 13.11.2018).
179 Es handelte sich, so wird vermutet, um den Bischof von Tours, 317–397.
180 Vgl. https://www.mnn.com/lifestyle/natural-beauty-fashion/stories/burberry-burns-clothes-and-accessories-worth-millions (Abruf 13.11.2018).
181 Am 6. September 2018 erscheint in der *New York Times* ein Artikel mit der Aussage, dass Burberry in Zukunft keine Mäntel mehr verbrennen werde. Der Schaden aus der Verbrennungsaktion war wohl für das Image des Unternehmens größer, als es sich die Strategen des Unternehmens hatten vorstellen können.
182 Keynes, a.a.O., S. 140.
183 A.a.O., S. 142.
184 A.a.O., S. 143.
185 A.a.O.
186 Mario Draghi, von 2011 bis 2019 Präsident der Notenbank der Eurozone und Vertreter einer extrem expansiven Geldpolitik, die mittels niedriger Zinsen das Wachstum ankurbeln sollte.
187 Fromm, Erich: *Haben oder Sein*, Stuttgart 1976.
188 Eine Frau übrigens, die ihre Universitätsprofessur aufgab, weil sie die abstrakten, lebensfernen Sprachakrobatiken der Wissenschaftler nicht länger mitmachen wollte.
189 Dalai Lama; Cutler, Howard: *The Art Of Happiness*, London 2009.
190 Rifkin, a.a.O., S. 438 f.
191 Interview von Claus Hecking in *Spiegel Online*, 16.07.2017, http://www.spiegel.de/plus/patagonia-grunder-yvon-chouinard-predigt-konsumverzicht-a-2b7af99c-1a1b-42bb-aeb9-9f1b2d675e77 (Abruf 13.11.2018).
192 A.a.O.
193 Weizsäcker, Ernst Ulrich von; Hargroves, Karlson; Smith, Michael: *Faktor Fünf – Die Formel für nachhaltiges Wachstum*, München 2010.
194 »Der Dematerialist. Interview mit Friedrich Schmidt-Bleek«, in: *GDI Impuls* 3/14.
195 Vgl. *The Economist*, 18.01.2014.
196 Wir können den Zuwachs an Freiräumen in Bereichen nutzen, die über Grundbedürfnisse und materiellen Konsum hinausweisen und erstrebenswert sind. Schon heute

haben wir ein größeres Gesundheitswesen, ein umfangreicheres Bildungssystem und mehr Zeit als früher für Tätigkeiten, die dem kulturellen Bereich zuzurechnen sind.
197 Keynes, a.a.O., S. 146.
198 A.a.O.
199 Aristoteles: *Politik*, 1259a.
200 Adams, James Truslow: *The Epic of America*, Boston 1931.
201 So der Wirtschaftsnobelpreisträger Robert J. Shiller in einem Artikel für die *New York Times*, vgl. https://www.nytimes.com/2017/08/04/upshot/the-transformation-of-the-american-dream.html (Abruf 13.11.2018).
202 Kierkegaard, Søren: *Entweder – Oder, Teil I und II*, München 1993, S. 38.

Literaturverzeichnis

Abrahamson, Shaun; Ryder, Peter; Unterberg, Bastian: *Crowdstorm*. Hoboken 2013
Adams, James Truslow: *The Epic of America*. Boston 1931
Alt, Franz; Gollmann, Rosi; Neudeck, Rupert: *Eine bessere Welt ist möglich*. München 2007
Alt, Franz; Spiegel, Peter: *Gute Geschäfte*. Berlin 2009
Aristoteles: *Politik*. München 1998
Asghari, Reza (Hg.): *E-Government in der Praxis. Leitfaden für Politik und Verwaltung*. Frankfurt am Main 2005
Baums, Georg (Hg.): *Zu den Piraten statt zur Marine*. Frankfurt am Main 2011
Beigbeder, Frédéric: *Neununddreißigneunzig*. Reinbeck 2001
Bergmann, Frithjof: *Neue Arbeit, neue Kultur*. Freiamt im Schwarzwald 2004
Birkenbach, Katja: *Form follows Function als ein Gestaltungsprinzip für das Geschäftsmodell eines Entrepreneurs*. Dissertation, Manuskript, Berlin 2007
Bertelsmann Stiftung: *Vom ehrbaren Handwerker zum innovativen Self-Entrepreneur. Modernisierung der Berufsbildung anhand idealtypischer Leitfiguren*. Gütersloh 2008
Bessau, Hubertus; Kraiss, Philipp; Wittrock, Max: *Machen! Das Startup-Buch der mymuesli-Gründer*. Hamburg 2017
Blanc, Patrick: *Vertikale Gärten. Die Natur in der Stadt*. Stuttgart 2008
Bode, Thilo: *Abgespeist*. Frankfurt am Main 2007
Bode, Thilo: *Die Diktatur der Konzerne*. Frankfurt am Main 2018
Boorman, Neil: *Good bye, Logo*. Düsseldorf 2007
Bosshart, David: *The Age of Less*. Hamburg 2011
Branson, Richard: *Business ist wie Rock 'n' Roll. Die Autobiographie des Virgin-Gründers*. Frankfurt am Main 1999
Branson, Richard: *Screw Business As Usual*. London 2011
Braukmann, Ulrich: »Entrepreneurship Education an Hochschulen – Der Wuppertaler Ansatz einer wirtschaftspädagogisch fundierten Förderung der Unternehmensgründung aus Hochschulen«, in: Weber, Birgit (Hg.): *Kultur der Selbständigkeit in der Lehrerausbildung*. Bergisch Gladbach 2002
Cameron, Julia: *Der Weg des Künstlers*. München 1996
Cendon, Eva; Grassl, Roswitha; Pellert, Ada (Hg.): *Vom Lehren zum Lebenslangen Lernen*. Münster 2013
Conta Gromberg, Brigitte; Conta Gromberg, Ehrenfried: *Smart Business Concepts*. Jesteburg 2012
Conta Gromberg, Ehrenfried: *Solopreneur*. Jesteburg 2015
Cordes, Walter (Hg.): *Eugen Schmalenbach: Der Mann – sein Werk – die Wirkung*. Stuttgart 1984
Csikszentmihalyi, Mihaly: *Flow. Das Geheimnis des Glücks*. Stuttgart 1991
Dahrendorf, Ralf: »Theorie und Praxis«, in: Mäding, Heinrich; Dahrendorf, Ralf (Hg.): *Grenzen der Sozialwissenschaften*. Konstanz 1988

Dalai Lama; Cutler, Howard C.: *The Art of Happiness*. London 1998
Drucker, Peter F.: *Innovation and Entrepreneurship. Practice and Principles*. New York 1985
Drucker, Peter F.: *Next Management*. Göttingen 2010
Endres, Peter M.; Hüther, Gerald: *Lernlust. Worauf es im Leben wirklich ankommt*. Hamburg 2014
Enzenhofer, Sigrid: *Sagen und Legenden aus Hardegg*. Hardegg 1968
Faltin, Günter: »Competencies for Innovative Entrepreneurship«, in: *Adult Learning and the Future of Work*. UNESCO Institute for Education, Hamburg 1999
Faltin, Günter: »Creating a Culture of Innovative Entrepreneurship«, in: *Journal of International Business and Economy*. Vol. 2, No. 1, 2001, S. 123–140
Faltin, Günter: *Kopf schlägt Kapital*. München 2008 und 2012
Faltin, Günter; Fleischmann, Fritz: »Teekampagne. Citizen Entrepreneurship«. In: *Earth Capitalism. Creating a New Civilization through a Responsible Market Economy*. Tokio 2009
Faltin, Günter: *Wir sind das Kapital*. Hamburg 2015
Faltin, Günter (Hg.): *Handbuch Entrepreneurship*. Wiesbaden 2018
Faschingbauer, Michael: *Effectuation. Wie erfolgreiche Unternehmer denken, entscheiden und handeln*. Stuttgart 2013
Felber, Christian: *Die Gemeinwohl-Ökonomie – Das Wirtschaftsmodell der Zukunft*. Wien 2010
Fittkau, Bernd; Weber, Matthias: *Die weichen Faktoren der Führung II. Team-Entwicklung und Eigen-Entwicklung*. Neuried 2009
Fleischmann, Fritz: What is Entrepreneurial Thinking. In: *Handbuch Entrepreneurship*. Wiesbaden 2018
Friebe, Holm: *Die Stein-Strategie. Von der Kunst, nicht zu handeln*. München 2013
Friebe, Holm; Ramge, Thomas: *Marke Eigenbau*. Frankfurt am Main 2008
Fried, Jason; Heinemeier Hansson, David: *Rework*. London 2010
Fromm, Erich: *Haben oder Sein*. München 2010
Fücks, Ralf: *Intelligent Wachsen. Die grüne Revolution*. München 2013
Fueglistaller, Urs et al.: *Entrepreneurship. Modelle – Umsetzung – Perspektiven*. Wiesbaden 2012
Fürstenberg, Jeannette zu: *Die Wechselwirkung zwischen Entrepreneurship und Kunst. Eine wissenschaftliche Untersuchung zu unternehmerischer und künstlerischer Innovation in der Renaissance und am Beispiel der Medici*. Berlin 2012
Gaarder, Jostein: *Sofies Welt*. München 1993
Gassmann, Oliver; Frankenberger, Karolin; Csik, Michaela: *Geschäftsmodelle entwickeln*. München 2013
Gassmann, Oliver; Sutter, Philipp: *Praxiswissen Innovationsmanagement. Von der Idee zum Markterfolg*. München 2013
Gebhardt, Andreas: *Generative Fertigungsverfahren. Additive Manufacturing und 3D-Drucken für Prototyping – Tooling – Produktion*. München 2013
Gelb, Michael J.: *Das Leonardo-Prinzip*. Berlin 2004
Giesa, Christoph; Schiller Clausen, Lena: *New Business Order*. München 2014
Gigerenzer, Gerd: *Risiko*. München 2013

Gladwell, Malcolm: *Outliers*. London 2008
Gladwell, Malcolm: *David und Goliath. Die Kunst, das Übermächtige zu bezwingen*. Frankfurt am Main 2013
Grichnik, Dietmar; Gassmann, Oliver: *Das unternehmerische Unternehmen. Revitalisieren und Gestalten der Zukunft mit Effectuation*. Wiesbaden 2013
Grichnik, Dietmar; Witt, Peter (Hg.): »Entrepreneurial Marketing«, in: *Zeitschrift für Betriebswirtschaft* 2011, Heft Nr. 6, Special Issue, S. 136
Grichnik, Dietmar et al.: *Entrepreneurship. Unternehmerisches Denken, Entscheiden und Handeln in innovativen und technologieorientierten Unternehmungen*. Stuttgart 2010
Grichnik, Dietmar et al.: *Startup Navigator. Das Handbuch*. Frankfurt 2018
Gryskiewicz, Stanley: *Positive Turbulence. Developing Climates for Creativity, Innovation and Renewal*. Greensboro, N. C., 2006
Gürtler, Detlef: *Wir sind Elite. Das Bildungswunder*. Gütersloh 2009
Heinecke, A.: *Why not Doing Good and Earning Well. Social Entrepreneurs in a Moral Conflict*. SID Directors Conference, Singapore 2012
Helbing, Dirk; Pournaras, Evangelos: »Build digital democracy«, in: *Nature*, November 2015, S. 33 f.
Hippel, Eric von: *Democratizing Innovation*. Cambridge 2006
Hofert, Svenja: *Das Slow-Grow-Prinzip*. Offenbach 2011
Horx, Matthias: *Das Buch des Wandels. Wie Menschen Zukunft gestalten*. München 2011
Horx, Matthias: *Wie wir leben werden*. Frankfurt am Main 2005
Huhn, Gerhard; Backerra, Hendrik: *Selbstmotivation. FLOW – Statt Stress oder Langeweile*. München 2008
Hüther, Gerald: *Was wir sind und was wir sein könnten. Ein neurobiologischer Mutmacher*. Frankfurt am Main 2011
Hüther, Gerald; Spannbauer, Christa: *Connectedness*. Bern 2012
Initiative für Teaching Entrepreneurship; Lindner, Johannes; Fröhlich, Gerald (Hg.): *Entrepreneur: Starte Dein Projekt*. Wien 2014
Jacobsen, Liv Kirsten: *Bestimmungsfaktoren für Erfolg im Entrepreneurship – Entwicklung eines umfassenden Modells*. Dissertation, Berlin 2003
Jánszky, Sven Gábor; Jenzowsky, Stefan A: *Rulebreaker. Wie Menschen denken, deren Ideen die Welt verändern*. Berlin 2010
Johansson, Frans: *The Medici-Effect. Breakthrough insights at the intersection of ideas, concepts and cultures*. Boston 2004
Jungk, Robert: *Zukunft zwischen Angst und Hoffnung*. München 1990
Kaduk, Stefan et al.: *Musterbrecher. Die Kunst, das Spiel zu drehen*. Hamburg 2013
Kawasaki, Guy: *The Art of the Start*. München 2014
Kawasaki, Guy: *The Art of the Start*. München 2013
Khan, Ali Raza; Jakel, Thomas: *YES! Youth-led Changemaking*. Yes Founders Foundation, Berlin 2017
Klandt, Heinz: *Gründungsmanagement: Der Integrierte Unternehmensplan. Business Plan als zentrales Instrument für die Gründungsplanung*. München 2005
Klein, Naomi: *No Logo*, Toronto 2000

Kollmann, Tobias: *E-Business. Grundlagen elektronischer Geschäftsprozesse in der Net Economy.* Wiesbaden 2013
Kramer, Matthias; Schwarzinger, Dominik: *Narzissmus, Machtstreben und Co.* Münster 2011
Kreiß, Christian: *Werbung – nein danke.* München 2016
Kugel, Rafael: *Lean Entrepreneurship – einfach gründen.* Berlin 2018
Küstenmacher, Werner Tiki: *Simplify your Life.* Frankfurt am Main 2001
Lahn, Stefanie: *Der Businessplan in Theorie und Praxis.* Wiesbaden 2015
Langenscheidt, Florian: *Vom Glück des Gründens.* Stuttgart 2013
Lindner, Johannes; Fröhlich, Gerald; IFTE (Hg.): *Entrepreneur. Sustainability meets Entrepreneurship.* Wien 2009
Lindner, Johannes; Tötterström, Beate: *Case Studies: Wirtschaft verstehen – Zukunft gestalten.* Wien 2009
Löbler, Helge: *Diversifikation und Unternehmenserfolg. Diversifikationserfolge und -risiken bei unterschiedlichen Marktstrukturen und Wettbewerb.* Wiesbaden 1987
de Loecker, Jan; Eeckhout, Jan: *The Rise of Market Power and the Macroeconomic Implications.* NBER, August 2017
Lutz, Andreas; Schuch, Monika: *Existenzgründung. Was Sie wirklich wissen müssen.* Wien 2018
Manstetten, Rainer: »Die Einheit und Unvereinbarkeit von Ökologie und Ökonomie«, in: *GAIA* 4 (1995) No. 1, S. 41
Matussek, Paul: *Kreativität als Chance.* München 1988
Maurya, Ash: *Running Lean.* Sewastopol 2012
May, Matthew E.: *The Laws of Subtraction.* New York 2012
McGrath, R. G.; MacMillan, I.: »Discovery-Driven Planning«. Reprint *Harvard Business Review*, 2007
Meibom, Barbara von: *Wertschätzung. Wege zum Frieden mit der inneren und äußeren Natur.* München 2006
Misner, Ivan: *Givers Gain.* Upland 2004
Morandi, Pietro; Liebig, Brigitte: *Freischaffen und Freelancen in der Schweiz. Handbuch für Medien, IT und Kunst/Kultur.* Zürich 2010
Nager, Marc; Nelsen, Clint; Nouyrigat, Franck: *Startup Weekend.* Hoboken 2012
Noll, Bernd: *Grundriss der Wirtschaftsethik.* Stuttgart 2010
Osterwalder, Alexander; Pigneur, Yves: *The Business Model Generation.* Frankfurt am Main 2011
Otte, Max: *Der Crash kommt.* Berlin 2006
Passig, Kathrin: *Standardsituationen der Technologiekritik.* Berlin 2013
Pauli, Gunter: *The Blue Economy.* Berlin 2012
Piketty, Thomas: *Das Kapital im 21. Jahrhundert.* München 2014
Plötz, Felix: *Das 4-Stunden-Startup.* München 2016
Pott, Oliver; Pott, André: *Entrepreneurship.* Berlin, Heidelberg 2012
Prahalad, C. K.: *Der Reichtum der Dritten Welt.* München 2006
Prahalad, C. K.; Mashelkar, R. A.: »Innovation's Holy Grail«, in: *Harvard Business Review*, July 2010

Precht, Richard David: *Jäger, Hirten, Kritiker. Eine Utopie für die digitale Gesellschaft.* München 2018
Rammler, Stephan: *Schubumkehr – Die Mobilität von morgen.* Frankfurt am Main 2014
Rasfeld, Margret; Breidenbach, Stephan: *Schule im Aufbruch. Eine Anstiftung.* München 2014
Rasfeld, Margret; Spiegel, Peter: *EduAction. Wir machen Schule.* Hamburg 2012
Raworth, Kate: *Die Donut-Ökonomie.* München 2018
Renk, Erik: *Das Feierabend-Startup.* München 2017
Reitmeyer, Dieter: *Unternimm Dein Leben.* München 2008
Ridderstråle, Jonas; Nordström, Kjell A.: *Funky Business. Wie kluge Köpfe das Kapital zum Tanzen bringen.* München 2000
Ries, Eric: *The Lean Startup.* New York 2011
Rifkin, Jeremy: *Die Null-Grenzkosten-Gesellschaft.* Frankfurt am Main, New York 2014
Ripsas, Sven: *Business Model Accounting in Startups.* Unveröffentlichtes Manuskript, 2014
Ripsas, Sven; Schaper, Birte; Tröger, Steffen: »A Startup Cockpit for the Proof of Concept«, in: Faltin, Günter (Hg.): *Handbuch Entrepreneurship,* Wiesbaden 2018
Ripsas, Sven; Zumholz, Holger: »Die Bedeutung von Business-Plänen in der Nachgründungsphase«, in: *Corporate Finance biz* 7/2011
Roddick, Anita: *Body and Soul,* New York 1991
Rosa, Hartmut: »Beschleunigung und Entfremdung«, in *Spiegel Online* vom 03.07.2013
Sachs, Wolfgang: »Die vier E's: Merkposten für einen maß-vollen Wirtschaftsstil«, in: *Politische Ökologie,* Nr. 33, 1993, S. 69–72
Sailer, Klaus; Gottwald, Klaus-Theo: *Fair Business. Wie Social Entrepreneurs die Zukunft gestalten.* Regensburg 2013
Sarasvathy, S.: *Effectuation. Elements of Entrepreneurial Expertise.* Cheltenham 2008
Scharmer, Otto C.; Käufer, Katrin: *Von der Zukunft her führen. Theorie U in der Praxis.* Heidelberg 2014
Scheidewind, Uwe; Santarius, Tilman; Humburg, Anja: *Economy of Sufficiency.* Wuppertal 2013
Schirmer, Heike: *Combined Forces for Social Impact.* Berlin 2013
Schreyögg, Georg: *Organisation. Grundlagen moderner Organisationsgestaltung.* Wiesbaden 2010
Schumpeter, Joseph: *Kapitalismus, Sozialismus und Demokratie.* Bern 1946
Sedláček, Tomáš: *Die Ökonomie von Gut und Böse.* München 2012
Sen, Amartya: *On Ethics and Economics.* Oxford 1999
Senge, Peter M.: *The Fifth Discipline.* London 1999
Shekerjian, Denise: *Uncommon Genius.* New York 1991
Simon, Hermann: *Hidden Champions des 21. Jahrhunderts.* Frankfurt am Main 2007
Singer, Tania; Ricard, Matthieu: *Caring Economics.* Picador 2015
Soto, Hernando de: *The Other Path. The Invisible Revolution in the Third World.* New York 1989
Stähler, Patrick: *Geschäftsmodelle in der digitalen Ökonomie.* Lohmar 2002
Stähler, Patrick: *Das Richtige gründen.* Hamburg 2017

Sydow, Jörg: *Strategische Netzwerke. Evolution und Organisation.* Wiesbaden 2013
Szyperski, Norbert; Nathusius, Klaus: *Probleme der Unternehmungsgründung. Eine betriebswirtschaftliche Analyse unternehmerischer Startbedingungen.* Lohmar 1999
Taleb, Nassim Nicholas: *Der Schwarze Schwan. Die Macht höchst unwahrscheinlicher Ereignisse.* München 2008.
Thelen, Frank: *Startup-DNA. Hinfallen, aufstehen, die Welt verändern.* Hamburg 2018
Thiel, Peter: *Zero to One. Notes on Start-ups or How to Build the Future.* New York 2014
Vargas, Fred: *Fliehe weit und schnell.* Wien 2008
Wagenhofer, Erwin: *Let's make money.* Film. Österreich 2008
Wagner, Dieter; Scholz Christian: *Finanzierung technologieorientierter Unternehmensgründungen in Deutschland.* Lohmar 2011
Warmer, Christoph; Sören, Weber: *Mission: Startup.* Heidelberg 2014
Weber, Winfried W.: *Peter Drucker. Der Mann, der das Management geprägt hat.* Göttingen 2009
Wehler, Hans-Ulrich: *Die neue Umverteilung.* München 2013
Weizsäcker, Ernst Ulrich von; Wijkman, Anders u. a.: *Wir sind dran. Was wir ändern müssen, wenn wir bleiben wollen. Eine neue Aufklärung für eine volle Welt.* Gütersloh 2017
Yang, Qiuning: *The Development of Entrepreneurship in China.* Saarbrücken 2012
Yunus, Muhammad: *Building Social Business. The New Kind of Capitalism that Serves Humanity's Most Pressing Needs.* New York 2011
Yunus, Muhammad: *Ein anderer Kapitalismus ist machbar.* Gütersloh 2018
Zimmer, Jürgen: *Das halb beherrschte Chaos.* Weimar, Berlin 2012

Dank

Wir alle bauen auf den Beiträgen unzähliger Denker und Meister ihres Fachs auf. Unsere eigenen Gedanken, eigenen originalen Zusätze verblassen vor diesem Hintergrund.
Der hier vorgelegte Text ist über Jahre entstanden – aus Beobachtungen und Erfahrungen im eigenen Gründungsumfeld und in vielen Gesprächen mit Gründern, aber auch im Kontakt mit Menschen, die mit ihren Einwürfen, eigenen Wahrnehmungen und kontrastierenden Sichtweisen wertvolle Sparringspartner waren.
Möge mir verzeihen, wen ich in der folgenden Aufzählung vergessen habe.
Mein besonderer Dank gilt meinen langjährigen Kollegen, Wegbegleitern und Diskussionspartnern: Fritz Fleischmann für die Gespräche über die gesellschaftspolitische Bedeutung des Themas; Detlef Gürtler, der mit außergewöhnlichem Engagement und Einfühlungsvermögen bei der Entstehung des Manuskripts mitgewirkt hat; Dietrich Winterhager für Hinweise zu meiner Kritik an der Fachdisziplin Ökonomie; Sven Ripsas für das gemeinsame Ringen um den Brückenschlag zwischen Betriebswirtschaftslehre und Entrepreneurship sowie den Wert von Businessplänen und die Bedeutung des Proof of Concept; Otto Herz zur Frage, wie sich unser Bildungssystem mit Entrepreneurship zusammenfügen ließe; Jürgen Zimmer für unvergessliche Erlebnisse zur Praxis von Entrepreneurship; Bernd Fittkau für kritische Anstöße und wichtige Hinweise auf die Gemeinwohlökonomie; Holger Johnson, dem Gründer von Ebuero und Serial Entrepreneur, für Einblicke in seine Hightech-Unternehmen; Helga Breuninger für die aufmerksame Begleitung des Manuskripts; Maik Schluroff für seine vorsichtige Kritik an manchen Thesen des Buchs; Stephan Reimertz für wertvolle Hinweise aus der Welt der Kunstgeschichte und Literatur.

Die Gründer in meinem Umfeld trugen dazu bei, die Bodenhaftung zur Praxis beizubehalten, allen voran Conrad Bölicke, Thomas Fuhlrott, Rafael Kugel, Barbara Hoppe, Thomas Klamroth, Thomas Wachsmuth, Alexander Kordecki, Thomas Straßburg und Stefan Arndt, Wolfgang Kunz, Michael Silberberger, Liv Kirsten Jacobsen, Viktoria Trosien, Martin Lipsdorf, Hans-Christian Heinemeyer, Sven Mätzschker mit ihren jeweils eigenen Unternehmen.

Dank an das Team des Entrepreneurship Campus: Johanna Richter, Simon Jochim, Florian Komm, Barbara Matter, Joanna Kurczewska sowie Christian Fenner, Till Jakob und Franziska Zander für die Lektüre des Manuskripts und wertvolle Anregungen.

Mein besonderer Dank gilt meinen langjährigen Mitstreitern in der Teekampagne: Thomas Räuchle, Peter Lange, dem späteren Kanzler der Freien Universität Berlin, Verena Heinrich, Kathrin Gassert und den Freunden und Geschäftspartnern der Projektwerkstatt: Penelope Rosskopf, Simone und Natascha Hundertmark, Patrick Straßer und unseren Partnern in Indien, allen voran: Ashok Lohia, Ajay Kichlu, Anshuman Kanoria und Sanjay Bansal.

Für die Einordnung des Themas in den internationalen Zusammenhang fand ich Gesprächspartner in Muhammad Yunus und Hernando de Soto; Frithjof Bergmann für die Diskussionen um New Work/New Culture und Entrepreneurship; Qiuning Yan aus China, Yoshiaki Takahashi, Hiro Saionji und Patrick Newell aus Japan, Seri Phongphit, Chakpitat Nopasit und Olarn Chaipravat aus Thailand, Tack-Whan Kim aus Südkorea, Shanti aus Indonesien, Fenny de Boer aus den Niederlanden, Eric von Hippel und Max Senges aus den USA, Revaz Gvelesiani und Ia Avaliani aus Georgien; Allan Gibb, Maritta Koch-Weser, Alexander Osterwalder und Gunter Pauli.

Viele meiner Kollegen und Freunde haben meine Arbeit mit Verständnis, Sympathie und Kritik begleitet, allen voran Gerald Hüther, Winfried Kretschmer, Klaus Weidner, Eberhard Wagemann, Peter Spiegel, Anja Dilk, Margret Rasfeld, Norbert Kunz, Johannes Lindner, Bernd Kirschner,

Eike Gebhardt, Leo Pröstler, Emil Underberg, Farah Lenser und Heiner Benking. Ich danke für wichtige Hinweise Heinz Klandt, Rolf Dubs, Gerhard Huhn, Wolf Donner, Christian Kreiß, Jeannette zu Fürstenberg, Florian Langenscheidt, Götz Werner, Patrick Stähler, Holm Friebe, Sascha Lobo, Attila von Unruh, Stefan Merath, Thomas Bachow, Wolfgang Weng, Andreas Heinecke, Markus Heinsdorff, Alexander Prinz von Sachsen, Bernd Kolb, Sebastian Turner, Peter Pühringer, Ralf Fücks, Matthias Horx, Helge Löbler, Fredmund Malik, Ann-Kristin Achleitner, Thomas Schildhauer, Nikolaus von Kaisenberg, Andreas Gebhardt, Klaus Sailer und der Social Entrepreneurship Akademie München. Helmut Wittenzellner, Peter Witt, Jörg Sydow, Georg Schreyögg, Martin Gersch, Steffen Terberl und den Mitarbeitern von profund, der Gründungsförderung der Freien Universität Berlin. Dieter Wagner, Ulrich Weinberg, Steven Ney, Urs Fueglistaller, Desirée Jäger, Philipp Gonon, Dieter Puchta, Martin Janik, Sven Gábor Jánszky, Kai-Jürgen Lietz, Hans Emge, Günter Seliger, Max Otte, Nico Paech, Christian Schade, Olaf Axel Burow, Ibrahim Evsan, Stefanie Lahn, Katja Birkenbach, Friederike Hoffmann, Michele Kuschel, Eric Lynn, Patrick Petit, Heini Staudinger, Johannes Gutmann, Christoph Wulf, Jürgen Grosse, Tobias Kollmann, Oliver Gassmann, Rolf Neijman, Stephan Rammler, Ralf Bremer, Holger Zumholz, Pietro Morandi, Dietmar Grichnik, René Mauer, Christel Maurer, Gabriele Fliegel, Florian Nöll, Herbert Beinlich, Johanna Ebeling, Ulrich Braukmann, Marie-Therese Albert, Simone Lis, Anna Papadopoulos, Christine Scholz, Christoph Zinser, Franz Dullinger, Helmut Spanner, Karl Gamper, Wolfgang Sachs, Jörg Froharth und UNIKAT Kassel, den Kollegen vom Innovations Campus Wolfsburg, den Kollegen der Deutschen Universität für Weiterbildung, den Initiatoren des Network for Teaching Entrepreneurship Connie und Wolf-Dieter Hasenclever, Stephen und Bernward Brenninkmeijer, Kyra Prehn. Oliver Bücken stellvertretend für die Kollegen vom UnternehmerTUM der TU München, Lydia Gastroph, Miroslav Malek, Albert Schmitt, Jochen Sandig, Dorothea Topf, Lisa Lang, Michel Aloui, David Diallo, Sabine Radtke-Hoffmann,

Stefan la Barré, Patrick Varadinek, Udo Blum und der Berliner Innovationskreis, Oliver Beste, Rolf Friedrichsdorf, Carsten Hokema, Declan Kennedy, Ulrich Kissing, Axel Kufus, Judith Seng, Clara Mavellia, Thomas Promny, Katharina Wulf, Angelika Krüger, Markus und Tobias Hipp. Norbert Szyperski und Barbara von Meibom danke ich für Ermunterung und wertvolle Tipps; Kurt Hammer und Hans Luther für die verständige, ausdauernde und freundschaftliche Unterstützung.

Nipawan Mandalay hat mich bei der Entstehung des Manuskripts mit Verständnis begleitet.

Mögen diejenigen mir verzeihen, denen meine bayerische Boshaftigkeit bei manchen Formulierungen zum Nachteil gereichte.

Vor allem aber: Trauen wir uns, Wirtschaft mitzugestalten.

Wir alle können und müssen zu einer intelligenteren Ökonomie beitragen.

Über den Autor

Prof. Dr. Günter Faltin baute den Arbeitsbereich Entrepreneurship an der Freien Universität Berlin auf. 1985 gründete er die Projektwerkstatt GmbH mit der Idee der »Teekampagne« als Modell für eine bessere Ökonomie. Das Unternehmen wurde zum weltgrößten Importeur von Darjeeling Tee. Faltin initiierte das Labor für Entrepreneurship und ist Business Angel erfolgreicher Start-Ups. Die Price-Babson-Foundation, Boston, verlieh ihm den Award »For Bringing Entrepreneurial Vitality to Academe«. 2001 errichtete er die Stiftung Entrepreneurship mit dem Ziel, eine offenere Kultur des Unternehmerischen zu fördern. Für die Teekampagne nahm er 2009 den Deutschen Gründerpreis entgegen.

Als »Pionier des Entrepreneurship-Gedankens in Deutschland« zeichnete ihn 2010 der Bundespräsident mit dem Bundesverdienstorden aus.

Bibliografische Information der Deutschen Nationalbibliothek
Die Deutsche Nationalbibliothek verzeichnet diese Publikation in der
Deutschen Nationalbibliografie; detaillierte bibliografische Daten sind
im Internet über http://dnb.dnb.de abrufbar.

Print: ISBN 978-3-648-12564-9 Bestell-Nr. 10334-0001
ePub: ISBN 978-3-648-12565-6 Bestell-Nr. 10334-0100
ePDF: ISBN 978-3-648-13328-6 Bestell-Nr. 10334-0150

Günter Faltin
DAVID gegen GOLIATH
3. Auflage 2019
© 2019 Haufe-Lexware GmbH & Co. KG, Freiburg
www.haufe.de
info@haufe.de

Dieser Titel ist ein Produkt der Reihe
»Professional Publishing for Future and Innovation by Murmann & Haufe«
Weitere Informationen zum Murmann Verlag finden Sie unter
www.murmann-verlag.de

Das Werk einschließlich aller seiner Teile ist urheberrechtlich geschützt.
Jede Verwertung ist ohne Zustimmung des Verlages unzulässig. Das gilt
insbesondere für Vervielfältigungen, Übersetzungen, Mikroverfilmungen
und die Einspeicherung und Verarbeitung in elektronischen Systemen.

Der Verlag weist ausdrücklich darauf hin, dass er, sofern dieses Buch
externe Links enthält, diese nur bis zum Zeitpunkt der Buchveröffentlichung einsehen konnte. Auf spätere Veränderungen hat der Verlag
keinerlei Einfluss. Eine Haftung des Verlags ist daher ausgeschlossen.